纠正孩子最容易犯的101个错误

宋娟娟 编著

好父母要懂得了解孩子心理

当代世界出版社

图书在版编目（CIP）数据

纠正孩子最容易犯的101个错误／宋娟娟编著．—北京：当代世界出版社，2010.7
ISBN 978-7-5090-0655-9
Ⅰ.①纠… Ⅱ.①宋… Ⅲ.①家庭教育
Ⅳ.①G78

中国版本图书馆CIP数据核字（2010）第103943号

书　　名：纠正孩子最容易犯的101个错误
出版发行：当代世界出版社
地　　址：北京市复兴路4号（100860）
网　　址：http://www.worldpress.com.cn
编务电话：（010）83908400
发行电话：（010）83908410（传真）
（010）83908408
（010）83908409
（010）83908423（邮购）
经　　销：新华书店
印　　刷：北京忠信诚胶印厂
开　　本：787毫米×1092毫米　1/16
印　　张：20
字　　数：250千字
版　　次：2010年8月第1版
印　　次：2010年8月第1次
印　　数：1-10000册
书　　号：ISBN 978-7-5090-0655-9
定　　价：35.00元

前 言

每一位父母都希望自己的孩子生活幸福，希望孩子在各个方面出类拔萃，但孩子在成长的过程中不可避免地会犯一些生活、交际方面的错误。

孩子在与家人相处中，凡事以自我为中心，稍不顺心就闹情绪；仗着家人的宠爱，常发脾气或无理取闹；把父母的话当作耳边风，从不听劝告等。

孩子在家庭生活中，表现懒惰，从不主动做家务；自己能做的事不做，常让父母代劳等。

孩子在与人交往中，不懂礼节，言行举止不得体；不懂谦让，常与同学争吵、打架；给同学起绰号，或开过分的玩笑，无意间影响人际关系等。

孩子在学习中，马虎大意，不爱做作业；上课不专心，东瞧西看，做小动作；从来不预习或温习功课；学习缺乏主动性，家长不督促就不看书等。

在金钱方面，有的孩子常大手大脚花钱，盲目攀比，摆阔，认为金钱就是一切等。

在饮食、运动中，孩子常会犯一些错误，如挑食、偏食；喜欢吃零食，不爱吃早餐；边吃饭边看电视或玩耍；锻炼前不做热身运动等。

在日常生活中，有的孩子做事总是没有主见，拖拉磨蹭，丢三落四；有的孩子爱煲电话粥，痴迷电视；有的孩子不诚实，犯了错误怕承担责任，死不认错等。

诚然，谁都不希望犯错误，谁也不希望自己的孩子犯错误，但犯错误却是难免的，而孩子也正是在不断犯错误、纠正错误的过程中成长起来的。因此，孩子犯错误并不可怕，关键是犯了错误之后怎么办。

有的家长一旦发现孩子做错了什么事，要么严厉地呵斥、指责，要么随意地讽刺、辱骂；有的家长认为孩子小，犯错误是正常的，长大后会改正，因此放任不管。这些都不能有效帮助孩子改正错误。犯错误是少年儿童的天性，家长要允许孩子犯错误，当孩子犯错误时，要帮孩子找到犯错误的原因，分析利害，督促改正。

本书涵盖了孩子在家庭生活、与人交往、日常生活和学习、饮食运动以及对待金钱等方面最容易犯的101个错误。在这101个小节里，无一例外地用三部分鲜明地阐述了错误的起因、影响以及解决办法。

情景案例：记述了现实中孩子易犯的错误，案例典型，有趣味。

专家解析：明确地指出错误发生的原因和产生的后果。

教子指南：告诉家长如何纠正孩子的错误，叙述简明扼要，实用性、可操作性强。

作为家长，要正确对待孩子所犯的错误，帮助孩子少犯错误或不犯重复的错误，这是家长应尽的责任和义务。愿您在本书的指引下，帮助孩子改正错误，走出迷茫，快乐成长！

目 录

第一章 在与家人相处当中最易犯的错误

第二章 在与他人相处中最易犯的错误

第三章　在居家行为中最易犯的错误

第四章　在读书方面最易犯的错误

第五章　日常生活中最易犯的错误

第六章　在饮食、运动方面最易犯的错误

第七章 在花钱方面最易犯的错误

第一章　在与家人相处当中最易犯的错误

处于成长过程中的孩子，在与家人相处时总会表现出一些不恰当的行为。例如不听父母劝告，与兄弟姐妹打架，和父母乱发脾气，用命令的口气和长辈说话……对此，如果父母听之任之，一旦这些不良行为习惯成自然，它们必将成为孩子成长的羁绊，正所谓“千里之堤溃于蚁穴”。如果及时纠正孩子的这些错误行为，可以让孩子少走很多弯路，从而成为一个优秀的孩子。

1. 公共场合无端哭闹，以此要挟父母

父母带孩子出去玩，本来是一件很愉快的事，但是有些孩子为了得到某种玩具或食物，常会在商场等公共场合故意大吵大闹，或干脆坐在地上不肯走，直到父母妥协，答应自己的要求。

情景案例 QINGJINGANLI

现象一：

忙了一周，好不容易到了双休日。爸妈带小军一起逛商场，对于小军和他的爸妈来说本来是一件开心的事情，可在玩具柜台前，小军的爸爸妈妈却遇到了麻烦。

看着柜台里琳琅满目的玩具，小军嚷嚷着买这买那，可是却被爸爸

妈妈断然拒绝了。因买回家的玩具已经够多了，很多玩具都是玩了几天就被小军永远地“打入冷宫”。要求得不到满足的小军开始当众耍起泼来，在商场里大哭大闹个不停，大有不达到目的誓不罢休之势，引得路人纷纷侧目。

明知这是小军的小诡计，可是小军的爸爸妈妈也无计可施，总不能在大街上把孩子打一顿吧。最后爸妈只得满足了他的要求，小军这才破涕为笑。

现象二：

周末，爸妈带涛涛去动物园玩，这是涛涛盼望已久的事，所以他很开心。可一出门，涛涛无理取闹的毛病又犯了。

涛涛：妈妈，我要汽水。

妈妈：不行，你忘记了何医生昨天说的话了吗？你的咳嗽还没有完全好，还想喝汽水？

涛涛：但我要，我一定要，呜呜……

妈妈：我说不许就是不许。噢！你怎么脱掉大衣？天气这么冷，还不快点穿上衣服？

涛涛：但我不喜欢这件大衣，我也不觉得冷。

爸爸：你这孩子，为什么每次外出总喜欢无理取闹？你再不肯乖乖听话，就再也不带你出来玩了。

涛涛：我就是要脱衣服，要不你买汽水给我喝，呜呜……

妈妈：你再不听话，回到家中你便知道厉害了。

涛涛：我才不怕呢！

妈妈：你……你这孩子……

爸爸：算了吧。老婆，这么多人面前不好看的，还是回家再说吧。

专家解析 ZHUANJIAJIEXI

因为玩具的原因，几乎所有的孩子都曾经哭闹、耍赖过，尤其是在他还不太会表达自己想法的时候。因为哭闹、耍赖是他仅有的几种表达挫折感和气愤的方法。

专家发现无理取闹的孩子都有共同的特征，如身体有缺陷、被过度宠爱、自幼受到忽视等。当孩子哭闹时，不管是什么原因，无论他们闹得多么厉害，父母都应理解，因为孩子这样做不仅仅是希望得到父母的反应和注意，也是小小年纪的他释放自己烦躁和不满情绪的唯一方式。

但是这并不是说，对于孩子的无理取闹就要听之任之。父母首先应该承认孩子的这种情绪是正常的，其次要批评他这种不好的表达情绪的方式，最后告诉他应该怎样做。

对待孩子的无理哭闹时，许多父母还是情感占了上风，将对孩子的百般疼爱，化作对孩子的百般依顺，甚至百般溺爱。殊不知，正是这种过度的爱，会害了孩子。美好品德与良好习惯的培养，起始于幼时，所以面对孩子的无理哭闹，家长一定要理智，切忌感情用事。

教子指南 JIAOZIZHINAN

无论是在家里还是外出，父母经常会遇到孩子无理取闹的情况。面对孩子的无理取闹，父母不妨从以下几个方面做起：

1. 不要对孩子大动肝火

要克制自己，千万不要在孩子哭闹的时候大动肝火，把孩子大骂一顿，甚至嘲笑孩子。您的行为只能教会孩子生气的时候可以是这个样子，继而，会使孩子的脾气越变越坏。

2. 允许孩子表达不满情绪

孩子有时候哭闹可能是为了表达自己的愤怒和不满，对此，父母要允许孩子表达。如果是在公众场合，不要难为情，保持一颗平常心，告诉自己，孩子的哭闹是很正常的事情，这不意味您是一个无能、失败的家长。如果公共场所要求安静，不妨平静地把孩子引走，把他带到一个不打扰他人的地方。

3. 等孩子平静下来再讲道理

面对孩子的无理哭闹，父母没有必要马上跟孩子讲大道理，孩子在那个时候都比较激动，是很难听进去任何道理的。等他平静下来时，您再认真地帮他认识所犯的错误，然后再给予适当的惩罚，教会孩子对自己的行为承担责任。

4. 分散孩子的注意力

最好采用积极的方式来分散孩子的注意力，比如开展新的游戏、播放孩子喜欢的卡通片等，千万不要采取消极的方式，更不要恐吓孩子——“再哭就把你送给别人”，这样会对孩子的心理造成不良的影响。

5. 阻止孩子哭闹的手段要合理

千万不要为了制止孩子的哭闹就给予不合理的承诺和物质刺激。如此一来，将会助长孩子想要东西时就大哭大闹的坏习惯。

6. 对于孩子的要求学会说不

父母不能因为疼爱孩子而事事迁就，在必要时要坚定地对孩子说不。在平时如果孩子为了达到目的而大吵大闹时，最有效的方法就是不予理会，孩子吵过了一会儿，当父母没有反应时，自然就不再闹了。这样有过几次，当他知道父母不会因此就范，也就自然收敛了。

2. 对爷爷奶奶要横，不把老人放在眼里

尊重孝敬老人是中华民族的传统美德，但是，这中国美德在一些独生儿女身上却鲜有表现。在日常交往中，不少孩子对待老人不够尊敬。如顶撞老人，不服从管教；用生硬的态度命令老人为他做这做那。为何被爱的孩子不懂得尊重长辈呢？

情景案例 QINGJINGANLI

小辉是个很聪明的孩子，在学校学习成绩也不错，再加上又是独生子，爸妈对他宠爱有加。即使他平时对爷爷奶奶不尊重，爸妈也很少批评他，所以他在家里简直就是一个“小霸王”。

一个周末，小辉在同伴小雨家里玩，两个人玩了一下午，到回家的时候了。

小雨妈妈：时候也差不多了，小辉，你也该回家去了，要阿姨送你回家去吗？

小辉：不，爷爷说过会来接我回家去的。

（叮当……不一会儿，小雨家的门铃响了。）

小雨妈妈：该是小辉的爷爷来了，让我去开门好了。

小辉爷爷：你好，是小雨的妈妈吧，我来接小辉回家。

小雨妈妈：爷爷您好！请进。

小辉爷爷：小辉，玩了这么久，该回家了。

小辉：知道了，又来催，让我多玩一会儿。

小辉爷爷：但你爸爸和你妈妈正等着我们回家吃饭呢。

小辉：知道了，您不要这么烦好吗？真的烦死人了。

小雨妈妈：小辉，你不能对爷爷这么无礼，爷爷专程过来接你回家，你应该向爷爷道谢才对，怎么可以这样对待爷爷呢？

专家解析 ZHUANJIAJIEXI

针对被爱的孩子是否更懂爱的问题，《北京青年报》的记者也曾在北京市某中学的一个班中作了这样一个调查：向所有同学询问一个相同的问题——你是否记得长辈的生日？

多数孩子的回答都是令人失望的：“不记得”、“只记得大概”、“从来没给爷爷奶奶过生日”……而与此截然相反的是，孩子们对自己的生日都记得清清楚楚，并且都十分在乎家里的长辈是否记得。更令人感到吃惊的是，一位女生几乎可以说出班里所有同学的生日，但却唯独不记得自己爷爷奶奶的生日。

为什么享有长辈更多关爱的孩子，却不懂得回馈这种爱呢？其实，这与父母的教育方式是有很大关系的。孩子是否孝顺长辈，与日常生活中的很多细节直接相关。家长们不妨想想看：

劳累辛苦的时候，你是否要求孩子过来帮忙呢？

生日的时候，你是否告诉过孩子“大人也需要祝福”呢？

平常的日子里，你是否经常带孩子去看望爷爷奶奶、外公外婆呢？

很显然，很多时候，不是孩子不想孝敬长辈，而是父母从来就没有有意识地给予孩子表达孝心和爱心的时间和机会。

孩子对老人不尊重，跟家里成年人的表现有关。特别是对自己家中的老人，若孩子见父母不尊重老人，认为人老了，手脚慢，便对老人呼喝斥骂，完全不将他们放在眼里，那么孩子也必定会效仿。再加上老人娇纵孩子的话，那么小孩子就会更加任意妄为，变本加厉。

因此作为父母，要孩子学会尊重老人，首先自己就要疼爱和尊重长者。如果孩子对家中至亲的长辈都不尊重，那么走到街上，他们还会懂得尊重别的老人吗？

教子指南 JIAOZIZHINAN

每位家长都希望自己的孩子能够孝顺、懂事，那么该怎样引导他养成孝敬长辈的美德呢？

1．灌输正确的观念

无论大人还是小孩都应明白尊重老人的道理。长者在年轻时也曾为社会和家庭作出过贡献，他们是绝对值得尊重的。父母必须将这个道理向孩子讲明，教导他们懂得尊重和孝敬老人。

2．及时纠正不良行为，防微杜渐

孩子易冲动，自制力差，他们的行为往往受情绪支配，容易出错，在家里常作出对老人无礼的举动，如对老人发脾气、摔东西、不理睬等。一旦发现这些问题，父母一定要严肃批评，耐心说服，使孩子认识错误。尤其不放过“第一次”，要知道迁就容忍只能招致更多的过错，使孩子养成不良习惯。

3．要孩子道歉

如果看到孩子对老人不尊重，父母要立即给孩子指出来，并要孩子马上道歉，好让孩子明白老人是需要尊重、怠慢不得的。因为如果不趁孩子年纪小时及时地教导，等日后孩子长大了就更难纠正了。

4．利用节日培养孩子尊重老人

可借助老人生日、重阳节（老人节）、元旦、春节等有利时机，通过谈话、点拨、暗示，诱发孩子关爱老人的良好行为。如询问孩子：“明天是××节，你应该做些什么？怎样使爷爷（奶奶）高兴呢？”孩子就会认真地说：“我帮爷爷切蛋糕，祝爷爷生日快乐，健康长寿”、“我送奶奶一件礼物”……

5．父母要以身作则树立榜样

孩子认识肤浅，判断能力差，缺乏独立性，心理活动带有暗示性和模仿性。在他们眼里，父母的行为就是一把尺子，认为父母做的，他就能做；父母怎样做，他就应该怎样做。因此，父母在与自己父母、公婆、岳父母等老人相处中，态度应谦逊、彬彬有礼、关心照顾、体贴入微。父母的言行，孩子看在眼里、记在心上，表现在自己的行动中，他们会像父母一样善待老人。一位家长曾这样介绍了自己的经验：

儿子的爷爷和我们一起生活。平时我和妻子都对父亲非常尊重，不管大事小事，都会听听他的意见；吃饭时，老人不上桌子，决不开饭；平时嘘寒问暖，照顾得非常体贴周到。我们的一举一动，孩子都看在眼里、记在心里。

3. 与兄弟姐妹相处，从不谦让

孩子在成长的过程中，打架是不可避免的，比如因为争一件玩具，或为了争零食而对弟妹动手。对于孩子的这种“攻击”行为，家长不能坐视不管，要教育孩子懂得礼让，不要动辄动手打人。

情景案例 QINGJINGANLI

一天，妈妈到幼儿园接杰克，老师说：“杰克今天又抓人了，把一个小朋友的脸抓出了痕迹，我告诉他这样做不对，他好像明白了，可杰克好像克制不了自己，他在家里也这样吗？”

在家里，杰克是很让妈妈头疼的。他总是表现得比较有进攻性，稍有不合意的地方就付诸武力，和弟弟打架是家常便饭。

有一次，杰克在客厅陪弟弟玩，不一会儿就听到杰克冲弟弟喊：“你不要再惹恼我，要不然我就对你不客气了。”说完推了一下弟弟，弟弟委屈地哭了。

“哭哭……你这讨厌的家伙，动不动就哭，让人烦死了！”

“呜呜……”

“我警告你，你要再哭，我就……”说完就动手了。

妈妈听到哭声后过来问道：“你们兄弟俩又在干什么，弟弟为什么哭得那么厉害？”

“呜……哥哥打我。”弟弟委屈地说。

“杰克，你怎么可以这么野蛮，动不动就动手打人，你这种行为真是要不得。”妈妈生气地说。

杰克则不以为然地一个人去玩了。

专家解析 ZHUANJIAJIEXI

在和兄弟姐妹相处时，孩子如果常和兄弟姐妹打架，家长就要注意了，不能坐视不管。孩子的“攻击”行为有时候是孩子感到沮丧的表现。根据心理学家的研究，孩子出现攻击性行为，最主要的原因是来自家庭，如缺乏管教、父母管教不一致、责罚过于严厉等。

当然，孩子表现得很粗暴可能还有其他原因。有些孩子语言发展能力比较缓慢，与语言表达能力好的孩子在一起，可能会感到恼火，通常需要分辩的事情，被嘴巧的小朋友抢了先，就会引起他很激烈的举动。

经常打架的孩子，脾气一般暴躁，说话做事不爱思考，以为“武力”可以解决一切问题。面对这样的孩子，父母会感到头疼，却又绝不能视而不见。要不然等孩子长大以后，这样的表现就有可能影响孩子的一生。

教子指南 JIAOZIZHINAN

在家中，若孩子表现出“攻击”兄弟姐妹的行为，父母是不能忽视的，一定要从小给予纠正。

1．建立生活规律

为避免孩子养成这种容易动手打人的坏习惯，父母可以试着为孩子制定活动时间表，例如早上6点吃早餐、19点吃晚餐、20点洗澡、23点睡觉等，这样好让孩子从小培养出有规律的生活，懂得何为规矩。

2．父母以身作则

父母也尽量不要发怒或打骂孩子，尽量让家庭气氛轻松、和谐，因为家庭气氛会直接影响孩子的情绪。父母有空儿更不妨多带孩子出去玩玩，这样孩子的性格也会温和一点。

3．设定亲子沟通时间

现代人都说自己的生活和工作忙碌，但再忙也不应忽略重要的亲子沟通时间。其实每天只需10~20分钟，就已足够增加父母与孩子之间的亲子关系。亲子关系良好，自然就可以避免很多家庭问题。

此外，对于“爱打架”的孩子，父母应当耐心教育，首先应反复向他解释：打人不好，会伤害别人；再者看到孩子不顾一切地扑打其他小孩时，不能高声呵斥或反过来打孩子，这样只能使孩子得到错误的印象，认为只能用武力对付武力。告诉孩子，当发生矛盾后，要冷静，学会用简单的语言表达自己，尽量不要动手。

4. 在家人面前，动不动就大发脾气

不管是蹒跚学步的儿童，还是步入学校的少年，都有发脾气的时候。然而，那些不能控制自己情绪、按捺住性子的孩子，在自己的人生道路上，总会伤害家人或朋友的感情，没有较好的人际关系。

情景案例 QINGJINGANLI

亚当今年7岁，活泼好动。离亚当家不远的地方有一个旱冰场，前去溜冰的孩子很多，于是亚当便缠着妈妈，让妈妈给他买了一双漂亮的旱冰鞋，带着他前去练习溜冰。

一上溜冰场，亚当便被一些大孩子的优美的溜冰动作吸引住了。这些孩子能够随心所欲地转向，偶尔还要做几个漂亮的动作。亚当看得心里痒痒的，便也跟着学了起来。然而，亚当每次想做一个稍微复杂的动作时，便会摔倒在地。

妈妈看在眼里，疼在心上，对亚当说："休息一会儿再玩吧。"亚当生气地说："不用你管！我就要一直玩。"

"亚当，你这是什么态度呢？"妈妈说。

听了妈妈的话亚当索性坐在地上，把新买的旱冰鞋脱下来，使劲往远处一扔，便哭了起来。

妈妈无奈地说："你这孩子，稍不合你心意就乱发脾气，还乱扔东西出气，真是拿你没办法！"

专家解析 ZHUANJIAJIEXI

在现实生活中，像亚当这样爱发脾气的孩子不在少数。因为孩子自我控制能力有限，所以当受到委屈而无法解释，或受到失望的打击，或遇到愤怒的刺激时，就失去常态，或大哭大嚷，或破口大骂，或挥手顿足，或翻身滚地，或毁坏物件，或自我击打等。

一般来说，孩子在心情开朗、轻松愉快时是不容易发脾气的；可以在言语上表达情绪和意向的，也不会发脾气；可以把情绪在其他方面适当地发泄出来的，也不会发脾气。换句话说，一个常常发脾气的孩子，是因为在日常生活中无法把情绪平衡过来，或是找不到适合的对象来倾诉情怀，或是不会适当地表露他的感情。

具体来说，一个孩子是否容易发脾气有四方面原因：一是由孩子的性格特征所决定。二是家人过分疼爱孩子，对孩子百依百顺，因此一旦有不顺心的地方，孩子就会发脾气。三是孩子发脾气时的行为是学习得来的，比如父母平日常常吵架，什么粗言秽语都说出，那么孩子当然会以大吵大骂来表达他的愤怒了。又如有些父母在争吵时往往摔盘掷碟，当然孩子发脾气时也学会这一套。四是取决于孩子家庭中的教育方式。在有些对孩子管教不严的家庭中，孩子发怒时，常常高声叫骂，并且作出一些使劲捶门、摔东西等举动。

孩子发脾气的程度，一般按父母的反应而定。比如孩子大哭大嚷时，做父母的已作出表示，知道孩子当时的心情非常恶劣，在言语和行为上都及时把孩子的波动情绪安静下来，孩子就不必用更进一步的行为来强调他当时的心情，比如撞墙或毁坏物件等。

发脾气是宣泄情绪的一种方式。一位著名的心理医生说："发脾气并非经常发生。甚至连孩子们都知道，当他们对自己的情绪失去控制的时候，他们就没有好心情了，就会生气了。因此，我们可以教孩子懂得，他们可以选择按捺住性子、不发脾气，而且可以把自己内心感到烦闷、苦恼的原因和我们谈谈。”

孩子发脾气的时候，往往会和父母纠缠一段时间。很多父母为了避免麻烦，就全依孩子的心意去做，力求在最短的时间内解决问题。这样只会间接鼓励孩子用发脾气的方式达到自己的目的，所以此时父母一味地迁就、忍让并不可取。

教子指南 JIAOZIZHINAN

孩子发脾气往往让父母束手无策，打骂不是办法，放任不管更不行。其实要对付孩子发脾气，也不是没有办法的。

1．父母先保持冷静

孩子发脾气时，父母要保持冷静，要严肃地跟孩子说，你不喜欢他这样的表现，请他先冷静下来再跟他好好谈。对待发脾气的小孩，只有自己先冷静下来，才能让孩子的情绪慢慢平复下来。

2．接纳孩子的情绪

对于孩子来说，如果他的情绪得不到认可，一切家长看似合理的道理、建议等，他都会听不进去。并且有时，正是父母不认同他的感觉和情绪，而使他的情绪变得越来越坏。因此，孩子发脾气时，家长一般不要直接指责他，首先要接纳他的坏情绪。

3．耐心等待孩子冷静下来

对于发脾气的孩子，如果家长直接指责，无异于火上加油。家长应该耐心等待孩子冷静下来。在等待孩子冷静下来的过程中，切记不可说话，不可看电视或玩，只要保持安静便足够了。孩子冷静后，父母要和孩子好好倾谈，这时可以提出问题，如“刚才发生了什么事”、“现在觉得怎么样”、“再有同样事情发生时应该怎么办”等，让冷静下来的孩子重新思考刚才发脾气时的情况和问题，改以冷静的方式表达自己的不满。

4．让孩子学会控制情绪

愤怒的情绪是人人都会有的，自制力不强的人容易因愤怒而伤人伤己。家长在对孩子情感、心理方面进行引导时，不要忘了让孩子学会压制自己的怒火。

5. 以身作则

静待孩子冷静下来的方法无疑可避免进一步刺激父母和孩子的情绪而影响亲子关系，还可以引导孩子检讨自己的行为和学习既合理又可接受的表达方法。当然，要孩子不乱发脾气，父母也应以身作则，给孩子做出好的榜样。

5. 说话口气太硬，不懂得尊重父母

现实生活中，有些孩子对家长却越来越不尊重——小小年纪对家长出言不逊，经常用命令的口气同父母说话。比如命令父母说“把鞋给我拿来”,“我口渴,给我倒杯水”等。在这种孩子的心目中,自己就是中心,因此从来不会站在别人角度想问题。

情景案例 QINGJINGANLI

现象一：

一位母亲的烦恼：

我儿子今年 13 岁，不爱学习，最令我伤心的是他不尊重父母，经常因为达不到目的而大吵大闹，甚至生气时连爸妈都不叫，一副仇视的样子。我很寒心。对外人倒是有礼有让,别人说他挺好的。我该怎么办?

现象二：

馨馨今年刚入小学，学习认真，在班里还是班长呢。不过有一事挺让父母头疼，就是在家里没大没小，经常出言不逊。

星期一早晨六点半，妈妈叫馨馨起床，下床时，馨馨对妈妈说：“我的鞋子呢？”妈妈怕女儿迟到，赶紧找。原来鞋子跑进床下面去了，因

为床下是空的，鞋子很容易被不小心踢进去。妈妈赶紧帮馨馨拿出来，还说了一句："呵呵……鞋子悄悄跑到床底下睡了一夜。"谁知，馨馨非但不说谢谢，反而不高兴地说："我就知道是你放到床底下的。"然后，不理妈妈，扬长而去。妈妈被噎得哑口无言，很恼火。

现象三：

周末，妈妈带隆隆去参加一个聚会，整个下午，这个5岁的孩子让妈妈劳神费力。当妈妈和朋友们聊天时，隆隆不断嚷着要喝苹果汁，妈妈让他稍等一会儿，但隆隆一分钟也不能等待，马上大喊大叫起来。妈妈轻声制止他，说："听话，你看你这样多没礼貌，不要随便闹了。"他却叫喊着让妈妈"闭嘴"。对隆隆的这种行为妈妈深感吃惊。

事实上，平时在家里隆隆也会偶尔对妈妈大喊大叫，出言不逊，但这次在聚会上隆隆的表现，让妈妈感到事态的严重性。

专家解析 ZHUANJIAJIEXI

孩子怎么会产生不尊重父母，在父母面前出言不逊的不良行为呢？主要有以下几种原因：

一是现在的孩子，大多是独生子女，对于一些愿望，家长大多都会满足。久而久之，孩子在亲人面前没有学会控制自己的欲望，一切以自我为中心，稍有不顺心就会出言不逊，不达目的誓不罢休。

二是孩子可能受父母的影响，从父母那里学到了出言不逊"本领"。有些父母认为，在家里面不用客气，因此在家庭成员之间常常用命令的口气讲话。有的父母常在孩子面前命令保姆等。这些都给孩子造成不良影响，教孩子学会了说话没礼貌。

三是不少父母对自己应具有的父母权威态度模棱两可，同时又急切地想把孩子培养成能独立思考问题而不盲从的孩子。他们片面地认为，在家里对孩子限制太多，会让孩子今后难以适应社会。于是，在生活中向孩子过多地渲染父母与孩子间的朋友关系，并在孩子面前随意抱怨幼儿园老师以及其他一些孩子的长辈，而这些言行其实是在向孩子发出信号：“不尊重权威是可以的。”以致在孩子的心目中也就几乎没有了“尊重”这个条目。

孩子必须学会尊重父母，因为与父母的关系会为他日后对所有其他人的态度打下基础。父母与孩子的关系是孩子拥有的最初、最重要的社会影响，孩子在这一关系中所经历的问题与困惑将在他以后的生活中不断出现。他早期对父母的看法会变成他将来对学校老师、工作中的上司、执法者和其他最终将与其一起生活或工作的人的看法的基础。

一个不尊重家长、无法无天的孩子会错误地以为全世界都围绕着他任性的童话王国旋转。但是他迟早会从家里走出来，进入外面的世界。问题是外面的世界并不是他那软弱可欺的爸爸妈妈，他会在现实中碰得头破血流，损失惨重。

教子指南 JIAOZIZHINAN

家长如何才能获得孩子们的尊重呢？

1．让孩子学会用尊重的语气说话

有的父母认为，自我表达意识强是一种健康行为，便允许孩子用大哭大闹的手段来发泄情绪。其实，多数孩子在顶撞了父母后会感到愧疚甚至害怕，如果父母对孩子的无理行为无动于衷，渐渐地孩子就不再关心自己的行为是否影响到了别人。因此父母要明确地向孩子表达“应尊重他人”的想法，要跟孩子说“我不喜欢你用语言去伤害别人”或“应为你说过的伤人的话道歉”等。

2．父母要做到多商量少命令

比如提醒孩子该做作业了，可以这样说：“到时间了，你是不是该做作业了？”而不要直来直去地说：“别看电视了，快去做作业！”

如果孩子帮你做事，你还要记得说一声“谢谢”。这样，孩子就会感觉你很尊重他，心情会很愉快，而且也很愿意听家长的话。

3．给孩子示范尊重人的方式

父母应让孩子懂得，表现出感激之情是显示对他人尊重的一种方式。例如当着孩子的面，称赞他的班主任老师主题班会组织得很好；还可以联合其他父母一起为生病的老师制作问候卡，并让孩子签上名。这些小小的表示和认可，向孩子传达的是：孩子心中的权威人物都在为了孩子努力工作，他们是值得尊重的。

4．多和孩子交朋友，少窥探孩子的“隐私”

很多孩子都特别反感家长翻看自己的书包，偷看自己的日记。而家长之所以这么做，主要是想借此了解自己孩子的所思所想，担心孩子有什么事瞒着家长，有利于教育。家长这样的想法固然不错，但为什么不换一种方式呢？家长平时应多抽时间和孩子聊聊天，问一问孩子学校的事情、人际关系情况、对一些事物的看法，等等。如果孩子告诉你一些真实的感受和想法，要站在孩子的立场先去理解他，然后告诉他该怎么办。这样，孩子感受到父母对自己的尊重和信任，他们也会越来越信任尊重父母。

6. 凡事以自我为主，要父母顺从自己

现代，很多孩子由于受家庭环境或其他因素的影响，养成了凡事“以自我为主”的习惯，父母等家人必须要围着他转。这样的孩子往往任性、固执、不知足、只顾自己不关心他人，对家人傲慢无礼，常抱怨父母不理解自己。

情景案例 QINGJINGANLI

小明是一个调皮可爱的6岁小男孩，很招人喜欢。但有一点很让家人头疼，就是他总是一切以自我为中心，自己想做的事就一定要做，不

管家人有多忙。

一次，小明闹着要爸爸带他去附近的动物园玩，但爸爸很忙，于是就对他说：“小明，爸爸今天有很重要的事要做，改天再带你去，好吗？”但小明走开没几分钟，又回来吵着要爸爸带他去：“爸爸，我今天就是要去。”爸爸劝说了半天也不管用。还有一次，妈妈要赶着去上班，让小明自己穿衣服，可是小明却说：“我不要，我要妈妈给我穿。”而妈妈没办法，只好说：“妈妈现在真的很忙，你自己穿吧，乖啊！”可是他就是不穿，然后就坐在那里哭了起来，妈妈没办法，只得让外婆过来帮小明穿。可是外婆过去给小明穿衣服时，小明就是不让，而且哭得更加厉害了，后来外婆哄了好长时间，才给小明穿好衣服。

专家解析 ZHUANJIAJIEXI

孩子“一切以自我为主”是一种消极行为，主要表现在：孩子不顾客观环境和条件如何，随意放任自己，毫无约束，想做什么就做什么，想怎么做就怎么做，任何人的劝告和阻拦都难以发挥作用。

一般来讲，孩子做事“一切以自我为主”的原因是：随着孩子年龄的增长，认知领域、活动范围增大，孩子的自我意识迅速发展，自尊心、独立性逐渐增强，于是产生了以自我为中心的行为。

此外，家庭教育不当也是造成孩子这种不良性格的主要原因。由于家长过分溺爱孩子，对孩子的不合理要求轻易给予满足，当孩子哭闹的时候更是如此，久而久之，就养成了孩子“以自我为主”的坏毛病。

以自我为主的孩子做事一切从自己的角度出发，我行我素，固执任性，难以接受劝告。如此发展下去孩子会变得蛮横无理，自以为是，自私自利，甚至会造成不堪设想的严重后果。并且长大以后，这种“以自我为主”的做事方式还会影响孩子的人际关系、工作和生活。可见，“一切以自我为主”对孩子的成长极为不利，家长应该帮助孩子矫正。

当孩子产生消极的“以自我为主”的行为时，家长应该怎么办呢？

1．告诉孩子“以自我为主”的害处

对孩子“以自我为主”的行为，家长不能因娇惯而放弃教育，一味顺从，也不能粗暴对待，以打骂代替教育。正确的方法应该是从说理入手，以情感化，巧妙处理，使孩子认识到“以自我为主”的危害性。家长要明确告诉孩子，“以自我为主”是一种不好的品质，爸妈不喜欢这样的孩子，老师、同学也不会喜欢。

2．转移孩子的注意力

固执任性是孩子“以自我为主”的主要表现。当孩子固执任性时，家长可以利用当时情境转移孩子的注意力使孩子从消极的气氛中走出来。此外，当孩子固执任性时，如果结果对孩子不会有什么影响，家长可采取不理睬的态度，使孩子感到没趣，自然就不会再闹下去了。

3．对孩子的要求，千万不要“百依百顺”

伟大的思想家培根有一句意味深长的话：“你知道用什么方法一定可以使你的孩子成为不幸的人吗？这个方法就是百依百顺。”对孩子的合理要求，家长要支持鼓励。对孩子不合理或过分的要求，家长决不能毫无原则地迁就，应表示坚决的不允许，并让孩子知道什么是对、什么是错。家长决不能因为孩子的哭闹而放弃对孩子的严格要求。要知道，如果孩子的企图第一次得逞，以后就会习以为常，由着性子来。

4．激将法化解固执情绪

根据孩子好胜心和自尊心比较强的特点，有时利用激将的方法反而能够克制其消极行为。对于孩子可能产生的行为事先防范，可事先对孩子提出某种克制性的要求，当孩子出现以自我为中心的行为时，对事先的“约定”进行提醒，使其放弃不妥的行为。

5．家长之间的意见要统一

父母之间意见要统一，而且同爷爷奶奶之间的意见也要统一，防止孩子有“空子”可钻，否则家长的正确意见难以付诸实施。例如，当孩子固执任性时，往往是父亲动手打孩子，母亲忙着护孩子，外婆出来拉孩子，甚至相互埋怨、指责、争吵，这就更助长了孩子的错误行为。所以，家长在教育孩子方面千万不要产生分歧。即使有分歧，也不要在孩子面前暴露出来。

7. 脾气很坏，稍不顺心就与家人吵闹

青春期的孩子脆弱而又敏感——学习上的困难，父母、老师的批评，同学之间的一点儿摩擦都可能影响他们的情绪，容易采取敌视的态度对待周围的一切，对人充满戒备和敌意。在家里很容易和父母发生争执，并且常常口不择言伤父母的心。

情景案例 QINGJINGANLI

阿文今年11岁，学习成绩优秀，是个非常出色的孩子。他是少先队大队长，每年都是三好学生，老师、同学都很喜欢他。在家里他也非常懂事，常常帮助爸妈做家务，和爸妈的关系也特别亲。

但不知为什么，自从阿文上了五年级后就像变了个人似的，变得不爱说话，脾气也非常古怪，动不动就和爸妈发生争执。

一天妈妈下班回家，习惯性地问阿文：“作业做完了吗？”没想到妈妈这随口一问却让他急了：“什么时候写作业我自己知道！不用你操心！”

此后不久的一天，阿文很晚才回家，爸爸担心地问：“阿文，你去哪儿了，为什么这么晚才回来，让爸妈很担心。”没想到阿文没好气地说：“晚又怎么样？我不是小孩子了，不用你管！”爸爸吃惊地看着儿子，觉得他很陌生。

几天以后，妈妈和孩子爆发了一次激烈的争吵。那天，妈妈回家看到阿文在看动画片，就说："怎么总看电视？多大了还看动画片呢？作业写完了再看吧。"阿文像没听到妈妈的话一样，还是坐在沙发上看电视。妈妈看到阿文这样，很生气，就随手把电视关了。不料阿文腾地一下从沙发上跳起来，大吼道："插上电源！""写完再看！"妈妈很强硬。"我就不写！不让看就不看！"砰的一声摔门而去。

之后，阿文的脾气越来越大，也越来越不像话，爸妈一说他，他就说："不用你们管，我就这样了。"爸妈很伤心，也很无奈。

专家解析 ZHUANJIAJIEXI

孩子脾气暴躁，总与父母发生争执，原因不外乎以下几点：

一是家人的溺爱。爸妈或爷爷、奶奶过分疼爱孩子，总怕孩子受委屈，为了博取孩子的欢心，有求必应，而不考虑这种要求是不是适当。这样使孩子无论做什么事，都是以自己的意志为转移，随心所欲，为所欲为。一旦有不顺心的事，就发脾气，和父母发生冲突。因为孩子知道，发脾气是满足愿望和要求的最有效的手段，于是就变得更容易发脾气了，造成了恶性循环。

二是家长脾气暴躁，给孩子树立了不好的榜样。爸爸脾气不好，常为一点小事就动手打孩子。一次宝宝在外边玩，爸爸叫宝宝回家吃饭，见孩子没有答应，上前就是一脚，孩子顿时尿了裤子。宝宝在幼儿园里与同伴玩时，也经常发脾气，甚至为一点儿小事打小朋友。

三是家庭教育方式不当，家庭教育缺乏一贯性和一致性。今天禁止的事，明天便鼓励去做；父亲认为是好事，母亲说坏；爷爷同意的事情，奶奶偏要阻拦。这样就会增加孩子的受挫感，从而导致烦躁和暴躁。

四是父母对孩子要求过分严格。孩子稍有过错或没有按要求去做或做得不好，父母就严加训斥，甚至把孩子狠狠地揍一顿。这种做法会使孩子感到不满和压抑，这种不满和压抑会在以后的某种场合中表现出来。

除此以外，疾病与生理条件也是引发坏脾气的原因之一。神经衰弱的儿童特别容易兴奋、发脾气，处于疾病和疲劳状态中的孩子也常常有烦躁不安、易于发火的表现。

教子指南 JIAOZIZHINAN

对待青春期的孩子，父母要给予他们更多的爱和关注。对于孩子的急躁情绪，父母千万要冷静，以柔克刚才是上策。父母应该做到：

1．关注孩子的情绪

虽然孩子自认为已经长大独立，很多话不愿和父母说，但他的内心往往非常脆弱，一旦遇到解决不了的难题，就会背负起巨大的心理压力，如同一只惊弓之鸟。尤其在面临转学、升学时，环境的变化、学习方法的改变、竞争压力的加大，都可能使孩子无法适应新情况。父母最应该关心的不是孩子的成绩，而是他的情绪，温馨、宽松的家庭氛围能有效地帮助孩子缓解压力。

2．倾听是一种爱

教育孩子不但需要用嘴巴，更需要用耳朵。当发现孩子情绪反常时，父母要寻找适当的时机与孩子谈心，以亲切友善的态度倾听他的心声。对于受到挫折的孩子，最好的帮助是让他宣泄，让他在父母关切的倾听中，把事情的经过和心中的委屈充分倾诉出来。做到这一步，问题就解决了一半，另一半在于父母的分析和引导。充分诉说后，孩子一般会产生寻求帮助的心理期待，这是教育的黄金时机，父母的分析和引导不可完全迎合孩子，而要实事求是、合情合理，这是教子成功的关键。

3．对于孩子的过分行为要制止

当孩子出现打人骂人的不良行为时，应坚决制止。要使他明白自己的错误行为在别人身上所产生的影响，严肃讲清道理，并引导孩子自觉采取补救措施。

4. 永远不把孩子称为“坏孩子”

有的孩子只因学习成绩不好或比较顽皮，就被老师、同学冠以“坏孩子”的称谓，这对孩子的伤害无疑是巨大的。孩子一旦背上这个黑名，很容易自暴自弃，长期受到这种歧视会使他内心充满挫败感，非常不利于他的成长。当父母发现孩子被称为“坏孩子”时，应及时和学校、老师沟通，不但要共同为孩子正名，还要为孩子创造成功的体验，多给孩子表扬和鼓励。如果某一学校确实不适合孩子的发展，父母要对孩子负起责任，为孩子选择适合的学校。

5. 了解原因对症下药

家长发现孩子有不愉快情绪时，应设法了解其原因，适当要求可以满足，过分要求可不加理睬。

8. 常与父母对立，想脱离父母的管束

在现实生活中，很多孩子都有反驳父母的习惯，认为父母管得太多，尤其是在同伴或异性面前，反叛的心理更是强烈。有的孩子还彼此较着劲，“我在我家地位特殊，我爸妈都管不了我”成了很多孩子在同伴面前夸耀的资本。

情景案例 QINGJINGANLI

现象一：

星期六早上，明明正在睡懒觉，听到妈妈叫他吃早饭，很不情愿地起床了。他知道如果自己不起床，妈妈就会没完没了地喊他。

起床后来吃早饭，明明上身赤膊，下身只穿了一条短裤。爸爸一看就有点儿生气，冷着脸说：“天还不热，干吗只穿短裤，难看死了，快去穿上外套。”

"我就喜欢这么穿，不冷，很舒服！"明明一听就跳了起来。

"你这小子怎么父母的话一句都不听？怎么老顶嘴？"爸爸生气地说，责备的语气明显加重了。

明明涨红着脸，一边跺着脚往楼上房间里走，一边不服气地叫喊："我穿，我穿，你们烦死了。什么都要管，我就没点儿自由吗？"

现象二：

小强是家里的独生子，家里的经济条件也好，要什么有什么，让爸妈感到欣慰的是，小强的学习成绩一直不错。但有一点，小强的父母很无奈，那就是小强总爱和父母对着干，无论爸妈说什么，他总是反驳。

一天，小强放学回家吃完饭，不做作业而玩起了游戏机，妈妈看到后对他说："小强，别只顾玩游戏，写完作业再玩行吗？"

"我要玩。"小强不听妈妈的话。

"别闹了，再玩我就把你游戏机拿走了。"

"噢。别那样。"

"你还是不听话，我现在就拿走你的游戏机。"

"噢！烦死了。你别理我行不行！"小强冲妈妈喊道。

"你……你这是什么态度，怎么总是反驳我！"

专家解析 ZHUANJIAJIEXI

情绪不稳定、冲动、叛逆、动荡不安是青春期孩子典型的情绪特征。他们时刻希望通过自己另类的言行引起周围人的关注。为了显示自己的独立，他们喜欢对任何事情都采取批判、否定的态度，尤其面对父母的管教，他们会用尖锐、刻薄的反驳来证明自己的与众不同。

孩子爱反驳还因为家人对孩子过于溺爱，即使犯了错误也无原则地迁就，久而久之孩子就会产生一种错觉，认为无论对错，家人都会顺从，进而变得固执不听话。当父母想管教时，不良习惯已经养成，自然会出现与父母对抗的状况。

其实，爱与父母对抗的孩子身上往往有很突出的优点，如自我意识强、个性鲜明等，如果引导得好，可以发展成为良好的品质，如自强、坚毅、讲道理等。但如果父母放任不管或管教不当，父母与孩子的关系便会日益疏远，甚至激化。到孩子步入青春期，情况会更严重，其反叛的情绪也会更厉害，到这时候再希望孩子改正，就会难上加难了。

总之，爱反驳父母是很多孩子都有的习惯，也是孩子成长中正常的现象，关键是父母要作好引导，帮助孩子改正不良习惯。

教子指南 JIAOZIZHINAN

当孩子反驳时，父母不要急着批判孩子的对错，应该在当“法官”前，先给孩子当“律师”，站在孩子的角度想想他这么做的理由，有哪些值得理解的地方，并采取积极有效的办法帮助孩子树立正确的观念，引导孩子进行心理梳理，让他们主动认识事情的对与错。

在孩子反驳的情况下，父母又怎能暂且息怒不跟孩子进行骂战呢？

1．父母管教要一致

当父亲和母亲两个人对管教孩子的看法不一致时，会令孩子感到无所适从或有机可乘。因此在教导孩子的事情上，夫妻二人应相互交流，达成共识。

2．自我反省

有时候，父母也得自我反省一下，自己是否给孩子定了太多的规矩？孩子不能没有规矩，但同时也不能有太多的规矩，太多的规矩容易让孩子无所适从，因而感到沮丧，甚至放弃。

3．不要与孩子斗气

当孩子反驳时，父母不宜和孩子斗气，更不必强争高低，不妨先主动挂出免战牌，大度地一笑，或优雅地摆摆手，这种低姿态反而可能给孩子深刻的触动。最好能与孩子心平气和地谈谈。

4．细心聆听孩子的心声

父母应认真思考孩子反驳父母的背后原因。如果父母能仔细聆听孩子的心声，自然能够更加了解自己的孩子。但很多父母焦虑地发现，虽然自己作好了倾听孩子心声的准备，孩子依然很少说话，甚至总把自己关在房间里。即使是这样，父母也切忌唠叨，唠叨在孩子那里只能成为青春期的噪音。

5．以身作则

孩子总会以父母作为模仿的对象，试想如果一个家庭每天都充满争吵声，孩子又怎会不跟着学呢？唯有充满爱心的和谐的家庭，才能培养出性格温和的孩子来。

9．听不劝告，把父母的话当做耳边风

孩子听话，父母自是欣慰，但很多时候却是无论父母怎么说，孩子就是一意孤行，我行我素，把父母的话当做耳边风，左耳进右耳出。

情景案例 QINGJINGANLI

现象一：

田田今年6岁，活泼爱动，很喜欢运动。在幼儿园里，田田可以算得上是溜冰高手，弯腰、蹲下、转弯、冲浪等技巧都驾轻就熟。

放学一回家，田田就把溜冰方面的技术直接用在滑板车上。爸爸一看这样不妥，就在旁边提醒他：“滑板车只有两个轮子，要平衡不容易的，双手一定要握好把手，不然……”

田田根本不听爸爸的，把大人的话当耳边风，竟一意孤行地选择了最容易摔倒的单手开滑板车法——一只手高高扬起，一只手扶着车把的中央，助力的脚更把车蹬得飞快。虽然爸爸担心得不行，但根本追不上

飞奔着的车子。

当大人正在感叹他惊人的飞奔速度时，他却戛然而止——连人带车一起摔到了路边的草地上。爸爸连忙跑过去，并询问："不要紧吧……"田田强忍着眼泪说："原来单手玩滑板车，还真不行！"幸运的是，田田没有受什么大伤，只是腿上擦破了一层皮。

现象二：

晓明今年8岁，已经到了懂事的年龄，其他方面表现不错，就是不爱听家长的话，对父母的劝告更是当做耳旁风。例如晓明总是爱乱按家里的按钮，妈妈告诉他很多遍不要乱按，他就是不听；晓明有事没事总开冰箱的门，妈妈告诉他，那样容易把冰箱弄坏，他怪妈妈："无论我做什么，你都不满意……"

这天，饭菜都快凉了，晓明还不肯离开电视机，非要看完他正在看的动画片，于是，妈妈一再地催促，情急之下又由催促转为呵斥，心头的火气在一点点地累积。而晓明对妈妈那些苦口婆心的诸如"饭菜凉了，吃了肚子会痛"、"看电视时间太长了，眼睛就要坏了"之类的劝说一概置之不理，继续赖在电视机前不动窝。看到晓明这样油盐不进，爸爸终于火了，"啪"一声关了电视机，拎着晓明上了饭桌。晓明拳打脚踢，哭闹不已，虽然被强行塞进去几口饭，但是，他一直抽抽搭搭的，含在嘴里不肯下咽，咽下的也是一肚子的怨气。这样一来，一顿饭吃得很不开心。

专家解析 ZHUANJIAJIEXI

许多父母认为自己对儿女体贴入微，照顾周到，而儿女却不领情，反而处处发难，令人伤心。其实，儿女没有理由故意与父母为难，很多不愉快是由父母的教育方式不当造成的。

孩子拒绝接受家长的建议，当然有孩子方面的原因，比如有的孩子很任性、叛逆性强等。但很多时候是家长的原因，如在劝告孩子的时候采取的方式不恰当，具体来说有以下几方面：

其一：脱口而出，不顾及孩子的实际情况和心理感受，有些话甚至会伤及孩子的自尊和心灵。

其二：同样的话反复重复，即使这些话是对的，多次重复后孩子怎能听得进去？

其三：居高临下，总是以家长、权威的身份，以教训、命令的口气，以结论性的语言与孩子谈话。

其四：大多是谈孩子的缺点，诸如学习不刻苦、不用心、不自觉、太马虎，等等。

教子指南 JIAOZIZHINAN

对于不听劝告的孩子，怎么办呢？以打骂来惩罚吧，对其日后的成长会造成更坏的影响；当什么事也没发生过吧，但孩子明明有错。不妨试试下面的方法：

1．要孩子自我反省

有效的方法是直接指出孩子所犯的错误，然后在定下的某一段时间内不理睬他，好让他自我反省。反省时间过后，便要跟孩子好好谈谈，告诉孩子他犯了什么过错。除了要孩子承认错误外，也要有适当的惩罚，这样孩子才会牢牢记住。

2．耐心指正孩子

不以打骂的方式，大可以其他方式处罚他，例如在特定的时间内，不让孩子玩他心爱的玩具或吃他喜欢的食物，当孩子完全知错，又肯承认过错后，才可停止处罚。最后父母可以耐心地向孩子解释，父母这样做并不是故意刁难他，只是为他好才这样做的，正因为是父母，才会如此严格地管教他。同时告诉孩子，如果孩子做错事，父母不及时管教，其后果会有多严重，让孩子也好好反省一番。

3. 顺势诱导对待不听话的孩子

孩子不听劝告，很多时候是因为他正关注他当下正感兴趣的事情，此时如果强加阻止，他就会很难别过劲儿来，不妨采取相对比较柔性的方式顺着他的期望走一走，然后再帮助他转弯。比如孩子特别喜欢吃糖，见了就要买着吃，如果强行抢下他手中的糖果可能就会让他哭闹不休，最终不可收拾。不如干脆就把糖剥了给他，并且顺着他的想法来说说吃糖的坏处。

4. 可以放手让他碰碰钉子

当孩子不听家长劝阻或拒绝服从命令时，可放手让他自己去碰碰钉子，因为没有比亲身体验更能说服孩子的了。很多时候，父母把不能做某个事情的道理说得明明白白的，可孩子还是不听。这时候，过多的说教是毫无意义的，不如干脆停止说教。他想要那么做，没有关系，只要没有危险，让他自己去体验一下这么做的后果好了。当他受到挫折时，自然会知道家长为什么不让他做的道理了。

5. 换一种方式劝孩子

同一件事情，处理的方式很多，不一定非要一根筋地坚持到底。换一种方式，孩子一直对抗的行为可能就会被消除，甚至还可能非常痴迷地爱上这种方式。于是，父母和孩子之间，无需“战争”就可以和平过渡了。比如,孩子玩小汽车手很脏,你让他去洗手必不肯。如果你强制他，他肯定不高兴，这时你不如就换一种方式：“带着你的小汽车去洗手吧！看看你的小汽车能不能在水池里浮起来好不好？”这么一说，孩子肯定会对妈妈的这个提议感兴趣，于是，为了满足好奇心，他就会跑去洗手，这样就可以很顺利地把这个问题给解决了。

第二章　在与他人相处中最易犯的错误

孩子从小就表现出与人交往的需要，即使不认识，只要碰在一起，八九个月大的婴儿便会互相摸抓，以表示亲热，年龄大一点的则因为有共同的乐趣、相互能懂的语言，很自然地在一起玩耍。在与人交往中，孩子有意或无意地表现出一些不得体的行为，如喜欢给同学起绰号，大人讲话时随便插嘴，待人接物缺乏礼貌……对于这些行为，家长要及时纠正。

10. 不懂礼貌，随意打扰大人讲话

很多孩子在大人讲话时，喜欢打岔、插嘴，尤其是独生子女家庭的孩子。孩子随便打岔、插嘴的行为是不礼貌的，家长应该制止，这样才能避免因溺爱而导致孩子任性，不讲道理，不懂得待人接物的基本礼貌，从而成为问题孩子。

情景案例 QINGJINGANLI

现象一：

安宇的爸爸是一家大型国企的老总，由于工作的关系，即使是休息日也常有客人上门来找他商量一些事情。每当这时候，爸爸总是把客人请进书房，这样既显得尊重客人，也避免打扰家里其他人的休息。可是，

12 岁的安宇只要知道有人来与父亲商量事情，便会跑进父亲的书房，在父亲与客人商量事情时，他就在一旁插嘴、打岔，甚至发出怪叫，任凭父亲怎么制止他都不听，仍旧我行我素，弄得父亲和客人都非常尴尬。

现象二：

一天，乔英家里来了一位客人，妈妈就和客人在客厅里谈话，乔英自己在一旁玩耍。

“妈妈，我想吃比萨饼，您现在带我去买！”乔英的妈妈正在和来家里的客人谈一件重要的事时，在一旁玩耍的乔英突然跑过来拉着她的手说。

“你昨天不是刚吃过吗？妈妈现在和阿姨有重要的事情要谈，你先去看看故事书，好吗？”

“不嘛，我就要！”乔英固执地说。

见女儿一副不依不饶、又吵又闹的样子，妈妈知道必须对她进行严肃的批评教育，否则，她就会养成打岔、插嘴的习惯。于是，乔英的妈妈向客人表示了歉意后，把乔英带到了自己的卧室。

“乔英，妈妈和客人讲话时你随便插嘴，这是不礼貌的，是对客人的不尊重。妈妈平常不是经常对你说，要对客人有礼貌，家里来客人时，你不能故意哭闹、打岔吗？你必须改掉这个坏毛病，否则，妈妈还会批评你，而且你这样打岔，客人也不喜欢你，难道你想做一个没有人喜欢的人吗？”

“妈妈，我……”在妈妈严厉的批评下，乔英低下了头。

后来，只要乔英有类似的行为，她妈妈便立即对其进行批评教育。现在，乔英已成为一个懂礼貌、人见人爱的小姑娘了。

专家解析 ZHUANJIAJIEXI

其实，在一些独生子女家庭中，喜欢在大人讲话时随便插嘴、打岔，甚至发出怪叫、做出怪动作的孩子还有很多。他们有时候是发表自己的意见，有时候则是胡乱说些东西。如果是年纪较小的孩子，他们有这样的表现是希望唤起大人的注意，因为他感觉整个下午父母都在跟客人交谈，好像忽略了自己似的。至于年纪稍大的孩子，则有可能是一种模仿大人的表现，即表现老成，希望在大人的话题中发表意见，期望别人对自己另眼相看。

此外，孩子之所以爱打岔、插嘴，是因为他们没有掌握待人的基本要求，缺乏与人交往的基本技巧，并且存在着“以自我为中心”的心理偏差，因此他们常常是为所欲为，不懂得约束自己。

毫无疑问，孩子之所以出现以上不良习性，与父母教育不当有很大关系。很多父母不注重爱的质量，在待人接物等方面，没有对孩子进行规范的要求，而是一味地娇宠、溺爱孩子，致使孩子变得任性、刁蛮，不懂得基本的道德规范和行为准则。

当然，教育孩子在大人讲话时不要插嘴、打岔，并不是让您用强硬的手段去限制孩子的“言论自由”，而是在您发现孩子故意去打岔时要制止、教育，这样才能避免因过度溺爱而导致孩子任性，不讲理，不懂得待人接物的基本礼貌，从而成为问题孩子。

教子指南 JIAOZIZHINAN

小孩子是非常需要父母关爱的，年纪越小，需求越大。孩子当然希望父母一天24小时陪伴自己，但这很难做得到，因为父母也有自己的工作和生活。当孩子渐渐长大，父母也要开始训练孩子独立。

告诉孩子在大人讲话时不要随便插话是非常必要的。不过，在教育的过程中要讲究方法，这样才能收到事半功倍的效果，以下建议供父母参考：

1．平时多加提醒

插嘴始终是不礼貌的做法，父母一定要多加指正。父母应告诉孩子这样做是十分没礼貌的，也不是可爱的表现，希望孩子懂得尊重别人，在大人说话时别插嘴。父母自己要改变教育方式，要杜绝溺爱，要理智、理性地去爱孩子。在客人来之前，可适当地叮嘱孩子要注意的事情。

2. 给孩子安排活动

对年纪较小的孩子，在大人交谈时，父母不妨预先给孩子安排一些活动，分散了孩子的注意力后，大人就可以畅所欲言了。

3. 寓教于乐

父母可以结合孩子喜欢的游戏或其他活动，把礼貌待人的要求糅合进去，让孩子懂得插嘴、打岔是一种令人讨厌的行为，并且掌握礼貌待客的基本准则。

11. 举止粗鄙，缺乏教养

在与人交往中，不懂礼节的人是不受别人欢迎的，孩子也不例外。试想一个孩子如果在公众场合常开一些低级、粗俗的玩笑，或是随地吐痰，或是哭喊无理取闹，都会使别人对他的品质、个性表示轻视，而这样的孩子的家长肯定也不会是受人尊敬的人。

情景案例 QINGJINGANLI

现象一：

一位妈妈好不容易把孩子培养成了学习上的佼佼者，唯一不足的是，孩子从小就不注重言行举止，以致影响了以后的成功。

大学毕业的时候，孩子顺利地通过了托福考试和 CMAT 考试。面试合格了，各项手续也顺利办下来了，只等签证到手就可以实现他的留学梦了。而就在办理签证时，意外发生了！

那天，妈妈陪着孩子去办理签证，孩子的心情非常激动。当听到自己的名字的时候，孩子高兴地站了起来，站起来的同时，孩子不自觉地咳了一声，同时往墙角吐了一口痰。这个细小的动作被秘书小姐看到了。秘书小姐走进办公室，在一位官员模样的人耳边轻声地说了几句话。

当这位孩子走进办公室的时候，那位官员对他说：“对不起，我们很遗憾地通知您，您的成绩和能力虽然都非常优秀，但是，综合素质方面还有些欠缺，我们不能给您签证。”

“综合素质？”这位孩子有些意外。

官员说：“是的，我们认为，一个人的成绩和能力虽然很重要，但是，综合素质是更加重要的，它能体现出一个人的品质。我们非常注重这项考核，事实上，许多人都是因为综合素质考核通不过而得不到签证的。”

现象二：

一位妈妈带着7岁的女儿娜娜去参加婚礼，婚宴上这位小公主不但独自一人占了一个席位，而且只要服务员上一道菜，她便喊道：“我先吃，谁也别动。”然后径直地把桌上转盘中的菜转到自己的面前。如果喜欢吃，便一下扒拉一半进自己的碟子里；如果不喜欢吃，便马上把嘴里的菜吐到餐桌上，并嚷道：“呸，难吃死了。”客人们见此都宽容地一笑，因为小孩子嘛，没有人和她计较。

而那位孩子的母亲呢，除了大口往自己的嘴里夹菜外，对女儿不妥当的言行竟然视而不见，没有表示出丝毫的不满，更不用说加以阻拦了。

突然，小女孩大哭起来，并不停地用筷子敲击桌面，边哭边说：“你们都是大坏蛋，谁让你们吃光了我喜欢的‘甜心玉米粒’？那是我准备带回家的！”

妈妈终于出面阻止女儿了，但在场的所有的人都更觉得尴尬，都为自己吃了“甜心玉米粒”而不好意思。

专家解析 ZHUANJIAJIEXI

在一定程度上，外表的严肃与行为的庄重会带来尊严，因为这样才能形成最有价值、最高尚、最值得尊敬的品性。一个人如果在公众场合常开一些低级、粗俗的玩笑，或是向某人表现出不得体的亲昵，都会使别人对他的才能、知识、品德表示轻视。而这样的人肯定不会是一个受人尊敬的人。任何个人在群体中，如果人们关注他，不是因为他的美德或得体的举止，那么他自身的才能是无法得到尊重的，只会被人嘲笑，甚至是唾弃。因此，一个人只有言行举止得体，才能赢得他人的尊重。

孩子正处在一个快速成长的阶段，他们还不是很明白什么样的言行举止才是得体的，什么样的言行举止应该禁止，这就需要父母对他们加以正确的引导。当孩子表现出某些不得体的言行举止时，要加以制止并帮助其改正，切忌无动于衷或认为孩子长大成人后会自动改掉。要知道习惯是从小养成的，只有从小就教育他保持得体的言行举止，他们长大成人后，才会懂得在什么场合要保持举止的尊严，什么场合下应该让自己轻松、愉快。

然而遗憾的是，很多父母往往都疏忽了这一点，他们任由孩子在公众场合打闹，即使是影响别人也不知道加以制止。

其实，孩子并不知道自己的言行有什么不对，因为他们的是非观念还很模糊与淡薄，除了学校的教育外，最主要的就是来自于父母的教育了。因此，父母无论多么宽容自己的孩子，都不能放松对他们的教育。事实上，教育孩子保持得体的言行举止，本身便是一种爱。

教子指南 JIAOZIZHINAN

一个有教养的孩子必须有良好的文明礼仪，这样的孩子比较受人欢迎，家长在平时生活中要注重培养孩子懂礼节。

1. 家长首先要走出误区

有些家长认为，现代社会是个自由的社会，懂不懂文明礼仪没关系，只要学习好、有真本事就行了；有些家长则认为，小孩子天真无邪，长大了就会懂得文明礼仪的。其实，这都是误解。一方面，孩子的文明礼仪需要从小培养，否则就会形成坏习惯，一旦形成坏习惯，再改就很难；另一方面，越是懂礼仪的孩子，越能获得自由发展的广阔天地，因为他会受到他人的尊重和欢迎。可见，文明礼貌始终是孩子应该养成的好习惯。

2. 父母要以身作则

父母是孩子的榜样，父母良好的行为举止是对孩子最生动、最有效的教育。父母应该利用家里来客的有利时机提醒孩子，并给孩子做出榜样。

父母还要特别注意的是，在孩子不讲礼貌的时候，千万不要强迫孩子。现实生活中，很多父母在孩子没有礼貌的时候总会强迫孩子讲礼貌，比如有客人来家里，孩子躲在房间里不出来，不与人打招呼，家长非得把孩子拉出来跟客人问好，结果，孩子产生了逆反心理。

这时候，父母需要的是引导孩子去跟客人打招呼，如果孩子实在不想打招呼，父母不应该强迫孩子，但应该在事后告诉孩子："与人打招呼是最基本的礼貌，你去别人家里时也希望受到别人的热情欢迎呀！"这样，让孩子设身处地为他人想想，他的礼貌举止才会发自内心。

12. 跟其他小朋友发生冲突，不懂谦让

吵架是在孩子间发生矛盾冲突时，不懂得谦让，也没有找到更好的解决问题的办法，情急之下发生的，有的对骂一场，有的互打一次，有的边打边骂等等，目的是达到吵架者之间的利益均衡。

情景案例 QINGJINGANLI

现象一：

周末，妈妈带小峰到朋友王女士家做客，王女士的儿子小明和小峰同岁，一进门两个小家伙就玩到一块儿了。

王女士：小峰跟我的儿子小明原来是同级的。看，他们两个的长相还有几分相似呢！

小峰妈妈：对呀！都是眼睛大大的，难得他们第一次见面这么投脾气，我们也乐得清静，一起喝喝茶，谈谈心。

（没想到，过了一会儿，两个孩子吵了起来。）

小峰：你走开，我不喜欢跟你玩。

小明：你走才对呀，这是我家，我不欢迎你。

小峰：你的家又有什么了不起，我现在就走，以后再也不来你家，以后你也不要到我家来玩。

小峰妈妈：哟！两个傻孩子，好端端的怎么吵起来了？明明玩得很投机的，怎么又吵起来了？

小峰：谁跟他投机？我才不会跟这个坏孩子做朋友。

小明：谁是坏孩子？你才是坏孩子。

好端端的一个聚会，就这样给他们破坏了。

现象二：

最近格格不知道怎么搞的，总和小朋友有冲突。

每天傍晚和丑丑散步的时候，丑丑不让格格牵丑丑妈妈的手，格格就偏要牵；丑丑先坐的位置，不喜欢别人坐，格格明明知道却偏要坐。丑丑每次都因为格格的小霸道，被弄得哭个不停。

晚上去望龙台玩沙子的时候，妈妈带了一个新的小伙伴，每当这小伙伴玩格格的小水桶时，格格就不肯，而且还要抢回来。当抢不到手时，就在一旁哇哇大哭。

在幼儿园里，也看到格格因为一块积木和亮亮大抢出手，而且在抢的过程中还哈哈大笑，觉得很好玩。最后亮亮抢生气了，准备对格格动手时，还好亮亮妈妈及时出面制止，不然小家伙一定会挨拳头的。

专家解析 ZHUANJIAJIEXI

孩子间吵架原因五花八门，有的是争利，孩子以自我为中心，为了自己想得到的物质利益或感情利益，互不相让，争执不下；有的是报复，要是被别人不小心碰一下，好多孩子也会以牙还牙，要是真的受别人欺负，反倒一声不吭；也有的是逞能，如有个孩子在课堂上举手多次，老师没给回答的机会，孩子的需要得不到满足，他就故意去打扰他人，以引起老师注意；还有的是出于模仿，受生活经验和暴力影视节目的影响，对同学拳脚相加，要是孩子首次使用武力达到了某种目的，他就会一发而不可收拾，以后常常出现攻击性行为。

虽然小孩子之间吵架是难免的，但家长都不希望自己的孩子和别人吵架。孩子吵架后，家长们看法不一，处理的方法各异。有的退让，怕自己的孩子吃亏，叫孩子不与别人玩；有的大度，不计较对方的过错，只是责怪自己的孩子不好；有的呵护，与前者相反，不责怪自己的孩子，单方面埋怨别人的不是；有的计较，叫孩子不退让，以牙还牙……凡此种种，家长总把孩子间的吵架看做是绝对的坏事，有的还克制不了自己，对孩子一顿训斥甚至实施暴力。

其实，吵架是儿童成长过程中的“必修课”，孩子间吵架并非全是坏事。对孩子来说有以下好处：一是通过争辩、说理、争执，用较有说服力的完整语言来申辩自己的主张，试图说服对方，有利于发展孩子的语言表达能力和应变能力；二是能从对方反应的态度中，了解他人的感受，从中学会忍让、宽容和适应别人，有利于孩子克服以自我为中心的毛病，发展与他人的合作能力；三是通过争吵，让孩子的情绪得以宣泄，有利于孩子及时调整心态；四是通过发生矛盾，解决矛盾，重归于好，有利于孩子正确认识自我，调整自我，提高独立处理事情的能力，积累人际交往经验，学到平时无法学到的东西。

但是，这并不是说可以鼓励孩子吵架，孩子经常和小朋友闹矛盾影响他的人际交往。孩子吵架是在寻求双方利益的平衡。如果孩子在吵架中找不到这种平衡，会导致两极分化，强的更强，渐渐霸道，染上吵架的恶习，是非缠身；弱的更弱，不敢与人交锋，事事看人家的脸色行事，今后走上社会要吃亏。

教子指南 JIAOZIZHINAN

孩子吵架，家长的方法更重要，如能帮助孩子在冲突中找到解决问题的好方法，有时就可以避免吵架，有时就可以改进吵架的方式。那么，家长如何面对孩子的吵架呢？

1．成年人应保持中立

遇上这样的场面，父母应保持中立。如果孩子表现过激的话，应在第一时间把他们分开，并命令谁都不准继续争吵。等两个孩子都冷静下来，父母再慢慢向他们了解事情的细节。其实孩子争吵不外乎是为一些小事，或者是意气之争，不会有什么深仇大恨。大人了解过后，自然可以分辨谁对谁错，又或者是双方都有错。

2．引导孩子彼此谅解

等两个孩子都安静下来，也跟孩子倾谈过了，这时大家的情绪都稳定下来，父母可尝试要求孩子回想他们争吵前，大家一起玩耍的欢乐时光。然后父母慢慢引导孩子彼此谅解，开口道歉并握手言和。

3．找出原因“对症下药”

家长要找出孩子吵架的原因，然后“对症下药”。如果是孩子爱计较，就要有意让他经历“吃亏”的事，让他慢慢调节自己的行为，学会宽容；如果孩子爱冲动，情绪急躁，家长要注意“冷处理”，切忌以暴制暴；如果孩子爱打人，家长要从自己身上找原因，不要用打骂来替代教育，也要注意不要让孩子在攻击他人时尝到“甜头”。

4．家长不要介入其中，让孩子自己解决

孩子吵架，家长的态度很重要。责骂孩子，并不能从根本上解决问题；

“帮助”孩子，介入孩子间的冲突，会将事情复杂化。最好的方法是让孩子自己解决。让孩子自己解决问题，并不是意味着家长可以放任不管。力所能及的小问题，可以尝试让孩子自己处理；碰到大问题，家长就要帮助孩子寻求解决问题的方法，先扶后放，分步实施。

13. 语言粗俗，脏话不离口

鲁迅先生当年所尖锐抨击过的“上溯祖宗，旁及姐妹，下连子孙，遍及两性”的“国骂”，竟然在当今孩子们嘴里如同炒豆子一样劈啪乱跳，令大人们瞠目结舌。而在我们身边，这种不讲文明礼貌的孩子的确不是少数。我们经常能听见一些孩子出口成“脏”，而且凶神恶煞。

情景案例 QINGJINGANLI

现象一：

毛毛从小跟着爷爷在农村长大，直到6岁该上学了，才回到父母身边。毛毛聪明伶俐，活泼可爱，爱动脑筋，这让父母非常高兴，但不久他们就发现，毛毛是个很没礼貌的孩子，常常会出口成“脏”。为此，妈妈骂，爸爸打，过了一段时间，毛毛似乎改掉了这个坏习惯，父母很满意。可有一天，老师来做家访时，告诉毛毛的父母，毛毛在学校里张口闭口都是脏话，班上大多数同学都挨过他的骂。父母听到这里非常生气，把孩子拉过来就是一阵狂风暴雨式的“教育”，可毛毛始终就改不了这个习惯，毛毛的父母为此事伤透了脑筋，不知怎么办才好。

现象二：

妈妈：童童，你今天怎么了？从学校回来后便一直闷闷不乐，就是看到你最爱吃的蜜桃蛋糕也没什么精神，快告诉妈妈今天在学校发生了什么事？

童童：……

妈妈：怎么了？连妈妈也不理睬吗？

童童：今天小辉很可恶，他抢了您送给我的小狗笔来玩，还洋洋得意的，我跟他吵了起来，他还想动手打我。×××，真是……

妈妈：童童，你怎么可以说这些脏话？你从来都不说这些脏话的。

童童：但是，妈妈，我真的很生气呀，再说小辉也说这样的话！

妈妈：就算你有多生气，无论怎样也不该说出这些不堪入耳的脏话来，到底是谁教你的？

童童：那次我到公园玩，我听到一位金色头发的哥哥说的，当时他很生气，正在骂他的朋友。

专家解析 ZHUANJIAJIEXI

跟上一代比较，这一代孩子很小的年纪便可接触到不同的新鲜事物，包括好的东西和坏的东西。像孩子说脏话，这一定不是天生的本能，是受周围人的影响。

很多家长在和孩子谈话时，不自觉地诅咒或恶意批评别人，比如做妈妈的说："梁太太这人真狠，心地恶毒，这种人早死早好……"孩子虽然未必完全明白为什么妈妈会希望梁太太快点死掉，也不懂她是怎样心地恶毒，但这些名词很自然地留在了孩子脑海中。有一天孩子憎恶他的朋友时，他就会用同样的语言来咒骂他的朋友了。

很多家长，尤以"粗线条"的男人为甚，一开口说话就是粗言秽语，句句都要加一句"三字经"，可能在和孩子说话时会尽量小心，避免说粗话，但毕竟孩子是会听到爸爸和别人谈话的。听得多了，就会留下深刻的印象，孩子也就说起粗话来了。别人听了，很不顺耳，甚至鄙视孩子的家庭教育。但孩子未必明白这些粗话含有侮辱别人的意义，是不礼貌的，是社交上不适宜的。

就算家长没有讲粗话的习惯，孩子在学校里、市场上和电视节目中也常常听到一些不雅的说话。孩子年幼，判断力有限，所以听见别人琅琅上口，他也觉得新鲜刺激，有意无意中也学上了，一有机会就大显身手。有时在争执中，孩子听见对方用粗话咒骂自己，虽不明白其中意义，但从对方的表情、语气和其他孩子的反应中知道这样说话是带有侮辱性的，他就感到羞辱和愤怒。日后到自己跟别人争吵时，他就会用上这些不雅的字眼来表达自己的怒气，企图使对方丢脸。这样，孩子就学会说粗言秽语了。

也许孩子口中飞出的污言秽语没有任何针对性，似乎也没有给任何人造成心灵上的伤害，但脏话粗话毕竟刺耳，不仅会破坏一个人的形象，同时也会妨碍正常的人际交往。试想，谁会喜欢和一个满嘴脏话、品行无礼的孩子交朋友？而当这样的孩子走向社会以后，他又如何能获得别人的好感，和人良好相处呢？

教子指南 JIAOZIZHINAN

有专家指出，当孩子到了三四岁时，有段时间可能会变得很喜欢说脏话，这种情况多发生在男孩子身上。在他们的同辈或同学中，有时候会喜欢互相辱骂，他们还自以为这是勇敢的表现，还会觉得很有趣。面对说脏话的孩子，父母怎么办呢？

1．不用大惊小怪

父母对孩子说脏话无需大惊小怪地以强迫的口吻来制止，这样只会弄巧成拙。父母采取的态度，应该是坚决地告诉孩子，你和大多数人都不喜欢听粗野的话。待孩子成长至某一个阶段，自然会明白说脏话的无聊，并会反省自己。所以，父母实在不用太担心，只要平时略为提醒便可。

2．冷静地劝告

孩子说脏话，父母当然不能置之不理，但也不能过分严厉责骂。因为斥责不但不能解决问题，反而会引起孩子的反感和不满。父母应让孩子明白文明礼貌的重要性。和孩子外出的时候，当看见有人在大街上吵架骂人时，父母应该立即告诉孩子，这种行为是不对的，是不文明的。当孩子在家里说脏话或者有其他不礼貌行为的时候，父母可能非常生气，但一定要控制住情绪，尽量避免对孩子大吼大叫，要语气平和地告诫孩子："你现在的表现妈妈不喜欢，没有人喜欢讲脏话的孩子，希望你不要再做这样的事了。"

3. 适当地惩罚

如果家长发现孩子讲脏话，可先进行说服教育。如果没有达到预期效果，可以用惩罚的方式，最好采用剥夺孩子权益的方法，例如不准吃冰淇淋一次等，处罚亦必须在犯错误后马上施行。

4. 教育孩子要循序渐进

家长要明白培养孩子讲文明礼貌是一个循序渐进的过程，孩子不可能在一夜之间就变得彬彬有礼。当发现孩子使用粗话时，应立即批评教育，直到孩子养成了说文明礼貌用语的好习惯为止。父母切不要把孩子的许多问题都集中起来，企图突击解决。正确的做法应该是发现一个问题就立即解决。

5. 家长要以身作则

父母本身要给孩子树立一个好榜样，不可在孩子面前用粗言秽语指责别人；禁止孩子观看不良的电视节目；当陪伴孩子看电视时，听到有关脏话粗口词句，要及时给孩子作指导，让孩子知道那些是不该学的。

14. 给同学随意起绰号，无意中伤人自尊

孩子之间飞舞着各式各样的绰号，但令人如鲠在喉的是，这些绰号并不全是为了传达同伴间的亲密友情，其中一些完全是人身攻击，让人听了很不舒服。小孩子之间总喜欢互起绰号，或许他们只是觉得好笑，没有考虑过这样做的不妥，以至于伤害了人还不知道。

情景案例 QINGJINGANLI

树林是家里的独生子，出生时脸上带有一块胎记。平时，他要什么，爸妈就给他买什么，尽最大努力满足他的物质需要。所以，小树林过得无忧无虑，而且很可爱，深受父母的喜欢。然而，随着年龄的增长，他脸上的胎记越来越明显，他渐渐地有了烦恼。因为小朋友总指着他的胎记叫他“黑蛋”，小树林就有些生气，就不和他们玩了。

到了上小学时，小树林就更烦了，因为小朋友们继续拿他的胎记开玩笑，称他为“黑猪”，这让他万分伤心。在班上，同学们都称他的绰号，不叫他的名字，他的多次抗议都被同学们以哄笑化解了。后来，他甚至害怕上学。

到上小学四年级时，同学们给他取了不少于十个绰号，什么“茄子”、“黑豆”、“熊猫”等，这些绰号都与他脸上的胎记有关，每一个都十分难听。挖苦人莫过于拿别人的身体缺陷来取乐，而他的同学这样做了，所以他恨他们班上的同学，他不再与他们玩耍，而变得非常孤独。这时，他有了记日记的习惯，有什么话都写到日记里。

树林小学就要毕业了。他十分高兴，因为过完这个暑假，他就是初中生了。树林心里想道：“我要好好学习，我要用行动证明，虽然我脸上有缺陷，但我不比其他同学差。唉，我现在最担心的是到初中后，同学们还是给我乱取绰号。”

然而，让树林失望的是，他上了初中，同学们也不知怎么知道了他以前的绰号，仍然喊他绰号，甚至取了一些新的绰号。树林变得越来越沉默了，不愿与人交往，这时，他喜欢上了抽烟，小小年纪的他似乎觉得香烟能够给他几丝安慰，然而却仍然抵挡不了别人以绰号称呼他。

要想别人不叫绰号，那就只有除掉脸上的胎记。树林就节约饭钱，然后到药店里买些去斑的药来，每天都要在脸上擦，但是并没有明显的效果。在他小小的卧室里，摆放着20多瓶大大小小的净肤霜、祛斑灵之类的药物，然而这些药物并没有给他奇迹。

一天，在附近开药店的一个朋友打电话告诉树林父母，树林到药店要求买100片安眠药，不知想干啥。原来他买那么多安眠药想自杀，他告诉父母活着很痛苦，再也忍受不了同学的取笑。这都是“绰号”惹的祸！

专家解析 ZHUANJIAJIEXI

孩子们互相起绰号、叫绰号的现象很普遍，甚至习以为常。他们在腻烦自己的难听绰号的同时，还对给别人起绰号热情不减。这是为什么呢？

很多孩子认为叫绰号显得亲切。当被问到“叫别人外号时有没有意识到这是一种不尊重他人的表现”时，大部分孩子认为叫别人绰号，是为了表示友好，同学间直呼名字总让人觉得不亲切，而改成互称外号呢，感觉两人的距离一下子贴近了许多。

也有的孩子觉得同学们互相叫绰号是件很好玩的事，绰号是可以给他们枯燥的生活带来快乐的，学习之余也多了一些乐趣。

有的孩子认为自己的本名是由父母定的，绰号则体现了自己的意志，于是自己给自己起一个绰号，发动大家也这样称呼他。慢慢地，互相叫所谓“昵称”就成了风气，结果愈演愈烈走了样。

也有的孩子给别人起绰号是“被迫的”，完全是为了“自卫”。一个上小学五年级的孩子说：“别人给我起了很多绰号，我不能甘拜下风，要反击。而且起的绰号越独特、越符合同学的特点越好，这说明自己‘有本事’。反之，要是你不用这种方式来抗议的话，难听的外号会越来越多。”

孩子给别人起绰号，本意也许没什么，只是觉得有趣。但因别人给自己起绰号而导致心理障碍的孩子还是很多的，刚开始他们往往只是因绰号不高兴，但继续发展下去，则会有不同程度的成绩下降、厌学等现象发生，甚至会引发班中同学的不和，以至于最后大打出手。所以，孩子之间还是不要互相起绰号。

孩子少不更事，很多时候他们的言行都会受到身边的人的影响，他们根本不懂得对或错。因此，父母必须时刻提醒，不时地加以引导。

1．先了解事情的来龙去脉

遇到这样的事情，父母先别动气，不要只顾责骂，要体谅孩子其实也是似懂非懂的。当听到孩子给同学起绰号时，父母不妨耐心地跟孩子倾谈，让孩子尽情地讲出来。父母了解了事情的来龙去脉后，再慢慢地给孩子引导。

2．要孩子设身处地去感受

父母应告诉孩子不喜欢他的这种行为。孩子为得到一时之快乐，不顾对方的感受，取笑人家的身体特征，无聊至极。父母可要求孩子设身处地想一想，如果被取笑的对象是自己，而被取笑的是自己的一些短处，自己会有什么感受，从而慢慢培养出孩子对他人的同情心。

3．鼓励孩子道歉

如果事情还没有被对方知道，父母应要求孩子从今以后不要再叫人绰号了。如果对方已经知道了，就应鼓励孩子向对方道歉，鼓励孩子做个勇于面对过错和承担责任的人。

4．教孩子尊重别人

孩子之间的大部分绰号还是针对别人的缺点所起的，随意地给人起外号，叫外号，等于是将自己的快乐建立在别人的痛苦之上，是对别人人格极大的不尊重。父母要教育孩子珍惜同学之间的友谊，不要为了图一时口舌之快，而去破坏这美好的友谊。

15. 心胸狭窄，睚眦必报

富有宽容心的孩子往往心地善良，性情温和，惹人喜爱；而缺乏宽容心的孩子往往性情怪诞，斤斤计较，不易与人相处。现在的孩子大多数是独生子女，在家长的溺爱下，不少孩子不管发生什么事情，首先想到的是自己，而不是别人。如果别人做错了事，根本没有一点宽容之心，往往逮住他人的缺点不放。

情景案例 QINGJINGANLI

现象一：

一天下雨，妈妈开车去接伟伟放学。当妈妈打伞来到学校门口时，发现伟伟的同班同学帅帅正在教室门口着急地四处张望着，原来他今天忘了带雨伞。

于是，妈妈走到他身边对他说："小朋友，一起上车吧。我顺路送你回家。"伟伟急忙给妈妈递眼色，意思是不带他。妈妈装着看不见，坚持让伟伟把这个同学叫上车，可伟伟死活不让帅帅上车，最后急得差点哭出来。

妈妈不明白为什么，于是问伟伟："你为什么不让我送那位没带伞的同学回家呀？"

"因为他总是欺负我，我讨厌他。"伟伟很有理地说。

伟伟还告诉妈妈说，帅帅很有力气，是他们班级的"小霸王"，经常堵在班级门口不让伟伟出门。

现象二：

一天，某小学三年级的同学们正在玩游戏，忽然，健健不小心踩了欣欣一脚。看到刚买的白球鞋上有了一个大大的黑脚印，欣欣生气地跑到健健的身旁，狠狠地踩了他一脚。当老师质问欣欣为什么要这样做时，她却理直气壮地告诉老师："我从来不受别人的欺负，别人打我，我就要打别人。健健踩了我，我当然也要踩他。"

专家解析 ZHUANJIAJIEXI

现在的孩子大多数是独生子女，在父母或祖父母的溺爱下，他们习惯于以自我为中心，不管发生什么事情，很多人首先想到的是自己，而不是别人。如果别人做错了事，不懂得宽容，而是耿耿于怀。

北京师范大学教育系与中国青少年研究中心曾经对中小学生作了一次抽样问卷调查。其中，有一个问题是这样的："当你讨厌的同学需要你帮助，而且你能帮助时，你会帮他吗？"对于这个问题的回答，表示愿意的小学生、初中生和高中生分别是59.8%，41.7%和37%。由此可见，虽然不少孩子对于他人的主动求助表示愿意帮助，但是，从小学阶段到高中阶段，表示愿意帮助他人的人数是递减的。在调查中，还有一个问题是这样的："对于过去欺负过你或严重伤害过你的人，你会怎么办？"对于这个问题，只有29.9%的学生表示会原谅他，有近24%的学生表示很难原谅或绝不原谅，其余的学生则表示原谅但不忘记。从中我们也可以看出，能够主动宽容别人的孩子实在太少了。

现在的孩子大多是独生子女，孩子在学校里受了委屈，父母往往会心疼得不得了。于是便出现了这样的教育现象：

一位家长很生气地质问孩子："到底谁打你了？"孩子一言不发，只知哭泣。"走。到学校去收拾他！"孩子还是呆立不动。"你怎么和木头一样，他打你，你就不会打他吗？""是我不小心碰了他……""碰了他，他就打你，你怎么不还手呀！找他去……"

用这种方式教育孩子，不仅不能使孩子正确处理与同学之间的关系，还会影响到孩子将来对人际关系的处理，使孩了变得狭隘、小气，甚至对待家人、朋友也是如此。

缺乏宽容之心，会对一个孩子目前的学习生活，以及以后的人际交往，造成极其不利的影响。具体表现在以下三点：一是缺乏宽容之心的人，常常不被周围的人接纳。试想，有谁会愿意每天和一个对别人的过错和缺点耿耿于怀的人在一起？而缺乏同学之间的横向交流，不仅对学习不利，还会使一个人的心理蒙上阴影。二是缺乏宽容之心的人，还很容易走向另一个极端——报复。因为不会宽容别人，而始终把他人对自己造成的伤害放在心上，耿耿于怀，进而产生报复心理。三是缺乏宽容之心的人，一般易怒、内向，缺少朋友，不受周围人的欢迎，而后会表现出自卑或自责。

教子指南 JIAOZIZHINAN

如果你的孩子对待他的同学或者周围人，有“苛刻”的迹象，妈妈千万不要着急。几岁到十几岁孩子的个性还处于可塑期，在细心妈妈的引导和帮助下，孩子一定可以拥有一颗宽容的心。

1. 宽容首先从家长做起

家长不仅在教育孩子时需要表现出宽容，即使在日常生活中，家长也要为孩子做出表率。如果妈妈对待丈夫的一些小毛病不依不饶、吵闹不休，那孩子长大后肯定也会斤斤计较、得理不饶人；如果妈妈对待他人热情、宽容，在妈妈潜移默化的影响下，“宽容”就会成为孩子性格的一部分。

2. 正确对待孩子与同伴之间的冲突

当孩子与同伴发生纠纷，特别是自己的孩子吃了亏时，家长一定要冷静，要先搞清事情的缘由，再与对方家长、老师协商解决，切不可冲动地责骂对方，或怪自己的孩子笨、没本事，甚至教自己的孩子用拳头去“还击”对方。因为家长在孩子幼年时处理问题的方法，会给孩子留下深刻的印象，对孩子的一生影响极大。

3. 及时纠正孩子不正确的观点

我们经常会听到孩子对妈妈说：“妈妈，××真笨，他连毽子也踢不好，他怎么这么笨呀！”……说这些话时，孩子还会明显地流露出不满和不屑的神色。

这时，妈妈要告诉孩子人人都有缺点、人人都有可能犯错误，更多的时候，我们要包容别人的缺点，帮助别人改正错误。只有这样，孩子才能拥有一颗宽容、博大的心。

此外，父母最好不要在孩子面前以自己的眼光议论其他小朋友的缺点，这样容易让孩子对其他小朋友过于挑剔。相反，父母要尽可能表扬其他小朋友的优点，让孩子明白每个人都是有优点的。

4．让孩子学会换角度思考问题

不管什么时候，家长都可以教孩子学会从他人的角度来看待问题，让孩子把自己置于别人的位置，设身处地地站在他人的角度来思考问题。

5．教育孩子学会忍让

告诉孩子，生活中有许多事当忍则忍，能让则让，千万不要斤斤计较，而应该多关怀、体谅别人。同时，父母也一定要让孩子明白，宽容不是无原则的忍让、妥协，而是建立在自信、谅解和有益于社会的基础上的适度宽大。

16. 总是独来独往，离群索居

生活中不爱与人交往的孩子不在少数，他们独来独往，不愿意与他人接触，不愿和人交朋友。长此以往，这样的孩子长大后很难在社会上立足。一位儿童心理学家就说过：“一个社交能力低下的孩子比没有进过大学的孩子具有更大的缺陷。”

情景案例 QINGJINGANLI

现象一：

方舟是小学一年级的孩子，这几天，妈妈发现小方舟总是一个人上学，一个人回家。妈妈去学校看了几次，发现下课后，别的同学三个一群、五个一伙地嬉闹，小方舟并不参与，只是一个人玩。

妈妈了解到，原来在学校里，凡是有集体游戏、集体活动，方舟宁可在旁边看着大家玩也不参加；班级中轮到值日，她总是借故请假，对集体的工作不热心；在学校的各类评比检查中班级获得了荣誉，同学们兴奋不已，她却显得很冷漠；同学之间相处时，方舟也总是一个人独来独往，和同学难得讲上一句话。

妈妈担心了，孩子再这样下去，怎么和同学相处呢，怎么融入班集体？

现象二：

东东的性格有点孤僻，不喜欢与同学们玩，而且从来不会主动与别人交朋友。为了让孩子能够变得活泼一点，妈妈经常邀请别的小朋友或他们的家长来家做客。

这周末，妈妈的一位同事和她的儿子来家里做客。事先，妈妈对儿子说："明天王阿姨要带她的儿子来咱们家做客。他们家儿子比你大，你多和那位小哥哥聊聊天，好吗？"

"可是，我不知道聊什么。"东东有点不情愿。

"你可以问问他的学习方法呀，问问他最喜欢看的动画片呀，问问他有什么别的爱好呀。"妈妈引导儿子说。

"可是他比我大，我怕他欺负我。"东东在找理由。

"不会的，小哥哥很有爱心，他还经常帮助别的小朋友呢！"

"那好吧！"费了好多口舌，东东才答应招待明天的小客人。

十一点左右，客人到了。见到客人，东东的脸红了，小声地向妈妈的同事问好，同时对那位小客人一笑，算是打招呼了。

吃饭的时候，东东一句话不说，只顾埋头吃。饭后，妈妈与同事聊天，让东东带着小客人去他的房间玩，东东则一个人进屋玩了，不和小客人玩。妈妈很无奈地对同事说："这孩子，一直都这样。"

专家解析 ZHUANJIAJIEXI

如今，“人际关系”技能已被列为孩子的基本智商之一。每个家长也都希望自己的孩子活泼开朗、善于交际。但是，有很多孩子在生活和学习中却不合群、不爱交朋友。这是为什么呢?

其实，这是孩子性格孤僻的一种表现。这种性格的形成除了与遗传有一定的关系之外，很大程度上与后天的成长环境和教育方法有关。

有的家长怕孩子“吃亏”、“受气”，而限制孩子与同伴交往，这种做法是很不理智的。这样只会使孩子变得不合群，缺乏人际交往能力，进而慢慢形成内向、懦弱、孤僻的性格。其实，小孩子们在一起玩耍，发生冲突是很正常的现象，孩子吃点小亏也是在所难免的事情，家长没必要太干预孩子的玩耍。

有时，家长对孩子的过度保护也是孩子性格孤僻的原因。有的家长对孩子学习、生活过度参与和保护。这样只会使孩子对家长过于依恋——家长在身边就没事。一旦离开其视野范围，孩子就会表现出不同程度的痛苦，不能独立处事，甚至是排斥与其他人接触。

另外，有时家长无意识的言行就会对孩子的性格造成影响。例如有的父母这样教育孩子：“不要和那些脏孩子们出去‘野’”、“不要带你的那些同学来家里玩，这些孩子会把家里搞得乱七八糟的”……慢慢地孩子就变得特别孤独，而且还特别不喜欢与别人接触。

由此可见，家庭教育和家长的言行对孩子性格有重要影响。

其实，孩子在很小的时候，便有人际交往的需求，当他们慢慢地长大，直到上幼儿园、上小学，孩子的这种需求会越来越强烈。在这种情况下，如果孩子的交往需求受到压抑，他们不仅会因此而感到孤独，而且还有可能形成怨恨、苦恼、焦虑等消极的情绪，这对孩子的性格发展和身心健康都是不利的。

如果你的孩子有不愿意与他人接触、不愿意与同龄人交朋友的问题，作为家长不必紧张。通过你的耐心引导和帮助，孩子一定会变得活泼又善于交际。

1．多给孩子提供与人接触的机会

如果孩子性格孤僻，父母不妨让他多接触别人，尤其是同龄人；家里来了小客人，让孩子当小主人，招待对方；多带孩子去参加一些集体活动，让孩子在活动中实现自我价值，体验人际互助的乐趣。另外，妈妈还可以让孩子做一些与外界接触的事情。如让其去买东西，到邻居家借东西、送东西等。

2．妈妈要引导孩子多说话

餐桌上是父母同孩子交流的好地方，父母可以讲些随意的话题。引导孩子多说话，如“这个周末我们去哪玩？”最好让孩子说出自己的意愿，不要把他放在旁观者或附和者的位置上。

另外，睡前也是父母与孩子沟通的最佳时期。父母可以问孩子一些问题：“今天学校里有什么新鲜事吗？”“今天在学校里学了些什么？”让孩子慢慢地讲述，在不知不觉中培养孩子的语言表达能力。

3．教孩子一些交友的技巧

只有孩子掌握了一些简单的交友技巧，才会交到更多的朋友，才能体会到与朋友相处的乐趣，才会变得活泼起来。家长不妨教孩子以下交友技巧：教孩子乐于助人，喜欢助人为乐的人总是有很多的朋友；教孩子学会机智，简单来说，就是教他体会别人的感受，教他不伤害他人的感情。

4．教孩子不要害羞

害羞是孩子交朋友的巨大障碍。事实证明，第一次当众讲话时，孩子会害羞和胆怯，但是，锻炼的机会多了，孩子往往会忘掉害羞。当孩子不再害羞时，他往往会主动与别人接触。怎样才能让孩子克服害羞心理呢？一位妈妈教育她的孩子不要害羞时说：“有当众发言的机会一定要把握住。如果你害羞的话，就把台下所有的人都看作是你的玩具娃娃，面对着你的玩具娃娃说话，你还害羞吗？”

17. 自卑心理作祟，觉得自己低人一头

自卑是一种消极的自我评价和自我意识。有自卑心理的孩子，对自己能力的评价总是过低，总是怀疑自己的能力，觉得自己没有任何长处，不相信自己有能力比别人做得更好，进而悲观失望，事事否定自己。这样的孩子，长大后一般不会有什么成就。

情景案例 QINGJINGANLI

现象一：

琳琳来自农村，从小聪明懂事、成绩很好，一直深受父母宠爱。以优异的成绩考入重点初中后，她下决心一定要保持自己的好成绩。但是在一次考试失利后，她变得寡言少语，内向胆怯，多愁善感了。她总是觉得自己以前要保持第一名的想法太幼稚了，自己根本就无法与别人相比。琳琳除了书本上的知识，其他方面一窍不通，她经常感觉同学们的言谈和神态表情是对她的另眼相看。渐渐地，她再也不敢在课堂上主动回答问题，不敢在众人面前侃侃而谈了，对自己曾经最擅长的朗读比赛也没信心了，根本不想报名参加。在班级组织的集体活动中，她也总是看着别人表演，而自己却站在一旁畏畏缩缩，不敢表现自己，生怕同学冷眼相待。

专家解析 ZHUANJIAJIEXI

孩子的自卑心理不是与生俱来的，是在外界环境的影响下形成的，主要原因有以下几点：

首先，有些父母对孩子的要求过高，导致孩子产生自卑心理。家长总是追求完美，当孩子没有达到要求的时候，就会横加指责，这时，孩子就会对自己的能力产生怀疑，渐渐地失去信心和斗志，产生自卑心理。

其次，家庭条件让孩子产生自卑心理。有很多孩子从农村到城市学习，和城里学生相比，自己一身土里土气的穿着加上一口浓郁的地方口音，会让自己无地自容，导致自卑心理的产生。

最后，破裂的家庭环境，让很多孩子产生自卑心理。生活在不完整家庭里的孩子，缺少父亲或母亲的疼爱，总感觉自己是被社会抛弃的孩子，进而产生自卑心理。

自卑心理会严重影响孩子的健康成长，主要表现在：

一是影响孩子的学习成绩。

受自卑心理的影响，孩子会丧失学习的积极性，对自己的能力和智力产生怀疑，把时间和精力都用在了自卑上，最终自暴自弃，成绩一泻千里。

二是影响孩子的心理健康。

自卑心理是孩子的个性和品质的正常发展的重大障碍。由于孩子对自己的评价过低，不能正视自己的能力，一遇到困难和挫折，就很容易放弃，这严重影响了孩子心理的正常发展。

三是导致孩子孤僻的性格。

当孩子被自卑包围的时候，他们会不喜欢和别人交往，喜欢独来独往，从而渐渐失去交际能力。经常这样下去，孩子不仅会失去语言表达能力，还容易形成孤僻的性格。

四是失去创造性。

自卑的孩子常常感觉自己处处不如人，对任何事情都持悲观态度，不思进取。他们的思想严重受自卑心理的束缚，聪明才智得不到正常发挥，这样孩子就渐渐失去了创造力。

五是引起其他并发症。

受自卑心理影响严重的孩子会自我封闭，产生压抑、孤独、焦虑等并发症，心理学家将此现象称为心理健康的重大杀手。

教子指南 JIAOZIZHINAN

要消灭自卑，最佳途径就是在孩子的幼年时候，父母及时进行正确引导，把自卑消灭在萌芽状态。这样，自卑感就会与孩子无缘。

1．帮助孩子学习如何面对失败

比如孩子因为一次考试成绩不理想，便认为自己笨，智力不如人，这时父母要明确地告诉孩子：你的智商并不比别人低。同时帮助孩子分析考试失利的原因。

2．帮助孩子总结失败的教训

在学习和生活中，孩子一定会有失败的时候，家长要及时帮助孩子从失败中总结教训，让孩子充分认识到失败的原因，防止自卑心理的产生；教育孩子量力而行，父母的要求也要针对孩子自身特点，保证客观实际。

3．和孩子一起解决难题

在有安全保障的前提下，鼓励孩子和自己一起去做一些勇敢者的游戏，如去郊外露营，在公园里攀爬充满气体的“城堡”。培养孩子乐观向上的性格，当孩子为一些小事发愁、伤心时，要鼓励他凡事往好的一方面看。

4．正确地评价孩子

家长要客观、正确地评价孩子，引导和教育孩子对自己有信心，认识到自己的长处和短处。教会孩子用自己的长处弥补短处，让自卑远离孩子。

5. 教育孩子正确对待他人的评价

家长要告诉孩子，周围的人对他的评价不一定是对的，要学会正确对待。给孩子讲爱因斯坦小时候的故事，让孩子充分明白这个道理。

18. 背地论人长短，挑拨是非

很多孩子在某一方面不如人的时候，或者看见什么自己觊觎的东西得不到时，常常会产生嫉妒心理，导致常常在背后议论人、说人闲话。孩子的这种行为不仅会给被议论者造成伤害，还会对孩子自身的人格的形成和健康成长产生一定不利影响。

情景案例 QINGJINGANLI

现象一：

小丽和朱立是邻居，也是同班同学。小丽是一个活泼可爱的女孩，她和同学们的关系相处得很好，她经常对王燕说："叶子的毽子踢得很棒，我每次都输给她。"对蒋晓晓说："梁刚的作文写得真好，我看了感动得都掉眼泪了。"对梁刚说："蒋晓晓不但长得好看，字写得和人一样漂亮。"

而朱立则不然，他经常说三道四，破坏同学之间的关系。"嗨，知道吗？虽然林林穿的衣服很好看，可谁不知道她妈妈是个清洁工，专门打扫厕所！"对吴娜说："正华是她现在的父母从孤儿院里领养出来的。""彭兵最坏了，我亲眼看见他偷别人的东西。"

久而久之，同学都不喜欢和朱立交朋友了，有什么活动也不愿意让他参加，就因为他老在同学之间议论别人。

现象二：

周末，小文来李永家温习功课，做完功课后两个小家伙开始聊天，嘀嘀咕咕不知道在说些什么，小文妈妈无意间听到他们的说话内容：

李永：你知道吗？大卫的爸爸坐过牢？

小文：是吗？我说他怎么总是怪怪的……噢！原来如此！原来他爸爸曾经坐过牢，什么？他妈妈还是……

李永：我们以后还是别和他玩了，他一定不是一个好孩子。

小文：对呀，还是少跟他玩耍为妙，我也要告诉俊辉才行。

晚饭时间到了，李永回家了。妈妈问小文："你和小永刚才说什么呢？"小文说："小永刚才告诉我班长大卫的事，原来大卫的爸爸曾经坐过牢，他现在的妈妈也不是他的亲生妈妈……"妈妈告诉小文："你怎么可以在同学背后说这些话？像个长舌妇，你不知道这是要不得的行为吗？"

专家解析 ZHUANJIAJIEXI

孩子上学后，所接触的人和事就会多起来，这时候孩子就要开始学习如何与他人相处。有时候，跟三两个相熟的朋友一起玩耍或者闲聊，也都是很普通的事情。但如果话题涉及人家的坏话或是非时，父母一旦知道了，就要小心处理。小孩子年纪小，很多时候都不知道什么是是非，只是见同学们都在谈论，自己也就加入其中。其实，他们的头脑并不像大人的那样复杂。

很多家长溺爱孩子，并不在意孩子的一些小毛病，也可能是家长本身就有爱说东家长、西家短的坏毛病，孩子耳濡目染，自然养成了爱在背后说别人闲话的坏毛病。

首先，当一个孩子在背后说别人闲话时，他所谈论的重点其实不在那个人身上，而是暴露了他自己的人格特质——他是一个好批评及喜欢在人背后说闲话的人。这样，在家长眼里的乖孩子在别人眼里就会是一个品德低劣、说三道四的小人。

其次，孩子在学校的时间较多，与同学相处的时间较长，同学是他最熟悉的人之一。因此，每个孩子对自己的同学都会有一些这样或那样的评价，这是一种正常现象。但是，由于孩子年龄小，他们的自觉意识正在发展之中，对别人的评价往往会有片面性。孩子在背后议论别人，若家长不加以制止，那么没有人愿意和这样的孩子玩，同学还会渐渐地疏远他，孩子也会因此失去朋友，变得孤独寂寞，对孩子的健康成长有严重的影响。

再者，在背后议论别人、说三道四是一种不良的行为，它不利于人与人之间的情感沟通，也不利于同学之间的团结。说三道四一旦成习惯，将对孩子以后的人生产生不好的影响，不利于建立良好的人际关系。

教子指南 JIAOZIZHINAN

教育孩子不要在别人背后说三道四，是父母的责任和义务，也是孩子成长成才过程中的一堂必修课。

1．激发孩子的爱心

如果孩子有说人是非的表现，父母就应跟孩子坐下来好好谈谈。先了解事情的来龙去脉，然后告诉孩子这种行为是要不得的，这样会对同学造成伤害，令同学不开心，从而激发孩子对别人的爱心。

2．与老师及其他家长合作

父母也不妨跟老师及其他家长有更多联系，如果是非已传开来了，即表示有不少同学也在谈论这些事情，这时就有必要让家长们团结起来，大家一同教导自己的孩子。

3．以身作则

为人父母当然要以身作则，当孩子亲眼看见和亲耳听到父母说人是非时，孩子就有可能跟着这样学。因此，要想孩子学好，不像长舌妇般说三道四，做父母的首先要注意自己的言行，给孩子树立一个好的榜样。

4．发现孩子说三道四时，要立即制止并进行教育

家长要告诉孩子不能这样做的理由，并让孩子认识到说别人闲话是

不道德的行为。千万不要听之任之，放任不管。家长要告诫孩子这种行为不利于人与人之间的情感沟通，也不利于同学之间的和睦相处，所以必须改掉这个毛病，并帮助孩子学会自省和自我检讨。

19. 以自我满足为主，不管别人感受

现在孩子大部分是独生子女，集万千宠爱于一身，于是在一定程度上表现得有些自私，往往是过分关心自己，只注意自己的欢乐和幸福，很少考虑他人，一切以满足自己为主。自私自利的孩子常常令人生厌，很难与人交往，因此也就很难获得知心朋友。

情景案例 QINGJINGANLI

现象一：

张明是家里的独生子，在爸妈的娇惯下非常任性，也很自私。家里有什么好吃的，从来不知道分给家人；全家无论什么事情都得依着他，对于家人的教育，他根本不听；如果有什么事不顺他的心，就闹个没完没了。在学校和同学相处得也不好，自己的东西从来不让别人碰，有好玩的东西也不和小朋友分享，于是常为一些小事与同学互不谦让，发生矛盾。

现象二：

小德很小的时候，爸爸就因车祸去世了，妈妈唯恐儿子受委屈，平日里什么都顺着儿子，尽量满足儿子的要求，自己却节俭得很。妈妈几年都舍不得添一件新衣，却要满足儿子穿名牌的虚荣心，家务事更是从不让儿子沾边。这样，小德就养成了不懂得关心他人、自私自利的性格。

小德上初中了，不懂得体谅妈妈的辛苦，大手大脚地花钱不说，还经常和一帮狐朋狗友去参与赌博。妈妈怎么教育都不管用，他还怪

妈妈管得多。后来小德就整天沉迷于赌博，赢了很快把钱挥霍光，输了就找老妈要钱。

星期日，妈妈在家正忙乎着，突然晕倒在地，邻居找到小德，可他正赌得欢，根本不关心妈妈，还是邻居帮忙把他妈妈送到医院看病的。晚上，小德回来后，冲着妈妈吼道："好好的打电话说什么病了，害得我今天赌输了。快拿钱给我，我要去扳本。"说着，从妈妈身上抢了钱扬长而去。

专家解析 ZHUANJIAJIEXI

孩子自私自利，往往表现在只顾自己，不管他人，一切以自我为中心，有所谓"各人自扫门前雪，哪管他人瓦上霜"的性格特征。或者在金钱和财物上吝啬贪婪，自己的东西就不愿与人分享，而别人的东西却是拿得越多越好。这样的孩子常常令人生厌，很难与人交往，因此也就很难获得知心朋友。过分自私自利的孩子，还会在父母有事情的时候，因为自己得不到照顾而对父母发火，使父母伤心流泪。这样的情况在现实生活中确实不少。

孩子小小年纪为什么会自私自利呢？主要有以下几方面原因：

一是由于孩子有天生的利己倾向。在孩子心理发展未达到成熟阶段的时期，其往往单纯地确定"我即世界"。这种"以自我为中心"的想法虽然随着时间的推移和经历的增多，会逐渐有所改变，慢慢地能够接纳他人并减少利己行为，但仍旧固执己见，不能接受公正、正确的意见。于是，孩子衡量外界的标准便是是否有利于自己，相应的行为也如此。

二是因为父母在孩子成长过程中的错误教育所造成。有的父母当孩子犯错误时便嘲讽、鄙视，使孩子产生了畏惧心理。这样，孩子就只能封闭自己，回避与他人的交往，缩回到自己的小天地里，结果必然导致孩子自私。

此外，现在的家庭大多只有一个孩子，父母以及长辈容易集万千宠爱于一身，处处迁就孩子，容易使孩子从小就意识到“我想要什么就能得到什么，得不到只要一哭一闹也能得到”。于是孩子就容易产生过分的占有欲望以及自大、唯我独尊的心态，时时处处都要别人迁就，常常会提出一些无理要求。

自私的孩子，其行为对谁都有弊无利，父母应予以重视，及早预防。

教子指南 JIAOZIZHINAN

要想培养孩子关爱他人的品质，纠正孩子自私自利的性格，家长应该从多方面采取措施。

1．不要对孩子盲目溺爱

家长要改变那种盲目溺爱、一味娇惯孩子的做法。对于孩子的要求分清是否合理，不合理、过分的要求应予明确的拒绝，并对孩子耐心地讲明道理，指出他的不足之处。

2．让孩子学会与朋友分享

父母对孩子应该加以积极正确的教育和引导，使孩子树立正确的物质观念。让孩子学会与朋友分享一些东西，尝试一下“给予”、“付出”所带来的快乐。吃饭的时候，不要只顾吃自己爱吃的东西，把自己喜欢的东西放到面前，并挑来拣去。别的孩子来玩，要鼓励孩子把自己的玩具拿出来一起玩，把自己喜爱吃的东西也分一些给别的小朋友，大家一起分享。

3．帮孩子树立正确、比较远大的理想

当孩子有了正确的理想与目标后，他才会有学习的榜样。你可以这样对孩子说：“你见过像你这样整天总想着自己的科学家吗”、“你见过像你这样不关心他人的企业家吗”等，以此来激发孩子改正自私行为的内动力。

4．让孩子学会关心他人

要训练孩子学会关心他人，体谅父母的辛苦，帮助父母做一些力所能及的事情，例如帮父母洗碗、扫地、擦桌椅等。在孩子吃东西时，还要告诉孩子一定要把食物分成三份，一份给自己吃，一份留给爸爸，一分留给妈妈，不要一个人独自享用。如果家里还有爷爷奶奶和外公外婆，那么要把好吃的东西分成同等的几份，让每人都有一份。

除此之外，父母还可以在日常生活中有意识地安排一些情景，直接教会孩子应该怎样付出爱，怎样关心别人，当将来父母亲出现有病等“情况”时，孩子就会懂得怎样去做。这样，不但有助于训练孩子克服自私自利的不良性格，还可以培养孩子为他人着想和独立处理问题的能力。

20. 敏感多疑，难与同学相处

敏感多疑的孩子，最明显的表现就是过分敏感、疑心，以为大家都在怀疑自己，议论自己，只要别人三五成群地在一起说话，他就会惴惴不安，生怕被大家说三道四。这种人遇事总爱“对号入座”，尽管明知许多事情与自己无关，却不可抑制地要往自己身上贴，要往坏处想。

情景案例 QINGJINGANLI

芳芳是个15岁的女孩，平时没有什么好朋友，除了一个叫小云的朋友。

最近，芳芳总觉得大家都在故意与自己作对。就先说说老师吧，明明自己个头很矮，视力又不是很好，可偏偏把自己的座位调到后4排，这分明是不再重视自己了。还有朋友小云，她怎么能和其他同学一起去逛街而不叫上自己呢？再有就是班上的男生李强，每天都在盯着自己看，然后就和其他男生在一起讨论什么，难道他们在说自己吗？

这一切都让芳芳觉得很生气、很伤心。因为她老是觉得同学们都在用“异样”的眼光注视着自己，所以，她干脆和别人划清界限，可是现在连小云都在疏远自己了，芳芳怎么能不难过呢？

芳芳的学习成绩一直不错，老师挺喜欢她的，还经常当着同学们的面表扬她，可是最近芳芳有一门功课的成绩稍微有点下降了，老师似乎就不太喜欢自己了，这不，把她的座位换到了后面，只有那些调皮捣蛋的学生才会在后面坐的。芳芳就是这么想的。她自从坐在后面后，再也没有专心听过一节课，心里总在自怨自艾。就这样，学习成绩下降得很快，芳芳想，这下完了，以后只能永远在后面“坚守岗位”了。

课间时，芳芳还是坐在自己的位置上，她可不想和别人一样到教室外面去玩，因为，大家可能也不欢迎她。就在这个时候，讨厌的李强走了过来，问了她一道数学题。芳芳的数学成绩向来不错，她起初不想帮李强解答的，可是李强却在那里不停地请求，芳芳只好答应帮他解答了，许诺放学后把解题过程告诉他。可当芳芳好不容易把这道题解出来的时候，李强却说，自己已经想出结果了，谢谢她的帮忙。芳芳觉得这不是在把自己当猴来耍吗？越想越气，越气越想，眼泪就像断了线的珠子一般流个不停。

芳芳把自己关在了房间里面，再也不想去上学了，她觉得大家都在和她作对，她告诉妈妈必须帮她转学，因为大家都在刻意疏远自己，要不然再也不去上学了。

专家解析 ZHUANJIAJIEXI

国内流行性调查资料提示，青少年的情绪和行为等问题的发生率明显增加：有 10% ~30% 的青少年存在各种不同程度的心理健康问题，主要表现在强迫、人际关系的多疑、敏感、抑郁、偏执和敌对等症状方面。因心理障碍等问题而退学的青少年占退学总人数的 30% ~60%，特别是在重大的生活事件中，中学生的心理问题发生率更高。

像芳芳出现的多疑、敏感的症状与其处于青春期有关。青春期是儿童到成人的过渡时期，矛盾、敏感、多疑是他们突出的心理特点，由于在生理和心理上发生的巨大变化，容易产生各种心理障碍。

一个人生活在集体中，如果真的不受别人欢迎，当然是件令人苦恼的事。不过，事实是不是真如所想的一样，还值得分析。

有时，由于一些心理原因，也会造成错觉。青少年自我意识增强，特别珍视自我形象，很关心外界对自己的评价。有的人比较敏感和多疑，看到别人在一起说话，就怀疑是背后议论自己，心里感到紧张和不安。

教子指南 JIAOZIZHINAN

每个家长都希望自己的孩子快乐无忧、积极向上。那么，对于敏感多疑的孩子，做家长的首先要做到以下几点：

1. 为孩子营造一个宽松的生活环境

家长不应该高高在上，对孩子摆出一副言出必从的姿态，成为孩子的“统治者”，而应和他们平等相处，为他们营造一个宽松、和谐的生活环境，给他们抒发自我感受的权利和机会，使他们不把话憋在心里，愿向父母倾诉。

2. 让孩子正视现实

越是怕被人议论，越要走到人群中去，越要面对人们的目光。这样可以锻炼孩子的心理防御机制，使孩子的心灵不至于太脆弱，从而提高心理承受能力。

此外，还可以通过运动来舒缓孩子的那些不良情绪。运动能加强新陈代谢，疏泄负性心理能量，运动有助于增强体质，产生积极的心理感受，能较快地改善情绪，消除青春期引起的一系列症状。

尤其是参加一些集体运动，如足球活动、排球运动或体育游戏等。集体运动要求团体合作，对改善人际关系具有特别的意义。另外，由于体育游戏带有一定的竞争性、情节性、趣味性，能活跃游戏者的情绪，培养他们的活泼愉快、开朗合群的个性和团结互助、勇敢顽强、机智果断的心理品质，使身心得到健康的发展。

21. 言行举止不顾他人感受，以自己合适为原则

生活中，孩子不讲礼貌的现象有很多，比如见人不打招呼，从来不说“谢谢”、“对不起”，用从电视里学来的话骂同学，去别人家做客时乱翻东西，等等。这样不讲礼貌的行为一旦形成习惯，对孩子以后的为人处世以及事业发展都将产生不良的影响。

情景案例 QINGJINGANLI

现象一：

小宇成绩很好，邻居们常常夸奖他，小宇妈妈觉得脸上很有光。所以，在家里什么事都由着他，甚至与家长顶嘴，妈妈都舍不得严厉地说他两句。

有时候，小宇乘电梯时横冲直撞，不懂说“对不起”、“谢谢”，不跟人打招呼。妈妈虽觉得孩子没礼貌，但却认为这些都是小事，而且男孩子嘛，大大咧咧没关系。

一天，妈妈带小宇参加一个正式晚宴，别人还没入席，小宇却已经一屁股坐到正中位，旁若无人地吆喝服务生要可乐，而且菜一上桌，他就迫不及待地伸筷子去夹。等到上龙虾这道菜时，因为小宇爱吃，所以他把整盘都端到自己面前，就像在家里一样。虽然大家都说“没关系，没关系”，但小宇妈妈还是觉察到了别人鄙夷的目光……

现象二：

星期天上午，宁宁正在家里看电视，爸爸的一个好朋友来做客。爸爸让宁宁与客人打招呼，宁宁含糊地叫了一声“叔叔”，又继续看他的电视。因为爸爸要和朋友在客厅里谈事情，便对宁宁说：“小宁，你关掉电视去屋里玩好吗？爸爸和叔叔有事情要谈。”可是宁宁不但不听，反而对客人说：“你打扰我看电视，我不喜欢你！”看着客人尴尬的样子，爸爸只好无奈地说：“都上三年级了，还和小孩子一样……”

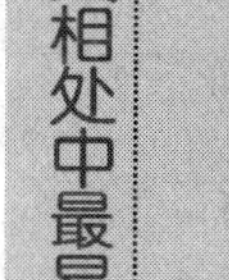

专家解析 ZHUANJIAJIEXI

其实，孩子不懂礼貌并不是天生的，而是后天学会的。

首先，这与家长的日常行为有直接的关系。家长有礼貌，家人相互之间讲礼貌，他们再要求孩子讲礼貌，孩子很容易就学会了礼貌；如果家长平常都不用“礼貌”去要求自己的言行，反而告诉孩子要讲礼貌，这确实有点强人所难。这也正是我们平常所说的“言教不如身教”。

即使家长是说话、办事很讲礼貌的人士，但是，如果对待孩子的不礼貌行为采取不以为然的态度，也会纵容孩子不讲礼貌。

现实生活中有些家长认为孩子说脏话、乱翻别人东西等，都是些小事，不必去斤斤计较，只要孩子学习成绩好就行了，因此对孩子的这些不礼貌行为睁一只眼、闭一只眼。殊不知，这种态度只能使孩子的行为越来越恶劣。

孩子并不是天生就不讲礼貌，但是，他们分辨“对”与“错”的能力却不是很强。当孩子与长辈顶嘴、遇人不打招呼、该说“对不起”不说时，家长对这种行为不进行纠正，反而仍以微笑的眼光看着孩子，孩子就会以为这样的行为是正确的，不但以后会继续做这些不礼貌的事情，甚至会以此为荣。

教子指南 JIAOZIZHINAN

“养不教，父之过”，孩子待人不礼貌，家长是有责任的。当孩子出现各种各样不文明、不礼貌的言行时，父母千万不可置之不理，当然，也不可由于过分着急就对孩子大打出手。当孩子产生叛逆心理时，这种待人接物不礼貌的坏毛病将更不容易改掉。只有养成正确的教子观念，才能培养出有礼貌的孩子。

做事讲究方法往往会收到事半功倍的效果，教育孩子更是如此。

1．家里来客人时，让孩子做小主人

很多时候，家里来客人时，孩子表现出的不礼貌情绪，是对家长忽略他的反抗。因此当家里来了客人，让孩子帮助做点事情，这样，孩子以为自己是有用的，感到很满足，就会更努力地遵从父母的要求。还有，要先把孩子介绍给客人，承认其存在的价值之后，再吩咐他：“到隔壁房间去画一幅画来给客人看看”等。这样既能满足孩子想要与客人接触的心理，又能使孩子养成礼貌待客的好习惯。

2．孩子口出恶言时要制止

生活中家长有时会遇到孩子说这样的话：“你是猪，你白痴”、“叔叔，你的嘴巴好臭”、“妈妈，这个新娘好难看”等。当这些话冷不防从孩子的嘴巴里说出时，父母一定窘得想钻进地洞里。其实，孩子所说的话通常不代表他想要故意侮辱或伤害别人。但要避免出丑，父母要做的是当孩子口出恶言时适时制止，不要采取无所谓的态度。这就要求父母不只是让孩子学会说“请”和“谢谢”，还要告诉孩子什么样的话该说，而什么样的话不能说，让孩子以正确的态度处理和成人的关系。

也要教孩子将心比心，体会别人的感受与反应，可问孩子：“如果别人也这么说你，你会不会很难过？如果会，就不要这么说。”和孩子讨论对待他人的情绪感觉，建议他使用文雅有礼貌的语句，会比纯粹的斥责更有效。

3．让孩子学会互换角色

在教育孩子对待客人要有礼貌时，如果用道理不能说明的话，我们不妨让孩子真正体会一下做客人的感受。一位母亲在教育其女儿时很有心得：

有一次家里来了客人，女儿却一个劲地吵闹，不理会客人的招呼。第二天，我带女儿到她小姨家做客时，小姨故意没有像往日一样用果冻、薯片等好吃的来招待她，而是对她不理不睬。受到这样的招待，女儿委屈得眼泪都快掉下来了。这时我才对她说：“小姨不理你，你是不是不高兴了？那昨天来的那位客人跟你说话，你不理睬她，客人是不是也不高兴呀？”女儿似乎听明白了，以后家里来了客人，她不但会主动打招呼，有时还会将自己的水果拿出来招待客人呢。

22. 对于他人的帮助，不理不睬

懂礼貌的孩子固然人见人爱，但有些孩子仿佛很有性格似的，跟人沟通的技巧不高，就连简单地向别人道谢也不懂。本来人家给予帮忙，或者送点小心意给自己，说句谢谢是十分平常和理所当然的事，但很多小朋友就是不懂这个礼貌。

情景案例 QINGJINGANLI

现象一：

在公共汽车上，一位年轻的母亲抱着一个看上去正读幼儿园的孩子。车上有一位阿姨从座位上站起来让他们坐下，这位母亲让孩子说谢谢，可那个男孩把头一转，开始往窗外看。这位母亲尴尬地说：“孩子就是这样。”这位阿姨说：“没什么。”孩子就一个人坐着，他的母亲站在他的身旁。车越来越挤，母亲想抱着孩子坐下，但男孩却伸手推自己的母亲，不让母亲坐，这位母亲无奈地笑了笑。

现象二：

王伯伯：你好，来接小飞放学吗？

妈　妈：对呀！顺道到超市买点东西回家。

王伯伯：你们刚才去超市了吗？我也顺道去逛逛，你看到这种饼干正大减价了吗？真的十分便宜，我也买了不少回家。

妈　妈：是吗？我可没有看到，或许因为人太多吧。不过听你这么说，看来真的十分便宜呢。

王伯伯：正好我买了这么多饼干，让我请小飞吃吧。这种饼干味道不错呢！

（小飞接过王伯伯的饼干，默不做声地站在一旁。）

妈　妈：王伯伯，你真是客气了。小飞，还不快快向王伯伯道谢。

小　飞：……

妈　妈：小飞，你这孩子，真是……

王伯伯：由他吧，小孩子嘛！不用谢了。

专家解析 ZHUANJIAJIEXI

一个人在与人接触的时候，别人不可能很快了解你的人品、学识与能力如何，然而却能够从一个人的待人接物上看出来他是否诚恳、有礼。如果孩子没有形成良好的礼貌习惯，对他人的帮助不懂得感激，从来不说“谢谢”，这样会直接并且严重地影响到他以后的社会生活以及个人事业的发展。

为什么有的孩子对于别人的帮忙从不肯说“谢谢”呢？是不是他们天生不懂礼貌？当然不是。有些父母在自己或者孩子得到别人的帮助时，总觉得别人做这一切都是理所当然的，因此，总是很吝啬说出一句“谢谢你”。与此同时，父母的行为也常常影响着孩子，所以有些孩子在得到别人的帮助之后，往往显得十分冷漠，不懂得向别人表达自己真诚的谢意。

很多孩子在溺爱中长大，从来没有过感恩的意识，甚至认为别人为自己做的一切都是应该付出的，不需要任何感谢，更不需要任何回报。其实孩子有这样的想法是正常的，因为他们还不懂得做人的道理。这就需要父母去教育孩子，去正确引导他们，告诉孩子要懂得感恩，才有机会得到他人的关爱；而一个从小懂得感恩的人，长大成人后，肯定也是一个自尊自信的人。

作为父母应该如何让孩子成为一个懂得感恩的孩子呢？

1．做孩子的榜样

要做到言传身教，做孩子的榜样。如果你想让孩子成为一个懂得感恩的孩子，就要给他做出榜样，不管在什么时候，都不要忘记说一些感谢的话或者做一些表示感谢的动作，比如拥抱、握手等。父母除了要身体力行外，有时候孩子为自己做了些事情，例如下班后孩子主动替父母按摩、拿东西等，父母也应对孩子说句谢谢，好让孩子从中学习。

2．对孩子多加提醒

要孩子学会表示谢意，父母平日在家里对孩子应多加提醒和教导，耐心地向孩子解释，别人并没有义务为自己付出，当别人无条件地为自己做事时，自己应该心存感激。其实，越早教导孩子有礼貌越有效。告诉孩子这是做人应有的礼貌，久而久之，相信孩子一定会做得到的。

3．给孩子创造一个表达感谢的机会

当家人过生日或节日时，提醒孩子说一句祝福的话，鼓励孩子为亲人准备礼物，比如自制贺卡、用自己的零用钱购买小礼物等来表达祝福与谢意，让他感受到给别人带来快乐的同时自己也是非常快乐的。

4．多加鼓励

孩子面对陌生人时会感到害羞，即使平日在家里懂得说谢谢，但当面对陌生人时就会变得哑口无言。这时候，父母不妨多予以鼓励，或者在孩子面前代孩子向人家道谢，好让孩子慢慢学习。当孩子有良好表现，即懂得开口说谢谢时，不妨给予一两句赞赏的话以示鼓励。

5．多加表扬

平时要教导孩子得到别人的帮助要说“谢谢”，如果孩子表现得不错，父母要极力赞赏孩子今天所做的事，比如“你今天对张爷爷说谢谢了，真是个好孩子”。其实孩子都很精明，当他发现“嘴甜”可让大家都开心，又可得到奖赏时，他会很乐意去做这件事。

23. 轻易许诺，勉为其难

在日常生活中，孩子助人为乐、热情积极固然好。但有些孩子做事不考虑实际情况，不懂得量力而行，什么事都喜欢揽，即使有些事情自己实在帮不上忙也会承诺他人。这样的孩子，容易变得不知深浅、好高骛远、莽撞逞能。

情景案例 QINGJINGANLI

现象一：

小芳是个上三年级的孩子，活泼可爱，也很聪明。在学校里，不但学习成绩好，人缘也好，有什么事同学总喜欢找她帮忙。这和小芳助人为乐的性格是分不开的，但更主要的是在同学眼里，什么问题她都可以帮忙解决。其实，小芳做事不懂得量力而行，总爱盲目承诺别人，一旦答应别人的事自己做不到，就让父母来应对。有时候，父母都很无奈，但又不好打击她的热心。

一天，回到家里，书包还没有放下来，小芳就兴致勃勃地说：“爸爸，爸爸，我们班举办节目，还差两套小公主服，我对老师说我家有。”

“小芳，家里哪里有？”

小芳撅起嘴：“爸爸，我都答应老师了，你要帮我弄到。”

看着小芳的样子，爸爸摇摇头说道：“好了好了，爸爸明天去买！”

现象二：

肖子桐今年上小学二年级，是个特别热情的孩子，班级搞什么活动，他总能帮老师干这干那。

有一次，学校组织大家去春游，需要借车，肖子桐第一个举起了手。肖子桐的父亲一向支持孩子为班集体服务，对肖子桐揽下的活，他托亲戚解决了问题。

又过了几天，肖子桐他们班要出板报，老师问谁有合适的图片，可以拿出来展览。肖子桐又把手举得高高的，还不停地说："我有，我有。"回到了家，肖子桐学着老师的样子把任务又交给了爸爸，还说明天就要。这下爸爸可有点犯愁了，家里没有合适的资料，但如果完不成任务，既怕伤了他，又怕给老师造成麻烦。所以，晚上他顶着大风，骑着自行车跑到单位，翻出各种报纸，又剪又贴，忙乎了两个小时，总算交了差。

专家解析 ZHUANJIAJIEXI

在日常生活中，人们总提倡助人为乐，但有些时候有些忙你实在爱莫能助，但总不好意思说"不"，怕让人觉着不仗义，怕驳了面子伤了和气。但答应下来又实在勉为其难，而且结果可能更糟，会落得吃力不讨好，甚至帮人不成反害人。这就要求我们量力而行，学会拒绝他人，但很多孩子则不懂得这些道理。

孩子愿意助人为乐，喜欢帮助有困难的同学，或希望为班集体服务，这样的想法首先是值得肯定的。但是父母也要让孩子明白：跨越太宽的沟会掉进去，从太高的地方无保护地跳下来会摔痛摔伤，牛皮吹大了总会不攻自破让大家笑话，没能力没精力完成的事情应承下来是多么自讨苦吃。就像花钱得量入为出一样，做事也得量力而行。

一般来说，那些盲目承诺他人、喜欢揽活儿的孩子，是因为背后有热情而能干的父母。父母对孩子的要求有求必应，时间长了，孩子就会把结果留给自己，把过程扔给家长。

如果您家里也有爱揽活儿的孩子，说明他至少是一个热情的孩子，但也要让他知道，什么是量力而行。当然，孩子勇于尝试新事物是好事，但是如果他总是不切实际地估计自己的能力，则可能变成不知深浅、好高骛远、莽撞逞能了。

总之，家长应该培养孩子的责任感，鼓舞他们的干劲，增强他们的自信，不过，也应使他们莫忘记了自身的局限！

教子指南 JIAOZIZHINAN

很多孩子喜欢盲目承诺他人，答应不是自己能力范围内的事，然后让父母代劳来完成。面对这样的情况，父母也很无奈，不帮孩子吧，怕打击孩子的热情和积极性；帮助孩子吧，孩子就会认为父母无所不能，遇事就喜欢揽下。那么，父母应该怎么办呢？

1．告诉孩子没有人是万能的

请告诉孩子，没有哪个人是无所不能的，有同情心是好的，急别人所急、想别人所想，替朋友出谋划策都很好。但如果觉得自己无能为力，那就应该坦率地告诉对方，或一起向大人求助。当然，即便力所能及，还应该让孩子正确地理解友谊和义气，分辨是非好坏，和伙伴一起恶作剧的事情不帮也罢。

2．让孩子知道父母不是万能的

遇到孩子盲目承诺他人的情况时，父母不妨坦率地对孩子讲，父母不是万能的，有些事情我们也做不了，并且告诉孩子今后遇到这样的事情，先想一想有没有能力完成，没有能力完成就要学会拒绝别人。

3．父母不要代劳

孩子如果常揽不是自己能力范围内的事，父母不应该代劳，替孩子去完成。你可以开诚布公地告诉孩子，你帮集体做事是很正确的，但你想没想过，你答应的事应该谁来做呢？是爸爸妈妈，还是自己努力去完成？让责任感在孩子心中萌芽。

4. 让孩子独立来完成他承诺的事

父母要尽量让孩子参与到他揽的活儿当中来，尤其是他能独立做的，就让他自己做。比如张帆，他揽下了出科技小报的任务，本想让搞美术工作的妈妈帮他完成，但他妈妈说："既然是你答应下来的，你就应该自己干，妈妈不管。"没办法，张帆静下心来，思考构图，翻箱倒柜找资料，忙了一晚上，竟完成了一份相当不错的科技小报。

24. 自高自大，凡事输不起

有些孩子性格倔强，遇事从不服输，认为自己永远是正确的，有时候即使明知道自己错了，也要找理由为自己辩解。这样的孩子得不到周围人的欢迎，会孤立无助，在生活中处处碰壁。

情景案例 QINGJINGANLI

小童从小是个要强、拔尖的孩子，干什么都要超过别人、得到别人的表扬才行。如果她输了，就会用大哭、大闹来表示自己的不满。为了让女儿高兴，让她必须赢不能输的心理得到满足，爸爸妈妈多是顺着女儿的意思，在和她下棋、玩扑克和做游戏时故意输给她，对她的一切表现都给予热情的表扬、鼓励，"你真棒"、"你真是个聪明的孩子"、"你是最能干的"等，什么最好听、什么最让女儿高兴就说什么。

可是，在学校就不行了，小童上课回答问题、做作业不可能保证一点错不出，偶尔还会因为马虎、不认真挨老师批评。这是小童万万接受不了的，每次都会不管不顾地在同学、老师面前大哭一场，再回家发一通脾气，弄得老师一点办法也没有。

和同学在一起，小童也总认为自己的观点总是对的，自己的方法最好，对同学们说的话不以为然，也看不起别人。一旦事实证明她错了，或是在游戏、比赛时输给了别人，小童就会不依不饶地和大家矫情，或找各种借口为自己的错误和失败作解释，或是干脆说别人耍赖，而永远不承认自己输了。当然，她自己一定心里也不舒服，就回家去和爸爸妈妈找茬儿、吵架，再在爸爸妈妈故意的谦让和顺从中找回心理平衡。

专家解析 ZHUANJIAJIEXI

不服输的孩子，往往自高自大，这对孩子来说是非常危险的。在生活中得不到朋友的欢迎，学习上很难有大的进步，做事会不断碰壁。

孩子为什么会处处要强，不服输呢？这和家庭教育有很大的关系。

一是面对不愿意服输的孩子，父母有时会为了孩子的感受而有意处处让着他，迁就他，只让孩子赢不让孩子输。

二是因为孩子爱听表扬，父母就过头地夸赞孩子的优点、成绩，却从不指出孩子的缺点。

三是生活中，有的父母过于强调自信，不断给孩子灌输“你是最优秀的”思想，结果一些孩子养成了盲目自大、不服输的性格。

教子指南 JIAOZIZHINAN

对于不服输的孩子，家长不妨试试以下方法：

1．全面认识孩子的性格

对孩子不服输的性格，父母要有全面的认识。如果父母只是为了让孩子的心理得到满足，就一味地迁就、顺从他，总是故意输给他，并把他夸奖一番，会使孩子无法正确认识自己的能力，盲目地自以为是，认为自己无所不能、永远正确。而一旦孩子遇到挫折、失败，往往无法接受而拒绝事实、一意孤行，或是因为强烈的挫败感而委靡不振、情绪低落。

2. 父母对孩子的夸奖要有分寸有限度

父母对孩子的表扬、夸奖，不能是泛泛的、没有原则的。要就他的某个行为、表现，给予有针对性的表扬。比如孩子主动地收拾了房间，妈妈如果只是说“你真棒”，就不如说“你把房间收拾得真干净”，既让孩子明白了自己好在哪里，又不至于让孩子盲目地觉得自己什么都好。

3. 鼓励孩子向别人学习

父母要让孩子懂得每个人都有自己的优点和长处，但同时也有自身的不足和短处。教育孩子要在学习和生活中学会正视、欣赏别人的优点和长处，为他人的进步与成功喝彩。父母作为成年人，在与孩子相处时，难免会有意无意地呵护、迁就孩子。在与同伴的交往中，孩子之间的地位、关系是平等的，使孩子在更加公平、自然的环境中学会与人交流，也有利于孩子正确地认识自己。

4. 父母要正确对待不服输的孩子

一方面，不服输是孩子自信心、上进心的一种表现，父母要给予肯定和保护；另一方面，要有意识地给予孩子一些挫折教育，让孩子明白“天外有天、人外有人”，永远都不能自满、骄傲，让孩子有不断进步的动力和承受挫折的能力。

第三章　在居家行为中最易犯的错误

家是每个人的心灵港湾，对于孩子来说更是如此。但这并不是说，孩子在家里就可以放任自流，爱做什么就做什么。很多孩子在家庭生活中经常做出一些不恰当的行为：在家不讲卫生，穿着邋遢；以学习为借口，逃避做家务；和父母作对，做父母不喜欢的事等。对于孩子的这些不恰当的行为，家长不能视而不见、放任不管。

25. 凡事向父母告状，一副受委屈的样子

孩子事无大小都向父母投诉一番，有时候真的令大人不胜其烦。孩子若经常有投诉的表现，那一定要小心处理。因为如果不好好引导孩子，将来孩子长大了也持续这种爱投诉、爱告状的性格的话，就会变得不受欢迎，而且他的心胸会变得狭窄，生活也不会开心。

情景案例 QINGJINGANLI

一天，爱心用手托着鼓起的两腮，露出不开心的样子来。

妈妈：爱心，你为何闷闷不乐地坐在一角？

爱心：妈妈，我不开心。妹妹经常哭，弄得我不能集中精神温习功课。

妈妈：那你回房间温习好了。

爱心：房间的灯光太暗。

妈妈：那等爸爸回来给你看看吧。

爱心：爸爸又要很晚才回家。

妈妈：你今天怎么了？总有这么多不满。

爱心：……

专家解析 ZHUANJIAJIEXI

在现实生活中，如“妈，哥哥在欺负我的洋娃娃啦”、“爸爸，小华又抢走人家的玩具了”这样的告状话语，在有两个孩子以上的家庭常常可以听到。孩子打小报告是很常见的，也不完全是不好的行为。但是家长要避免让孩子养成打小报告的习惯，更重要的是不能让孩子将此举视同一种手段来达成私人目的，这一点父母必须注意。

孩子爱打小报告、告状的原因有：

一是引起父母的注意与关怀。孩子会喜欢告状，最主要的原因是他们有心理上的需求，希望引起父母、师长的关爱、注意，也想让被告状者受到处罚，以寻求自我价值的认同。其次，告状也能够表达孩子不满、愤怒的情绪，希望父母介入他所受到的困扰。

二是错误的身教或同伴影响。严格说来，告状、打小报告并非只发生在幼童的世界里，在我们成人的关系中也时有所闻，如亲友邻居间的耳闻传言、职场的流言蜚语，其实无时无刻不在影响着观察模仿力强的孩子们。

父母之间的相处是孩子学习模仿的对象，应该随时以理智、平和的态度来处世，才能引导孩子朝正确的方向发展。

教子指南 JIAOZIZHINAN

喜欢向大人告状的孩子，大多都有被忽略的感受，这种情况特别容易出现在家里有兄弟姐妹的小朋友身上。当父母专注于其他人时，孩子就会感觉受到冷落，于是想尽法子吸引大人的注意。

1．调整一下亲子时间

如果孩子经常告状是因为有被忽略的感受的话，父母就有必要调整一下自己给予子女的时间了。特别是当孩子的弟弟妹妹刚刚出生时，由于初生孩子特别需要照顾，父母会不自觉地忽略了做哥哥姐姐的。父母不妨为自己和孩子定一个时间表，每天特别拨出时间给大的孩子，跟他一起玩耍，听他的心声，并跟他强调就是有了弟弟妹妹，父母也不会忽略他的。

2．引导孩子将自己的想法说清楚

孩子会打小报告，主要是他的心理需求没有被满足，因此，父母在面对孩子打小报告时，应该先处理告状者的情绪，而非急着去处置被告状的孩子。另外，应该引导告状的孩子将他的需求说清楚，例如“哥哥欺负你的洋娃娃？那你希望哥哥要好好对待你的娃娃，对不对？”先倾听，能让孩子产生被了解、被关怀的感觉，接下来就不会强烈要求处罚被告者了。

3．留意孩子的情绪

父母也应该注意孩子的情绪。如果孩子突然事事告状，是否跟近日发生了一些不愉快的事情有关呢？孩子感到不开心便觉得事事不如意，这时父母就得多给孩子关心才行。

至于父母的表现也同样重要，有时候大人也会有如此表现，有什么小事也会投诉一番。孩子看得多了，自然会有一样学一样，这时父母也应该检讨一下自己的行为。

4．引导孩子试着自己解决

两个孩子乃至一大群孩子相处在一起，发生争吵在所难免，而向大人告状，孩子会认为一来能讨大人欢心，二来不必自己花脑筋想解决办法，因此，大人对于孩子的告状最好不要全力干涉。你可以引导孩子自行解决，这样孩子才能习得解决问题的技巧，也会慢慢舍弃用告状的方式来赢得长辈注意。

5．从日常生活中培养相亲相爱的氛围

孩子之间的相处、互动感情愈好，发生争吵的机会就愈能降低。因此，在平常可以多培养孩子相亲相爱的氛围，例如教导较大的孩子要爱护弟妹，陪弟妹玩游戏、喂饭；跟较小的孩子说要听兄姊的话，顺便能培养孩子爱护弱小、敬爱年长者的美德。

26. 为逃避做家务，寻找各种理由

很多孩子身上有懒惰的毛病，父母一让他做家务，他就以学习等各种借口推脱。对此，父母不应该纵容，应纠正孩子身上懒惰的恶习，培养孩子勤奋、热爱劳动的美德。

情景案例 QINGJINGANLI

莹莹已经上小学三年级了，学习成绩很好，在学校里，同学老师都很喜欢她。就是这样一个优秀的学生，在家里却是出奇地懒。放学回家后，什么事情也不做，吃完饭把碗一推，就到自己的屋里去了；换下来的衣服往水池旁一堆，从来不自己动手洗，有时连头发都是妈妈帮她梳。妈妈每次都告诉她，自己的事情自己做，她嘴上说：“知道了，知道了。”可依然我行我素。

又是一个周末，爸妈工作忙，要加班。妈妈对莹莹说：“今天是星期天，你睡到很晚才起来，昨天说累不想扫地，现在精力充沛了吧？是不是帮忙做些家务呢？”

“妈妈，今天……我先吃完早餐吧。”莹莹晃着小脑袋说。

吃完了早餐，妈妈看她还没有要做家务的意思，就说：“莹莹，你不是吃完早餐要帮妈妈做点家务吗？”

“我这周作业很多，我要学习，这些事你们帮我做了吧。”莹莹振振

有辞地说。妈妈真拿她没办法，因为她总拿学习做借口，躲避劳动。

专家解析 ZHUANJIAJIEXI

现在的孩子绝大部分是独生子女，因而他们往往被长辈视为“掌上明珠”、“心肝宝贝”。由于从小在长辈们的百般呵护和过分溺爱中长大，孩子从小便养成了“饭来张口”、“衣来伸手”的习惯，于是便会有很多可笑的事情发生。孩子上学需要住校了，这时妈妈才发现，孩子自己连头发都不会梳，甚至连被子都不会叠。

其实，每个孩子都不是天生就有懒惰的坏毛病。每个孩子在小的时候，都会对新鲜事物感到好奇，总是跃跃欲试，例如扫地、洗碗等。可是在他们有参与劳动或有干新鲜事情的积极性时，往往是家长的某些想法和行为扼杀了孩子勤劳的特质。

一是家长们认为孩子还小，家务让孩子做不但会做不好，而且还会把家里弄得一塌糊涂。于是，不但家务他们全部承包，甚至连梳头、洗衣服之类该孩子自己做的事情，他们也会一手代劳。

二是家长心疼孩子，怕孩子吃苦受累。这些家长们认为，今天的孩子是应该享福的一代，有些事情能代替孩子做就应尽量帮他做，等他长大了，这些事情就自然而然会做了。

就这样，孩子想劳动的积极性，一次次被有这样心理的父母打消，于是他们便会心安理得地认为，家务就是父母应该做的，父母伺候自己是应该的。即使随着年龄的增长和受教育程度的提高，他们慢慢明白，父母不让自己做家务是出于对自己的爱，但懒惰的习惯已经养成，并不是一朝一夕就能改掉的事情。

教子指南 JIAOZIZHINAN

懒惰的孩子确实很让家长头疼，但要知道，懒孩子的形成不是一日之变，懒孩子的转变也非一时之功，要让孩子热爱劳动，家长要讲究方法、方式。

1．要重视对孩子的劳动教育

要想让孩子热爱劳动，首先要重视对孩子的劳动教育。在日常生活中，父母一定不要溺爱孩子，应让孩子做一些力所能及的家务事，同时以社会生活实例、家庭生活实例等告诉孩子劳动的重要性，让孩子从思想上认识到劳动的光荣、劳动的伟大。

2．任何时候都不要打击孩子劳动的积极性

当孩子表现出劳动的主动性时，做家长的切不可以泼冷水，而应以极高的热情鼓励孩子："亮亮是个大孩子了，知道帮妈妈干活了。""小华真能干，洗的手绢真干净！"也许，由于孩子刚刚接触家务，手脚还不够灵活，常常会出麻烦，如桌子越擦越脏、地扫得乱七八糟，等等。这时候，家长千万不可对孩子失去耐心和发脾气，如果那样，孩子劳动的积极性很容易被打消。另外，家长还要耐心地教给孩子做事的具体方法和技巧。

3．多鼓励少指责

在孩子遇到困难的时候，父母千万不要简单地对孩子说："你自己想办法吧！"或者把孩子搁一边不管他，或者严厉地责怪孩子无能，这样会让孩子感到自己没有本事，从而产生厌倦的情绪。因此，在孩子的劳动过程中给予指导，给予鼓励，培养孩子的劳动技能是比较重要的。在孩子取得进步的时候，哪怕这个进步是非常微小的，父母也要鼓励孩子，让孩子从劳动中体验到快乐和幸福。

4．学会"逼"孩子去劳动

当孩子不愿意劳动时，妈妈绝不能姑息迁就，一定要想办法让孩子参加劳动。如果孩子不愿听父母的话，就是不愿干活，怎么办呢？做家长的都必须学会"逼"孩子去劳动。因为一个不会劳动的孩子，会不断自我萎缩直到失去自我，这样的孩子是不会幸福的。

实践证明，父母最好每天安排一定量的劳动让孩子做。一般来说，小学生每天 20~40 分钟，中学生每天 30~50 分钟为宜，具体可根据孩子的功课情况来调节。

另外，父母还要教育孩子，使其懂得作为家庭的一个成员，不仅要做到自己的事情自己做，而且应该帮助父母做一些力所能及的事情。

只有这样，孩子才能彻底地对懒惰说“Bye, Bye”，再让他做家务时，他就不会找借口推脱了。

27. 自私自利，对他人缺乏关爱之情

现在的孩子是家里的“小皇帝”“小公主”，集千万宠爱于一身，但不可思议的是，很多孩子却不懂得奉献自己的爱心。例如对身边的同伴没有同情心，对父母的苦心不休谅……凡事只为自己着想。

情景案例 QINGJINGANLI

现象一：

良良病了，戴着大口罩来到幼儿园，老师对大家说：“小朋友们，良良今天感冒了，我们一起来好好关心他，照顾他，好不好？”小朋友们看着良良的大口罩，面无表情地点了点头。

午饭时间到了，良良小心翼翼地坐下，摘下口罩准备吃饭。同桌的元元一见良良摘下口罩。立刻尖叫起来：“不要坐在这里！你会传染给我们的！”其他小朋友也厌烦地看着良良，不让良良坐在自己身边。

现象二：

红红已经 10 岁了，平时怕耽误她学习，妈妈从来不让她干活。就连洗头洗脚、扫地铺床、洗衣服刷鞋都是妈妈帮她做。

假期里，妈妈想让红红学习独立，便让她分担一些家务，如拿牛奶、

刷鞋子、打扫自己的卧室等。可是，才干了两三天，红红就不耐烦了，并且觉得很委屈，便向妈妈大声说出了“正当”的理由：“暑假是给我们学生休息的，不是让家长偷懒的。”

还有一次，妈妈感冒发烧，下班回家后没做饭就倒在床上了。红红放学回来，看到妈妈躺在床上，没有像往常一样做好了饭等着她，于是很生气，她不但没讲一句关心、体贴的话，反而对着妈妈大喊：“你肚子不饿，就不管我的死活了吗？要睡也要先给我做好饭菜再睡呀。要不，打电话叫爸爸回来给我做饭！”

妈妈看着女儿这样，不由得感到心酸：自己平时那么疼孩子，为什么孩子舍不得对自己付出一点点爱？

专家解析 ZHUANJIAJIEXI

对于一个人的个性发展而言，没有什么能比爱和善良更重要的了，这是孩子将来立身社会的基础和前提。

但是生活中，像元元和红红的孩子并不在少数。他们集万千宠爱于一身，却舍不得对别人付出一点点爱，这是为什么呢？难道现在的孩子真的变得自私了、没有爱心了？

其实，孩子并不是天生就缺乏爱心。儿童心理学家研究表明，善良和同情是孩子的天性。

一岁前，婴儿就对别人的情感有反应。我们知道，如果旁边有孩子哭，婴儿会随之一起哭，这其实就是婴儿的情感反应。

二岁时，孩子看到别人哭，就会拿自己喜欢的东西去安慰，这表明他已能清楚地分辨自己和他人的痛苦，并有了试图减轻别人痛苦的本能，只是不知道该怎样做才好。

五六岁时，孩子开始进入认知反应阶段，他知道什么时候该去安慰正在哭泣的同伴，什么时候该让他独处。

这些都是孩子善良、有爱心的表现。研究表明，如果父母能在孩子小的时候，通过正确的方式，延续他的这种善良的天性，他就会成为一个有爱心，有责任心，孝敬父母的人；但如果孩子的这种天性在后天得不到很好的培养，那么他的爱心就会逐渐消失，成为一个没有爱心，事事以自我为中心的人。

事实证明，孩子的爱心是通过自然而然的模仿、潜移默化的渗透而逐渐形成的，是一个从外在到内在、从量变到质变的发展过程。在这一发展过程中，家庭是最重要的爱心培育基地，家长是最直接的爱心播种者。因此，在平时生活中，家长要注意培养孩子的爱心，别让其逐渐消失。

教子指南 JIAOZIZHINAN

善良作为一种美德，对一个人的成长发展具有不可忽视的积极影响。因此，父母必须重视从小培养孩子善良的品性，使其长大后成为一个品德高尚的人。

1．父母要做好榜样

父母是孩子的第一任老师，是孩子的第一效仿榜样。因此，要想培育孩子的善良之心，父母首先要做好善良的榜样。而在做好榜样的过程中，很重要的一点就是——父亲要尊重并爱护孩子的妈妈，妈妈要尊重并孝敬家里的老人。

2．教孩子爱护动植物

父母从小就要教育孩子不要攀摘花草、欺负小动物，并且要告诉孩子动植物也是有生命的，人类要和它们和谐相处。这将有利于培养孩子善良的个性。

3．教孩子学会同情别人

缺乏同情心的孩子只关心自己，只顾自己的快乐，而无视别人的痛苦，甚至会把自己的欢乐建立在别人的痛苦之上，这种孩子是很可怕的。因此，父母要在生活中培养孩子的同情心。

一位妈妈介绍了她是这样培养孩子的同情心的：

孩子小的时候我就有意识地培养他的同情心。当看到有比他小的小朋友摔倒时，我就启发孩子："你看那个小朋友摔倒了，你摔倒的时候是不是很疼呀？小弟弟一定也很痛。我们快去把他扶起来吧。""看，小妹妹哭得好伤心呀，快拿出你的小手绢帮她擦擦眼泪吧。"就这样，孩子的同情心在不知不觉中被培养起来了。

4．表扬孩子善良的举动

如果孩子做的事得到了肯定和表扬，那么他还会继续这么做。因此，当孩子帮了别人一些小忙，或者替别人着想时，父母要及时表扬他的这一举动，鼓励他以后多做一些助人为乐的事情。

5．支持孩子的"献爱心"活动

为了培养孩子的爱心，学校、社会经常举行为希望工程、为身边不幸的同龄人献爱心的活动，父母应积极支持孩子参加。

28. 懒惰成性，从不主动做家务

现在，孩子主动做家务劳动的可以说少得可怜，大部分的孩子表现懒惰，父母不说从来不动手做家务。要知道，懒惰会吞噬一个人的心灵，就像蒙尘可以使铁生锈一样，懒惰可以轻而易举地毁掉一个人。

情景案例 QINGJINGANLI

开心是家里的独生子，从来都是"衣来伸手，饭来张口"，自己的事从来都不做的，于是，养成了懒惰的习惯。现在已经上四年级了，开心还是和以前一样懒，父母不说从来不做家务事。即使做，也是在父母的再三催促下，很不情愿地去做。

妈妈：开心，你已经两天没有扫地了，昨天你说累想休息一天，爸爸替你代劳了。今天是星期天，是不是应该帮忙做些家务了呢？

开心：妈妈，我今天……

妈妈：你别来这一套，你知道我是不会听你这一套的。

开心：爸爸，我今天……

爸爸：昨天我已帮了你的忙，今天还想让我帮吗？不行了，爸爸今天也很累呢。

开心：我和小朋友说好了，今天……

妈妈：你别找理由了，你看爸妈今天很忙，做做家务是应该的……

开心：知道了。我现在去打扫就是了。

专家解析 ZHUANJIAJIEXI

《家庭教育》曾经报道，美国哈佛大学一些社会学家、行为学家和儿童教育专家，对波士顿地区 456 名少年儿童所作的长达 20 年的跟踪调查发现，爱干家务的孩子与不干家务的孩子相比，长大后的失业率为 1∶15，犯罪率为 1∶10，前者比后者的平均收入要高出 20%左右。

专家们分析说，让孩子从小做家务，有助于培养他们吃苦耐劳、珍惜劳动成果、珍惜家庭亲情、尊重他人的优良品质，他们长大以后自然比那些“四体不勤”的孩子更有出息。

事实证明，不爱做家务的孩子，至少存在以下弊端：一是不知道珍惜劳动成果；二是动手能力弱，眼高手低；三是依赖性强，缺乏独立性；四是缺乏同情心，不知道感激父母，认为他们的付出是理所当然的。

孩子不爱劳动，是懒惰的表现，而懒惰是一种精神腐蚀剂。因为懒惰，孩子不愿意学习求知；因为懒惰，孩子不愿意去战胜那些完全可以战胜的困难。因此，那些生性懒惰的孩子不可能在社会生活中成为一个成功者，他们永远是失败者。

懒惰是一种恶劣而卑鄙的精神重负，孩子一旦背上了懒惰这个包袱，就只会整天怨天尤人、精神沮丧、无所事事，这种人完全是对社会无用的可怜虫。

可见，孩子的劳动教育是德育教育的最重要的内容，缺乏劳动教育是家庭教育的失败，而这种失败会给孩子今后的社会生活带来某种惩罚性的报复。

因此父母应该经常教育孩子，“樱桃好吃树难栽，不下苦功花不开”，“幸福不是毛毛雨，不会自己从天上掉下来”。美好的东西只有付出相应的劳动和汗水才能获得。

教子指南 JIAOZIZHINAN

要孩子帮忙做家务，并不全是因为要减轻父母的工作，真正的目的是要培养孩子独立的性格，让他们明白有权利也有义务的道理——父母给孩子一个美满幸福和舒适的家，孩子在享受的同时，也应该为这个家付出努力。

1．训练孩子做家务

现在的父母大都十分疼爱孩子，但千万别宠坏他们。当孩子有能力做一些简单的家务时，父母就应分配一些工作给他们。事实上，那么一点点简单的家务活并不会对子女造成压力或使他们太劳累。而且，从小训练孩子做家务，可以培养孩子成为一个有责任的人。

2．认清家庭角色

有时候孩子会因懒惰而不肯做家务，所以父母应早早分配好哪些家务由孩子负责，要他明白做好那一份家务是自己的责任。一旦分配了工作，除非有特殊理由，如孩子生病了、要应付考试等，孩子都必须履行自己的职责。孩子不肯做，父母也不能心软。比如孩子是负责扫地的，如果他不去扫，地板就是脏的，正如妈妈不煮饭，一家人便会没有饭吃一样。从而让孩子明白，任何一个人在家中都有自己的角色和责任，家中每一个成员都是重要的。

3．鼓励孩子做力所能及的家务

家长要支持、鼓励孩子参加力所能及的家务劳动，正确认识孩子参与家务劳动不是为了减轻成人的劳动，而是为了让孩子养成热爱劳动的习惯，培养孩子责任感、义务感、独立性、自信心等良好品质。

4．要让孩子有参与家事的机会

孩子参与家事可以让他感到自己是家里的一分子，以身为一分子为责任与义务，增加对家庭的归属感。家长要让孩子有参与家事的机会，并多给予鼓励、赞美，使孩子从工作中得到成就感及自信心，肯定自己的能力，并从做家事中培养责任感及积极的人格。

29. 凡事依赖父母，能做也不做

孩子虽然年龄小，但自己能做的事一定要由他自己做。如果凡事自己懒得动手，由家长代劳，这样不但不利于孩子独立性和责任感的培养，重要的是，孩子一旦形成依靠父母的习惯，长大后想改变是很困难的。

情景案例 QINGJINGANLI

芝芝是家里的独生女，是爸妈的“掌上明珠”，在家里什么事也不用做，可谓“衣来伸手，饭来张口”。现在，她都上小学三年级了，还是什么事都让父母帮忙做，即使是自己能做的事也要爸妈代劳。

一天，阿姨带着孩子飞飞来做客，芝芝十分高兴，拿出了自己刚买的画笔和飞飞一起玩。他们一会儿画树叶，一会儿画太阳，一会儿又画一片无边无际的海洋……

两个孩子玩得十分高兴，吃完饭后又玩到了一起。这时，阿姨有事要带飞飞走了。飞飞只好和芝芝再见了，在临走前飞飞说：“妈妈，你先等一等。”然后去收拾散了满地的画笔。

芝芝把飞飞拉起来，对飞飞说：“你别管这些画笔了，让我妈妈来收拾吧！”

“这是我们弄乱的，我还是把它们整理好再走吧！”飞飞看着芝芝认真地说。

“不用了，我平常从来不收拾的，都是妈妈帮我的。”芝芝得意地说。

飞飞听了芝芝的话，没有收拾画笔就和妈妈一起回家了。

专家解析 ZHUANJIAJIEXI

孩子自己能做的事情自己不做，常常依赖父母来做，形成这种现象的原因很大程度上在于父母。有的父母认为孩子小，什么都干不了；有的嫌孩子做事太慢，不如自己快；有的认为孩子只要好好读书，其他什么事都别做；还有的家长怕孩子弄坏东西。于是家长们就大包大揽，越俎代庖，久而久之，孩子就懒得自己动手做事了，即便是自己能做的事也会依靠父母。这样不仅使孩子得不到动手实践的机会，体验不到成功的快乐，丧失了最基本的生存能力的培养，更重要的是不利于孩子责任感的培养。

因此，孩子自己的事应该自己做。那么各年龄段的孩子，究竟做哪些事更为合适？结合发达国家和我国一些成功家长的做法，有专家提出各年龄段孩子能做的事的内容。

2~3 岁：在家长的帮助下，自己刷牙；拧开水龙头，往杯子里倒水；离开房间时，随手关灯；把玩具拾起来放在正确的位置上；把书和杂志摆在书架上；把餐具摆放在桌子上；清理吃剩的食物；擦干净不小心弄脏的物品；把洗好的衣服和袜子折叠好；自己选择自己要穿的衣服，并能自己穿上。

4 岁：自己洗手，并把手擦干净；摆放桌子，并摆好碗筷；把杂物倒掉；大人买东西时帮助拿些小物件；整理床铺，收拾房间；擦洗器具；准备简单的餐后水果给大家吃，和大人一起洗水果、青菜。

5 岁：给自己倒饮料喝；把各种食物盛入碗中；擦洗水槽、浴盆；擦干净镜子和窗子；接电话，并能自己拨电话；倒垃圾。

6~8 岁：给花浇水；削水果皮；用微波炉热食物或做简单食物；把自己的衣服挂在壁橱里；清理干净橱柜。

9~10 岁：换床单；会操作洗衣机；会做比较简单的饭菜；去邮局取邮品，能独自回信；能招待客人；自己筹划生日晚会或其他聚会；做邻里间的公务劳动；做些手工编织。

10~11 岁：自己待在家里，支配一定数目的钱，一般不超过 20 元；自己乘公共汽车。

11~12 岁：自己出门办事（短程）；帮父母打扫房间；清理厨房；帮家里人去办一些外面的事。

教子指南 JIAOZIZHINAN

父母有责任帮孩子养成自己的事自己做的习惯，千万不要让孩子过于依赖大人，不要大包大揽孩子能做的事。作为家长，要从小就培养孩子的动手能力，让孩子自己做一些力所能及的事。

1．从小事着手，培养孩子自己的事自己做

对孩子动手能力的培养应该从小处着手，从孩子日常生活的点点滴滴开始，比如孩子做完作业后让他自己整理书桌，吃完饭后帮着收拾一下碗筷，家里的地面脏了拿拖把去擦干净，所谓“勿以善小而不为”，孩子这些事情做得多了，他自觉做事的习惯自然就培养起来了。

2．在让孩子做事时允许他出错

孩子毕竟是孩子，他的手或许很笨，他的动作或许很不麻利，他做事情时或许会经常出错，这些都是很正常的，要不然他就不是孩子了。家长在让孩子做事的时候，一定要沉得住气，一定要学会等待，一定要能够容忍孩子的不完美；决不能因为孩子床铺叠得不整齐、收拾书桌不够利落、袜子没有洗干净、清扫地面丢三落四而越俎代庖，或埋怨指责。这一方面会打击孩子的积极性；另一方面也会给孩子留下逃避责任的可乘之机，因为有的孩子一旦发现自己事情做得不够快不够好的时候，家长会及时出手，他就会故意表现得能力不足，以此来逃避本来自己能做的事。

另外，为了使孩子能够更好地坚持把一件事做完，家长可以给孩子选择一些比较容易的任务。如果一下子就把孩子给吓倒了，他就不会再有信心去努力了。交给孩子的任务可以经常换换花样，要给孩子一定的新鲜感，不要老让孩子总是重复地去做一件事，那样孩子迟早会失去兴趣的。

30. 生活随意，没有卫生习惯

很多孩子都有不讲卫生的坏习惯，例如饭前不洗手、不爱刷牙和洗澡、水果拿起来就啃等。不讲卫生的孩子，不但看起来衣冠不整、浑身脏兮兮的，并且还容易生病，例如肚子疼、长蛀牙、易感冒……

情景案例 QINGJINGANLI

现象一：

上小学二年级的小林长得很可爱，很讨人喜欢，但就是不讲卫生。

每天放学回来，脱了鞋也不知道放到阳台上去，结果弄得整个客厅的气味都很难闻。妈妈刚给他换的新衣服，他放学回家就会搞得脏兮兮；妈妈要他去洗澡，他总会找各种理由躲避；好不容易进了浴室，但头发还没有完全湿透便匆匆跑出来，说是洗完了。对此，妈妈给他讲过道理，分析过不讲卫生的害处，还惩罚过他，但他还是我行我素。

所以，妈妈对此很烦恼："我们家孩子什么都好，爱学习，又懂事，就是不爱干净，吃饭前让他去洗手，他就冲两下，有时连手背都没湿；让他刷牙，他也懒得刷。因为不讲卫生，他常闹肚子，还长了蛀牙，长期这样下去可怎么办呀？"

现象二：

妈妈：放学了，累吗？今天在学校表现如何？

小帅：今天上体育课，跑步比赛我是全班跑得最快的。

妈妈：我们小帅这么厉害呀？不过刚跑完步，出了一身汗，放下书包后，快点去洗澡。

小帅：妈妈，我肚子饿了。能不能让我先吃点东西，然后再洗澡？

妈妈：那吃过东西后，要赶快去洗澡呀。

（吃过茶点后……）

妈妈：小帅，你快给我起来，刚才不是说吃完东西就去洗澡吗？怎么又到床上睡觉了？嗯！你身上都有臭汗味了。

小帅：妈妈，我很累呀！让我小睡片刻，吃饭前我一定去洗澡。

妈妈：你爸爸回来了，我也弄好晚饭了，你什么时候才去洗澡？

小帅：我很饿了，吃完晚饭一定去洗澡。

（吃完饭后……）

妈妈：吃完饭还不肯去洗澡吗？

小帅：都这么晚了，妈妈，我还有功课没做完，我一定要先把功课做完了才行，总之睡觉前我一定会洗澡的。

专家解析 ZHUANJIAJIEXI

很多孩子都不爱讲卫生，常常在妈妈的再三要求下，才肯去洗澡；刚换的衣服，放学回来一身脏，说什么也不肯脱下来洗；妈妈帮他收拾的房间，不到半大就被他搞成乱糟糟的“猪窝”；有时候甚至懒得去洗脸、刷牙……

对于不讲卫生的孩子，家长们试过很多方法，讲道理、批评、责打等，但他仍然是无动于衷，仍然是你觉得我的衣服该换了，我就去换；你觉得我该洗澡了，在你的三催四推下，我就去冲两下……

个人清洁卫生看起来是一件微不足道的小事，却往往反映出一个人的精神面貌。一个孩子不管相貌如何，如果干净整洁地出现在大家面前，大家都会喜欢他，愿意接近他，父母会感到很骄傲；但如果一个孩子邋里邋遢，身上还散发着异味，那么肯定是谁见了谁躲，父母也会觉得没面子。

此外，讲不讲卫生还关系到孩子的健康问题，我们都知道不讲卫生的孩子更容易生病，肚子疼、长蛀牙、易感冒……

更重要的是，当孩子长大以后，他往往需要有一个成功的个人形象。当孩子习惯于不讲卫生、衣着邋遢，那么长大以后的他，也势必不会有一个好的形象，进而得不到周围人的欢迎。

教子指南 JIAOZIZHINAN

干净整洁的仪表不仅能够体现一个人的精神面貌，还会让人对自己充满自信。因此，妈妈一定要让孩子明白这样一个道理：不讲卫生、仪表不整洁，是没有出息的表现。

如果孩子还是不为道理所动，不为批评所动，不为惩罚所动，家长就要放弃这些老套的方法，根据自己孩子的特点，对症下药了。

1．订立规则

如果你的孩子有不讲卫生的坏毛病，你可以找孩子心情好的一天，为孩子订立一个规则，如不洗手就不能吃饭、不刷牙也不能吃饭、不洗澡就不能上床睡觉等。

在订立这个规则时，必须征得孩子的同意。当然，在规则执行的前期，孩子肯定会摆出反对意见和进行反抗，妈妈这时一定要坚定立场，否则这个规则很容易对这些不听话的小家伙失去作用。

2．借助医生的手和口

孩子不讲卫生，爱拉肚子，爱生蛀牙，如果多次提醒、批评，孩子就是不改的话，这时，妈妈可以借助医生来教育孩子。

女儿不爱讲卫生，拉肚子是常事。当我带她从医生那里回来，我发现她饭前竟然去主动洗手了，于是我试着问她："宝贝，今天怎么不用妈妈提醒就去洗手了？"

"医生说了，饭前不洗手就爱拉肚子，我不想拉肚子了，打针好痛呀！"女儿认真地对我说。

因此，家长带孩子去看医生时，不妨提前跟医生沟通，一定要告诉那个小家伙要讲卫生，让他勤洗手，每天都要刷牙，还要让他勤洗澡。

3. 请别的孩子来帮忙

孩子不讲卫生，不爱洗澡，父母不要着急。不洗澡的结果是味道难闻，也许父母提醒他没有用，但是别人闻了必定会远离他。当他身边的朋友、同学都因为他身上的气味不愿与他接近时，他自然会寻找原因，反省自己，这时父母再告诉他原因，他就会更加重视了。

另外，父母还可以让他周围的朋友、同学做不爱干净的孩子的工作。因为每个孩子都会重视他的"圈子"里的人对他的看法。

31. 不服父母管教，爱顶撞父母

在日常生活中，经常会听到孩子和家长顶嘴，也有家长抱怨："现在的孩子真是越来越难管，还没说两句就顶嘴。"对于爱顶嘴的孩子，父母应多与孩子沟通，就可以减少冲突的发生，改变孩子顶嘴的不良行为。

情景案例 QINGJINGANLI

现象一：

林玲是个爱顶嘴的孩子，在家里只要妈妈叫她做点事，她就开始顶嘴："我为什么要做得这么累，不公平！其他小孩子都不用做这么多事！"妈妈回答："不许再啰嗦！你并没有做多少事！你已经11岁了，本来就应该做些家务事了。”“我本来就做太多了！我不想做了，就算你逼我，我也不做！”林玲大声回答，自顾自地回房间去了。

有一天，妈妈要林玲拿垃圾丢出去时，她又开始吵闹：“为什么我要做家务事？人家豆豆都不用做！”

“林玲，你实在太爱辩了，我不想再和你辩下去。”妈妈回答，“下次我要你做事的时候，希望你在5秒钟以内说‘好’，10秒钟以后开始去做。”

“凭什么？你从哪里学来这个馊主意？”林玲不屑地回答。

“如果你照我的话做完，就可以去做你想做的事；如果你继续吵闹，我会给你更多的工作。听清楚了吗？”妈妈继续说道。

“我不懂！我也不会去做任何事！”林玲大声顶撞。

“好，你刚为自己赚得了一个工作。”妈妈不愠不火地说，“现在去把客厅扫干净，没扫完不准做其他的事。”林玲被逼急了，开始耍赖。她又叫又跳，一阵风似的跑回房间。

现象二：

房间里传来一阵哭声，“不要！不要！”2岁的安安情绪很激动，一把推开妈妈新买的紫色洋装。不管妈妈怎么说，小安安说不穿就是不穿，甚至还把衣服丢到地上。眼看喜宴开席的时间就要到了，妈妈一下子火了起来，直接对安安下了最后通牒：“你要是再胡闹，我就不带你去啰！”一听这话，小安安干脆一屁股坐在地上，号啕大哭起来。

专家解析 ZHUANJIAJIEXI

一般来说，顶嘴现象的发生有如下几种情况：

一是无法充分表达。小孩跟大人一样，都会有自己的意见，而1~3岁的孩子正处于学说话的阶段，所以语言能力不足，还不能清晰具体地表达自己的想法。一旦小孩与大人的意见不同时，就会产生顶嘴的状况。所以我们常会听到这个阶段的孩子动辄说出“不要”或“不好”等话语，甚至伴随着打人、踢人、哭泣等行为出现。随着孩子的语言能力日益增强，发生顶嘴、反抗的情况自然就会下降。

二是没顾及孩子的感受。比如孩子正在玩的兴头上，你却让他立即停止去睡觉。

三是溺爱的结果。被溺爱的孩子对长辈有恃无恐，语言上产生顶撞就不足为怪了。

四是不满大人的敷衍。许多家长都会因为忙于身边的事情，常跟孩子说："等一下哦！妈妈正在忙！你乖乖在旁边玩一会儿！"甚至只是"嗯嗯"地敷衍回应。在得不到大人重视的情况下，孩子多少都会感到有些失落。尤其是在不断经历敷衍之后，孩子当然难免会哭闹不休，甚至出现肢体动作以表达不满，如拳打脚踢、扔东西等。

五是反面榜样力量。如果父母经常和家庭其他成员顶嘴，孩子就会看在眼里记在心上并加以运用。

父母一旦发现孩子有顶嘴的习惯，就应认真分析产生的原因，多与孩子谈心，了解孩子想什么，喜欢什么。多与孩子沟通，就可以减少冲突的发生，改变孩子顶嘴的不良行为。

教子指南 JIAOZIZHINAN

孩子顶嘴，父母怎么办？这的确是困扰所有父母的难题。不妨参考以下方法：

1．不要轻易责备孩子

常常不讲方式、场合地批评孩子，是父母的通病。有些批评十分尖锐，却不完全正确，伤了孩子的自尊心，渐渐引起孩子内心的愤恨、埋怨，甚至记仇。所以，批评孩子前先要弄清缘由，不要乱批评；需要批评时，要注意语气、场合和方式；批评时要循循善诱，使他心甘情愿接受。而对孩子的困难和挫折，要真心帮助解决。这样，孩子还有什么理由与你顶嘴呢？

2．尊重孩子的自尊心

对有问题的孩子，可以用启发、引导的方式，不摆家长的架子。只有自尊自爱的人，才会奋发向上，成为有作为之人。再者，爱顶嘴的孩子很有见识、内涵和智谋，只要正确引导，他们会早日成才的。

3．孩子有理时可以申辩

对顶嘴的孩子,不要谩骂,不要体罚。要在家庭中发扬民主,鼓励孩子申辩。这可使孩子感觉到无论做什么，只有“有理”才能站稳脚跟，这对发展孩子个性极为有利。孩子有时可能会狡辩,这时你可正确引导,与孩子充分摆事实、讲道理。

面对顶嘴的孩子，父母要慎重对待，对于真的顶嘴要合理应对，对于个性表达的“顶嘴”却要适当鼓励。

4．父母要控制好自己的情绪

孩子顶嘴多半是由于他们还没学会恰当地表达，父母没必要因此发火，更不能借题发挥，甚至因为自己遇到不痛快的事而迁怒于孩子。没法让孩子有效地停止顶嘴的父母，往往自我控制能力比较差，在教育孩子时不免粗暴急躁，而这种不当的处理方法往往很容易伤害孩子的心灵。

5．提醒孩子改变说话方式

父母直截了当地对孩子说“不许顶嘴”，还不如说：“我理解你的感受，但是你能换一种口气说吗？”或者说：“我不喜欢你这样说话，你可以慢慢用你的道理说服我。”如果孩子正在气头上，父母也可以说：“我知道你现在很生气，等你冷静下来我们再谈好吗？”

6．给孩子做个好的榜样

如果父母自己都时常跟对方顶嘴，跟老人发生冲突，那管教孩子的力度就可想而知了。因此,父母多多以身作则,平日处事平和,不急不躁，遇到长辈时言行尊重，孩子自然会听从教导，而不再顶嘴的。

32. 与父母作对，父母说东偏向西

有的孩子很乖，很听父母的话，但是有不少孩子，故意和父母作对，父母不让做的事偏要做，父母让干什么偏不干。他们这种“你要我这样，我偏要那样”的表现常把母亲气哭，把父亲气得浑身发抖。

情景案例 QINGJINGANLI

小玲今年 15 岁，从小就很聪明也很听爸妈的话，可近来变化较大。凡事总爱与父母顶嘴，自作主张，有时还偏要同父母“反其道而行之”。例如，小学毕业后，妈妈为小玲选择了就近的一所重点中学作为报考志愿，而小玲偏选了一所离家较远的中学，她不是喜欢路远，而是有意与妈妈闹别扭；妈妈问小玲考试成绩，她故意说不及格；爸爸平时工作忙，找机会想跟小玲聊聊，她却把他拒之于千里之外……

上周五，小玲和妈妈发生了严重的冲突。事件的起因是这样的，初一下学期，小玲的学习成绩渐渐有些下降了，因此从这学期起，每天晚上吃过晚饭，小玲都背着书包到附近图书馆去上晚自习，有时候她会约几个同学一起做作业，有什么问题还可以随时问同学。可小玲的妈妈却有些担心，她觉得孩子白天已经在学校上了一整天课了，晚上还要去图书馆，会不会是有什么问题？

周五傍晚，妈妈在小玲到图书馆半个小时以后，也来到图书馆，想看看女儿在做什么。这时刚好小玲和班上一个男同学坐在一起商量问题。看到这一幕的小玲妈妈非常愤怒，她冲进去拉起女儿就走，把女儿一直拖到图书馆外边。小玲看到妈妈心里也很惊讶，随即她明白母亲是不相信自己，就大叫起来：“我不回去！”妈妈说：“我就说你怎么一吃了饭就往图书馆跑，还说是去自习，分明就是和男生拉拉扯扯！”小玲争辩道：“我就是来上自习的，我的事不要你管！”母女俩在大街上就这么僵住了。

此后，俩人整整一个星期都没有说话。

从这以后，小玲更是凡事总和父母对着干。放假时她宁愿整天呆在房里玩电脑或是和同学“煲电话粥”，也不愿和父母谈心事。不管是学习还是生活，她都不愿和父母交流。母亲觉得女儿越来越倔犟，极端逆反，让她别做的事她偏要做，为此伤透了脑筋。

专家解析 ZHUANJIAJIEXI

很多父母都有这样的感觉：自己的孩子在小时候显得像个小大人似的，很懂事，很听话。可是，随着年龄一天天增长，脾气越来越不好，总和父母对着干。你让他（她）往东，他（她）偏往西；你不允许他（她）这样做，反而使他（她）增强了这样做的欲望。

孩子为什么要针尖对麦芒似的跟父母对着干呢？

孩子随着年龄的增长，有一个特殊转变就是“自我意识”的逐渐清晰和“独立意识”的日益强烈，他们迫切希望摆脱成人的监护，处处要体现“自我”的存在。但是他们的世界观毕竟尚未成熟，缺乏自我克制和分辨是非的能力，于是他们会靠和父母对着干来体现“自我”，显示“自我”。

于是很多家长可能会把问题归咎到孩子的身上，给他扣上“不听话”的帽子，贴上“任性”的标签。但是实际上，很多时候不是孩子的错，而是家长的错。

目前的孩子多是独生子女，很多家长把所有的希望都寄托在孩子身上，一厢情愿地为孩子付出，却没有真正了解孩子在想什么，很多父母与孩子之间缺乏应有的沟通。

有的家长对孩子管得过严或放任自流。家长事事限制孩子，使孩子难以承受，他们出于逆反心理就很容易通过另类的行为来表示反抗。而如果对孩子放任自流，孩子又有受到漠视和冷落的感觉，他们便与父母对着干以引起家长的重视。

还有的家长对孩子乱猜疑。随着青少年的一天天成长，父母的担心也越来越大，总是担心孩子做错什么。可是对孩子管教越严，他们就越不信任父母，有什么心里话也不愿向父母讲。这样父母无法正确地认识子女，往往会妄加猜测，一旦被他们认为“抓住把柄”时，就借机教训孩子。为了去心头之火，难免会说出伤害子女自尊心的话来，严重的甚至会把他们推向绝望的深渊，最后导致不理智行为的发生。

教子指南 JIAOZIZHINAN

孩子和家长赌气，故意和父母对着干，确实是件让人头疼的事。但只要父母掌握一些方法，就可以避免这样的事。

1．家长不要过分干涉孩子的事

家长在教育孩子的过程中要注意，不要过分干涉孩子的事情，也不要用成年人的心情过分催促孩子做某些事情。当孩子要自己穿衣脱衣时，就让他自己动手；在洗澡时可以让他自己洗，让他有时间在澡盆里玩一会儿；进餐时，应该让孩子慢慢吃，不要催促他；当他吃不下时，就让他离开餐桌。

2．平等地对待孩子，尊重孩子

父母做孩子的朋友，取得孩子的信任。孩子情绪不稳定时，不要训斥、指责，多与孩子沟通，告诉他父母的心理感受，让他意识到自己的过激言行会伤父母的心。多鼓励，少唠叨，更不要把父母的意识强加给孩子，努力营造温馨、民主的家庭氛围。

33. 不体恤父母，一味追求时尚

“爱美之心，人皆有之”。现代的孩子在不断的成长中，也不断地对自己的外貌有了更高的要求。许多孩子在衣着、学习用品和生活用品方面开始跟流行。这不仅分散了孩子对学习的注意力，而且还造成孩子不知道体恤父母挣钱的辛苦，因此父母要制止孩子的这种错误行为。

情景案例 QINGJINGANLI

现象一：

一位中学生，在校园里常对同学炫耀说："怎么样，我这身不错吧？'以纯'外套、'S&K' T恤、'佐丹奴'裤子、'Q－tom'鞋子、'流行金典'耳环、'积木鱼'袜子、'班尼路'皮带、'爱点'发卡、'阿迪达斯'书包，还有刚染红的头发，帅吧！光这，我昨天拉着我妈花一整天把柳州给翻过来了。花了我妈3个月薪水！猜猜多少，3千多元呢！"

现象二：

有一个家长愁眉不展，说女儿大了，自己知道要漂亮，讲时髦了。自己拿着压岁钱会去买衣服，什么短裙、长靴、发卡一个接一个地买，衣服一件接一件地换。且不说大手大脚乱花钱，看看这一件件的衣服，不伦不类，并不漂亮，身上带得丁零咣啷的，不光影响学习，从小用钱用惯了以后可怎么是好。给她讲了好多次，小孩子不要太追随时尚，以学习为重。她不但不听，还说我老土，不懂得时尚。对于这样的孩子，作为家长怎么办呢？

现象三：

郑云和马强虽然是一个单位的同事，但彼此并不熟悉，最近因为孩子的问题，他们却有了很多共同语言。

郑云说，他女儿3个月前开始认真地减肥，从一个稍显肥胖的青春健康女孩减成了一个模特身材，又减成了一个很骨感身材的女孩，现在已是轻度营养不良，可她还不满意，仍在向着她的理想奋斗。他和妻子着急得劝说、打骂都用过，无奈孩子就是听不进，还说和他们有"代沟"。

马强说，他女儿也很让他烦心，一年前她是赵薇的崇拜者，嚷着要做一个和赵薇一样的双眼皮，他拗不过让女儿做了。可近来她又成了张柏芝的fans，闹着要做和张柏芝一样的“葱管鼻”，并要把自己的“国”字脸削成“瓜子脸”。这次马强无论如何也不答应了，女儿就又哭又闹的，搞得一家人整日不得安宁。

专家解析 ZHUANJIAJIEXI

这是一种普遍现象，家长不必为此伤心绝望，但也不能掉以轻心。赶时髦、攀比高消费等现象，如果任其发展，不但可能使所有追求流行的孩子步入歧途，而且还会给不追求流行的学生尤其是家境贫困的孩子带来巨大心理压力，使其产生自卑、嫉妒等变态心理。

因此，家长应当正确引导孩子，分散转移他们在关注流行方面的注意力。现在的中学生中，最普遍的赶时髦是唱流行歌曲、跳现代舞、疯狂崇拜各类明星等。对于这种还不算过分影响生活的追逐流行，家长应当持默许的态度。这样，孩子会感到自己有一定的自主空间，甚至会高呼“理解万岁”。

例如，许多初中生都流行跳街舞。这是一种家长非常陌生的现代舞，对锻炼身体有好处，也符合素质教育全面发展的要求。对于这种赶时髦，家长不但不能一味阻止，而且还可以参与其中。如果你向孩子“拜师学艺”，请他们教你，就会感觉到他们的认真劲。一个个动作分解得很细，一步步很有条理，这也是孩子天赋的一方面。

中学生对新事物具有天然的敏感性，可是赶时髦的中学生也最容易步入攀比和高消费的误区。有些孩子学习不求上进，在生活消费方面的攀比劲头却很大，什么时髦追求什么，没完没了。尤其是在买文具、书包、自行车、电子辞典、手机等方面，根本不问价格和功能，就看流行不流行，不达目的不罢休，为此甚至以绝食、不做作业相威胁。有的学生一学期买3个新书包，不是原来的书包不能用了，而是不时髦了；有的为了买新手机，不惜一手导演手机失窃事件。

赶时髦、攀比高消费等现象，虽然只存在于一部分中学生当中，可它对这个年龄段孩子的不良影响却不容忽视。对新事物敏感的天性，原本是中学生的一种优点，但仍需要来自各方面尤其是家长的正确引导。

教子指南 JIAOZIZHINAN

世界上任何人都有权利追求时尚，不过小孩子还没有什么鉴别能力，追求的话也是一味地盲目追求，作为家长要引导孩子正确的审美观，帮助孩子学会欣赏和鉴别时尚。

1．引导孩子追求自然、纯朴的美

家长和老师应当引导孩子追求自然、纯朴的美，给人以一种朝气蓬勃、青春洋溢的感觉。而不是用流行粉饰自己，一味追求公子哥、歌星、模特之类的所谓“酷”和“前卫”，反而会破坏自身特有的美。

2．尽早教育孩子树立适度消费观

家长还要尽早教育孩子树立适度消费观。要使孩子的消费水平与家庭经济条件相称，与中学生正常需求相符，与社会文明要求相一致。如果一味赶时髦，跟着广告走，那只会走入消费误区。

3．尊重孩子的审美

家长喜欢的未必孩子都接受。有研究表明，孩子最喜欢的是服装上的装饰物，其次是款式和色泽，面料完全在她们关注之外。有时，家长也要尊重孩子的选择。

4．加强和孩子的沟通

家长应该和孩子加强交流沟通，学会换位思考，以取得孩子的认同。只有在孩子认同的情况下，家长的正确观念才能为孩子接受。

5．培养孩子用自己的辛勤劳动换来时尚成果

虽然现代生活条件普遍有所提高，但是不管家庭条件如何富裕，都应该帮助孩子树立这样一个观念：“你可以选择你想要的生活，但是这一切都要靠自己努力而获得。”

第四章　在读书方面最易犯的错误

孩子在学习过程中，总会在不经意间形成一些坏习惯、犯一些错误，比如书本、作业随手乱放；上课不专心，东瞧西看，做小动作；从来不预习或温习功课；今天的作业拖到明天做……这些小错误看似没什么，但可能会带给孩子严重的影响。我们知道，几乎所有会学习、学得好的孩子都是学习习惯好的学生，而学习上有坏习惯的孩子，不必问也知道学习成绩不会好到哪里去。

34. 学完就完，从不做课后复习

温习功课是孩子保持优异成绩的“制胜法宝”。“学而时习之”、“温故而知新”就说明了温习的重要性。但大部分的孩子没有主动温习功课的习惯，他们常常是一下课就扔掉书本，把老师讲的内容抛在脑后。这样的孩子是很难取得优异成绩的。

情景案例 QINGJINGANLI

菱菱和丹丹都在读三年级，是一对形影不离的好朋友。刚进入三年级，她们就开始学习英语课程了。第一次英语测验，菱菱的英语成绩考了 90 多分，而丹丹的英语成绩不及格。丹丹很伤心，也很纳闷：每天和菱菱一块儿起床上学，一块儿上课，为什么她的英语成绩就比我好那么多呢？

原来，菱菱自上学以来，在爸爸的教导下就养成了温习功课的好习惯。因此，菱菱每天回家后都要把当天学的英语单词再看一遍。有时候她早早地躺到自己的小床上回忆当天所学的内容。这一回忆的过程就是对所学内容的复习。当然，在她回忆的过程中，她会发现很多问题，留下很多疑惑，但她不急于解决，而是等回忆结束后，打开书看两眼。这样，一天所学的内容就都被她消化、吸收了，这时她才会美美地睡上一觉。

而丹丹认为自己记忆力好，老师讲一遍便可以记住，因此她回家后从来不复习也不听磁带。妈妈督促她看书，她经常说自己已经把老师讲的内容全掌握了，不用再看了。

这次测验结束后，丹丹垂头丧气地拿着不及格的试卷回家了。妈妈看着女儿没精打采的样子，马上明白是怎么回事了。但她没有批评丹丹，而是耐心地给她讲了人的遗忘规律以及温习的重要性。这时，丹丹才恍然大悟。

专家解析 ZHUANJIAJIEXI

子曰：学而时习之，不亦乐乎。

子曰：温故而知新。

经常对旧的知识进行复习，可以学到新的知识，这真是一件绝妙的事情。两千多年前，大教育家孔子这样感叹。两千多年后，我们在教室里摇头晃脑地诵读“温故而知新”，可是并不明白它的确切含义。为什么这么说呢？一位同学这样抱怨：“我恐怕是得了青年痴呆症了！记性特别差，学过的东西，一会儿就忘……”

其实，人的记忆能力相差无几，“学过就忘”很大程度上是学习方法的问题，与记忆能力关系不大。但凡认为自己“学过就忘”的同学，需要检查自己的学习过程，从学习方法入手，查找漏洞。课上内容忘得快，主要原因是没有及时复习。人遗忘知识的速度是非常快的。根据心理学上的“遗忘曲线”，我们在学完知识的第二天，遗忘率高达70%。很惊人吧？也不用过于担心，因为随着时间的推延，遗忘的速度也会逐渐减慢。但是，如果我们不抓住时机，及时复习，非常明显，学过的知识就毫无疑问地付诸东流了。

复习是学习的重要环节，可以使学过的知识得到巩固、加深和充实。使知识更加条理化和系统化。复习还可以加深孩子对知识的深入理解和掌握，进而使知识融会贯通。孩子只有通过复习，才能使知识真正为自己所有。

教子指南 JIAOZIZHINAN

复习功课可以防止遗忘，能使学到的知识得到巩固，加深理解，做到“温故而知新”。

1．让孩子了解人的遗忘曲线

如果你的孩子不喜欢温习功课，或者是讨厌温习，你不妨把遗忘规律讲给他听。让他明白复习的重要性。

按照先快后慢的遗忘规律，孩子在记忆或学习了一些内容之后，应在当天或第二天抓紧一切可以利用的时间和机会复习，避免知识很快被遗忘。

2．帮孩子选用恰当的复习方法

具体的复习方法有很多，包括阅读、背诵、做各种各样的练习以及动手操作等。具体采取哪一种方法应根据孩子的不同偏好进行选择。有些孩子偏好视觉记忆，复习的时候就应以默读为主；有些孩子偏好朗读记忆，复习的时候就应以大声朗读为主。

值得注意的是，不同的科目采用的复习方法也是不一样的，应该让孩子针对不同的学习内容采用不同的复习方法。

另外，复习的时间应该合理安排，做到侧重重点和难点问题，兼顾其他问题；同时，还应让孩子交叉复习文科和理科。这样，可以让孩子有张有弛，加强复习效果。

3. 教孩子一些复习的技巧

复习也是讲究技巧的，在孩子复习的过程中，父母可以教给他一些复习的技巧。

例如，在复习的时候首先要加强前后知识的联系，应该把每天所学的知识纳入到已经学过的知识体系中。

其次是运用一些形象的提纲和图表来促进复习的条理化和系统化。比如，让孩子把数学公式整理出来，看看其中有什么联系，这样有助于孩子全面把握公式、灵活运用公式来解题。

第三是让孩子学会把回忆与复习相结合，即让孩子先尽量回忆已学内容，回忆出来的表明还能记住，记不住的，就去翻书复习。

当然，引导孩子去复习，家长们还应该注意，孩子复习的时间不能过长，反复的次数也不要过多，不然会使孩子产生厌倦的情绪，影响复习的效果。

35. 课前不预习，听课效果差

预习是一种非常好的学习方法，可以有效提高听课效率和学习效率。但是在学习的过程中，很多孩子从来不预习功课，经常在课堂上一边听一边看书，还一边记笔记，结果手忙脚乱不说，还不能全面掌握课堂内容，学习成绩就可想而知了。

情景案例 QINGJINGANLI

10 岁的兰兰上小学四年级，是个爱学习的孩子，上课认真听讲，不停地记笔记，回家后也会完成作业再去玩，有时候还经常加班加点地学习。可是，她再怎么努力也赶不上邻居的小琳的成绩。奇怪的是，平常小琳学习还没有兰兰那么卖力，课堂上总是不看课本，只听老师讲课，考试成绩却比认真做课堂笔记的同学要好得多。

这是为什么呢？原来，在小琳上幼儿园的时候，小琳的父母就一直对她强调预习的重要性，并指导她正确预习，到现在小琳已经养成了课前预习的好习惯。上课时，抬着头认真地听老师讲课，同时，她的脑海中浮现出自己已经学过的内容。这样一堂课听下来，老师讲的内容她就基本掌握了。

而兰兰从来没有预习功课的习惯，上课时，兰兰一边看课本一边听老师讲课，还得把老师讲课的内容都记下来，经常手忙脚乱，还不能把老师讲的内容全掌握了。所以尽管她很努力，但每次考试成绩都没有小琳好。

专家解析 ZHUANJIAJIEXI

预习是一种非常好的学习方法，如果孩子能够在课前做好预习工作，就能对将要学习的内容做到心中有数，提高学习效率和听课效率。

预习虽然是按照书本上的内容进行，但主要是通过自学来掌握关键内容、思考难点，尝试解决遇到的问题，这是对思维的一种有效锻炼。

但是，有的孩子认为，反正老师要讲，课前预习是多余的；有的则认为，反正有些内容看不懂，预习等于“瞎子点灯白费蜡”；还有的孩子认为，预习就是提前看看书，没什么用……这些想法看似有道理，但这也正是导致孩子学习成绩下降的原因之一。

很多孩子在学习的过程中，只注重课堂上认真听讲、课后完成作业，而忽视了课前预习。有些孩子根本没有预习，其中最主要的原因不是没有时间，而是没有意识到预习的重要性。

那么，预习有什么样的好处呢？

课前预习也是学习的重要环节，可以扫除课堂学习的知识障碍，提高听课效率；能够复习、巩固已学的知识，最重要的是能发展学生的自学能力，减少对老师的依赖，增强独立性；还可以加强记课堂笔记的针对性，改变学习的被动局面。

不爱预习功课是很多孩子的通病，但是家长也不应盲目地强制他们去预习，要知道，一种好的学习习惯往往是在父母的巧妙引导下慢慢形成的。

1．让孩子对预习感兴趣

在孩子小的时候，如果父母盲目地给他讲预习的重要性，肯定会使这些理性思维还未形成的孩子很反感。然而，如果父母稍微用一点小手段，孩子就会愉快地与你合作了。看看下面这位聪明的妈妈是如何做的。

珍珍上小学二年级了，没有预习功课的习惯。一天，妈妈对珍珍说："女儿，我们来做一个有意思的游戏好不好？"

珍珍一听就来劲儿了，高兴地说："好呀，什么游戏呀？"

妈妈拿出一本书对珍珍说："妈妈要考考你。"听到考她，珍珍更有劲儿了，说："好呀，怎么考呀？"

妈妈说："现在我手里有一本小学生看的书，不知道我们的珍珍能不能看懂这本书？"

珍珍怀疑地看着妈妈，接过书一看，原来是小学数学课本。她顺手就翻开看起来了，里面的内容还真吸引了珍珍的注意力。

妈妈说："这样吧，你每天只看两页就可以了，你看完后，妈妈再给你出几道很难的题，非把你难住不可。"

"那可不一定，妈妈，我们走着瞧吧！"珍珍不服气地说。

后来，珍珍渐渐养成了预习的好习惯。

2．教孩子正确解决预习中不懂的问题

在孩子预习的过程中，肯定会碰到一些不懂的问题，这时，父母一定要告诉他，不懂是很正常的，带着问题去听课收获才会更多。父母要教孩子制作一套预习符号，把不懂的问题分门别类地标清楚，留到课堂上认真听老师讲解。

3．教孩子如何预习

当孩子准备预习时，父母要告诉孩子，预习的主要目的是掌握基础性的知识，熟悉教材，在听课时能够有目的性和针对性。父母要教孩子一些科学的预习方法。比如，先通读全文，边读边划出生字和新词语，看看字形，想想意思，遇到不懂的就在课文旁边打上问号；然后，对于自己不太明白的内容重点学习。还不明白的，就用着重号或自己设定的符号表示出来，在老师讲解的时候认真听，直到弄懂为止。

36. 只靠课堂听讲，不会自学

自学能力不但是当代学生应具备的基本能力之一，也是每一个社会精英的必备素质。一个人终身获得的知识，只有少部分是在学校里老师教授的，其余的大部分都要靠自学获取，特别是在科学技术日新月异、知识量急剧增加的当代社会。

情景案例 QINGJINGANLI

小丽是个聪明的孩子，上课也很专注，耐心听老师讲课。可是在课下，她从来不自学。为什么呢？一提到自学，小丽有好多疑问涌上心头！

“自学，是自己一个人学习吗？”

“遇到不会的问题怎么办啊？”

“一个人学不下去！”

“自学什么材料？”

“在哪里自学？”

在小丽看来，自学就是一件痛苦的事。所以，一直以来，她的成绩总一般般。

专家解析 ZHUANJIAJIEXI

学习可不仅仅指课堂学习，学习自有其广阔天地。学习无处不在，除了可以在课上随老师学，课下还有更广大的学习空间。想想看，看《动物世界》的时候，我们学到的是大自然的奥秘；影片《红岩》展示给我们一个特定的历史时空，也呈现给我们革命先烈的事迹；歌曲《明月几时有》又教会我们苏轼的《水调歌头》……所以说，学习本来可以很轻松。

自学就是这样一种相对轻松的学习方式。这种学习方式给予我们很大的自主空间。想自由自在地看点课外书？做点竞赛题？想好好地努力，多多鼓励自己？想抓紧点时间，进一步提高自己？

古人常说："知人者智，自知者明。"想想自己的学习习惯吧。平时的学习中，反应快吗？有足够的耐心吗？遇到问题时能不能抓住重点？观察仔细不仔细？不要小看这些问题，它们可在很大程度上决定着我们的学习方式。而学习方式可是学习效果的决定因素之一。

如果自己形象思维好，喜欢用观察、想象、操作和记忆的学习方法，就有意识地发展自己在这方面的长处吧。当然也不要忘记弥补自己在抽象思维方面的不足。喜欢思考、运算和推理的人，如果能够有意识地多应用自己在这方面的长处，一定可以在理科学习上有比较大的突破。了解自己的优势，结合自己的兴趣，或者扬长，或者避短，这样的自学是最值得提倡的。

教子指南 JIAOZIZHINAN

一名学生如果没有自学能力，就很难成才，也无法适应经济建设和社会发展的需要。那么家长如何提高孩子的自学能力呢？

1. 要提高孩子的阅读能力

阅读速度是阅读能力高低的重要标志。要培养孩子快速阅读的能力，应采取四种方法。

一要教孩子扩大视觉覆盖面，采取线式或面式阅读方法。培养孩子快速阅读的能力，不是一朝一夕的功夫，需要长时间的锻炼与培养。可以让孩子在固定的时间内看一篇文章，时间到就停，无论他读了多少，然后让孩子总结文章的中心思想以及文章里给他留下深刻印象的句子。随着训练的深入，文章逐渐加长，时间逐渐缩短，要求逐渐提高，孩子自然就学会了快速阅读。

二要减少发音动作和杜绝来回阅读。可用一张白纸，读完一行挡住一行，有意识地加快速度。这样经过练习，可矫正“来回读”的毛病，并可以逐步提高阅读速度。

三要教会孩子抓关键词和关键句。研究表明，要培养快速阅读能力，平时阅读时就要注意读物里的关键词和关键句，以此感知整体意义。

四要让孩子做好笔记。做笔记的能力是阅读能力的重要构成部分。笔记既是在分析、概括能力的基础上形成的，又反过来能培养人的分析、概括能力。提纲挈领的笔记是同遗忘作斗争的武器。

2．要增强孩子的理解能力

理解能力的高低，很大程度决定着自学效果的好坏。这就需要让孩子注意分析比较，找出矛盾。如材料中自相矛盾的地方，不同材料之间矛盾的地方，与自己见解分歧的地方，并向自己提出重点难点问题，从而促进大脑积极活动，学深学透。

教会孩子习惯独立思考也是培养孩子自学能力的必经之路，要让孩子逐渐适应碰到问题多问几个“为什么”，带着“为什么”去反复看书，反复思考，从而加深对问题的理解。除此之外，经常用自己的话复述读物的内容也能提高理解力。

3．提高孩子解决问题的能力

自学能否成功，最重要取决于自己解决问题的能力。孩子在自学中遇到难题，可采取如下步骤解决：先准确清楚地找出难点，并分析关键所在。再寻找各种资料和证据，提出各种解决问题的方案，从中选出最

佳方案。最后对选出的方案进行论证、检验和修正。

此外，提高检索、综合资料的能力，工具书和资料是自学的老师。中学生要提高自己的自学能力，必须学会各种参考书和资料的检索方法和综合使用方法，提高对各种信息资料的搜寻、检索和综合能力。参考资料的使用，要以课堂科目为中心，有层次，有重点，同类书中选精。

37. 不愿学习，把学习当成不快乐的事情

学习是每个适龄孩子必做的事情。但有调查显示，只有6%的学生感觉学习是件快乐的事情，而94%的学生则认为学习是让人心烦和不快乐的事。的确，很多孩子认为学习是件苦差事，他们常常这样表达他们对学习的反感态度："我宁愿去干力气活，也不愿呆坐在这里一动不动地学习。"

情景案例 QINGJINGANLI

现象一：

小浩今年11岁，不爱读书，平时学校布置的作业经常忘记。一到上课，看上去好像挺认真的，坐得挺端正，也看着黑板，可是听着听着就走神了。老师用"呆呆的"来形容小浩上课时的神态。

被问急了，小浩就说自己也不知道为什么总是不知不觉就走神了，而且也不知道自己走神的时候在想什么。

从上学以来，只有玩的时候小浩才会很起劲，一到上课就不行了，无论做什么事总是做到一半就放下了，说"没意思"。每次放学回来，问他作业做完没，孩子没做完也撒谎说"没作业"、"做完了"。

家长不得不常常从老师那里了解作业布置的情况，有时催他做作业，小浩总是一副很怕做作业、很苦恼的样子，总是说"看到那么多作业，

都不想做”。

家长非常苦恼，因为不论是批评还是责打，小浩总是屡教不改。

现象二：

“妈妈，我今天不想去上学了！”7岁的南南这样对妈妈说。

“为什么？上学有什么不好吗？”

“我就是不想上学，不想去！”南南仍然坚持自己的意见。

“不行！哪有孩子不上学的道理。”南南的妈妈没有答应孩子的要求。过了一会儿，妈妈又问南南：“你是哪里不舒服，还是和同学相处得不好？”

“没有呀！就是不想上学。”南南很诚实地回答妈妈。

“那好吧，你给妈妈一个理由，如果妈妈认为你有道理，妈妈再考虑你的要求。”妈妈这样回答南南。

南南上学的时候就要到了，妈妈仍耐心地等待着南南的“理由”。最终南南支支吾吾地对妈妈说：“我没有理由，我明天给你理由行吗？”

“你明天给妈妈理由，那妈妈就明天再考虑你的要求，但今天你必须去上学！时间到了，我们出发吧。”

在送南南去学校的路上，妈妈对南南讲了很多“爱学习的小发明家”的故事……

专家解析 ZHUANJIAJIEXI

为什么大多数的孩子都认为学习是件苦差事呢？

一位儿童心理学家曾说：“孩子厌恶学习，主要是觉得‘学习是一种痛苦’。”孩子为什么厌学，把学习视为痛苦呢？

一是父母的期望值过高，为了孩子，家长可以放弃自己的事业，双休日可以不休息，为孩子辅导，陪孩子练琴、学画，孩子的心理、身体上的压力大大增加。

二是父母陪读，造成孩子缺乏学习的自觉性，难以领悟学习的过程，难以独立地解决遇到的新问题，他们体验不到独立解决问题后的成功的快乐。

三是家长对孩子学习知识的目的定向有偏差，功利性过于强烈。于是常对孩子说："你不好好学习，将来就得去修地球，去扫大街。"这样，孩子体验不到获取知识本身的快乐，而只注重别人对自己学习成绩的评价。孩子对知识本身不感兴趣，自然将学习看作是苦差事。

四是父母把学习和考试扣上必然的关系，每天不停地催促孩子去学习。如果孩子能够全身心地投入到学习中，他就会觉得学习是无比快乐的事情。但父母总是逼着孩子学习，就容易让孩子觉得学习是件比较烦的事情。

五是孩子不会学习。这些孩子往往学习时不集中注意力，不能把新旧知识联系起来进行学习；不能选择有关重要的内容而抛开不重要的内容；无法将学到的知识正确、合理地表达出来。由于孩子不会学习，面对日益繁重的课业内容，自然产生厌学情绪。

此外，还有以下几种原因：在开始学的时候没入门，对于学习这门课觉得无从下手，摸不着头脑；不喜欢呆板的课程和枯燥的讲课方式，找不到学习的兴趣；也有的孩子在中间环节没跟上，或者是老师的批评，或者是周围同学的影响等。

教子指南 JIAOZIZHINAN

如果孩子真的很讨厌学习，做家长的不要紧张，更不要强迫孩子去学习。只要方法到位，采取一定的策略，让孩子爱上学习并不是难事。

1. 家长要做爱学习的榜样

如何激发孩子的学习兴趣？这要求做父母的首先要言传身教。父母的学习兴趣对孩子有着潜移默化的影响，那些书香门第、音乐世家等就很好地证明了这一点。如果孩子都不曾见过父母学习的身影，父母再让他学习时，他就会很有理由地说："你都不学习，凭什么让我学习呀？"

如果父母是个酷爱学习的人，孩子经常看到父母在伏案苦读，那他自然会主动向父母学习、以父母为榜样。

2. 将“游戏”导入学习

现在，游戏机、电脑游戏、手机游戏在大孩子们中间形成了一股风潮。于是经常会听到父母抱怨：“我家的孩子整天热衷于游戏机，一点儿也不想学习，真令人心烦。”

任何孩子都会对游戏充满兴趣，因为他们觉得游戏好玩。同样的道理，如果学习变成“好玩”的事情，孩子们也会像热衷于打游戏一样，每天主动拿出固定的时间来学习。

3. 为孩子找一个学习对象

父母可以为孩子找一个学习上的竞争对象，如与他的同桌比成绩、与跟他成绩差不多的同学比进步、与学习比他好的同学比创新能力等。但父母要特别注意，只有良性的竞争才会出现令人满意的结果，要教孩子与同学比正确的事情，用正确的方法去比较。

4. 用目标激发孩子去学习

当孩子不愿学习或打算放弃学习时，父母不妨用目标去激励孩子。这就需要父母了解孩子的理想，或者为孩子树立一个正确的理想。在目标的引领下，孩子会觉得付出点辛苦是值得的。

5. 帮孩子找到学习的黄金时间

让孩子在状态最好的情况下学习，不仅能提高孩子的学习效率，还会让孩子爱上学习。在一天当中，任何一个人都有自己状态最佳、精力最好的那段时间，对于孩子来说更是如此。那么，如何寻找孩子学习的黄金时间呢？家长可以让孩子把每天做每件事开始和结束的时间都记下来，一周后，再和他一起研究这份纪录表，每天效率最高的那段时间便是他学习的黄金时间。

38. 将学习当成父母给的任务，设法偷懒

孩子厌学不是什么新奇的现象，有很多孩子认为学习不是为自己，是为了父母，于是偷懒、逃学，成为一种习惯。但作为父母，对于这种现象，不应视而不见，或一味地纵容孩子，否则会对孩子造成不良的影响。

情景案例 QINGJINGANLI

小钟玩心很重，注意力难以长时间集中，心思老不在学习上。电视中一有什么好节目，他就千方百计过去看，父母不让，他就发誓，我今天的学习任务保证完成。结果，等看完电视，他也累了，作业写不了多会儿人就已经打瞌睡了。

爸爸要让他坚持做完作业，但妈妈心疼他，想让他早点休息，结果他又跟父母许诺，我明天早上早点起来，抓紧时间把作业做完。而真到第二天早上，他又赖在床上不肯起，等好不容易磨蹭起来了，又到了上学的时候。后来爸爸定了一个规矩，晚上作业没写完绝对不许看电视。

结果，电视他是看不上了，却又迷上了武侠小说。他把书放在抽屉里，打开抽屉看书，桌面上放的是课本和作业；要不，就在抽屉里放一个游戏机，抓紧时间偷偷玩；桌上还放一个镜子，是为了从镜子里观察父母有没有进屋。

爸爸发现了几次，没收了游戏机和好几本书，连镜子也收掉了，结果他就把眼镜摘下来，从眼镜的反光来观察门口。

专家解析 ZHUANJIAJIEXI

事实上，学习是自己的事，如果孩子不能从自己心里面下决心，任何管教都不可能起到真正的作用。正因为没有把学习看成是自己想做的事，小钟才会千方百计偷懒，好像从苦役中逃脱一样。

结果，每天偷一点小懒，时间一长，成绩上就落后了一大截，而且再也追不上别的同学了。积累知识，其实就像打造一根链条，只要一个环节脱落了，后面的就很难再连上，再怎么学，也难以形成整体的知识结构，只能成为一盘散沙。

对此，家长应该给孩子适当的指导与压力，帮助孩子保证学习时间，改掉偷懒的坏毛病。偷懒是一个很严重的问题，这并不单单表现在学习成绩下降上。长此以往，孩子以后做任何事情，都会养成拖拉的作风，最终将一事无成。

教子指南 JIAOZIZHINAN

懒惰就像一剂慢性毒药，让人丧失斗志，日渐消沉。本应朝气蓬勃的青少年会因懒惰成性而荒废学业。作为家长，我们怎样才能帮助孩子克服学习懒惰的习惯呢？

1．适当给予奖励和惩罚

如果孩子能坚持保证每天学习的时间，家长应当隔段时间适当给予奖励。如果孩子不能保证学习的时间，家长可以用减少零用钱等手段作为惩罚。奖罚条件，应当跟孩子共同协商决定，得到孩子的认可。

2．可以在家里实行公司管理的体制

在学习上，父母当老板，孩子当员工，孩子的工作就是学习，每天必须保证一定的学习时间。当孩子不能完成工作，必须对老板解释，并给出改进错误的方案。这样，可以让孩子了解社会规则，从小严格要求自己。

3．激发孩子学习的兴趣

有的孩子学习懒惰，是因为对功课不感兴趣。没有浓厚的兴趣，就没有学习的动力，于是就懒懒散散地对待学习。这时，家长要从各方面激发孩子对学习产生兴趣，“兴趣是最好的老师”。丰富有趣的内容，灵活轻松的学习方法会让孩子感兴趣。有了兴趣，学习就容易了。

4. 从小培养孩子自主的性格

许多孩子对父母都有依赖性，当依赖性发展到一个极端就成了懒惰。所以，家长要适时控制孩子对父母的依赖心理，不能任其发展。要求孩子，不要一遇到困难就找家长，而应该先由自己独立处理。学习也是如此，有疑难问题，先自己解决，不要动不动就向老师、家长求救。

39. 厌倦学英语，对其提不起兴趣

据一些小学的英语老师反映，现在有不少小学生对学习英语产生了厌倦情绪。而令老师更吃惊的是，在他们之中，大多数孩子的家长英语水平很高，而且一直在家里教孩子学英语。为什么会出现这种情况呢？

情景案例 QINGJINGANLI

现象一：

媛媛刚放学回家，妈妈便问她："宝贝，今天在学校都学了哪些英语呀，给妈妈读一读。"妈妈紧接着又用英语给孩子提了一个简单的问题，媛媛不知所云，妈妈便着急地说："都学了这么长时间英语了，还是什么都没有学到，你到底天天去那里干什么呀？" 媛媛低着头告诉妈妈，她最讨厌学英语。

现象二：

涛涛的成绩一般，英语成绩尤其糟糕。一次英语测验，他只得了9分。看着垂头丧气的涛涛，妈妈鼓励他："别着急，一点点地进步，妈妈不给你过高的要求，只要你认真学，下次能提高10分就可以了。"在妈妈的鼓励下，涛涛真的用心学了一段时间，但第二次测验时，还是没什么长进。这是为什么？通过了解，妈妈得知涛涛不爱学英语，除了上课听讲外，课下几乎不碰英语课本。

现在，家长们都已经意识到，英语已成为孩子将来工作及参与竞争的一个必不可少的工具。于是英语越来越早地进入了孩子们的生活。孩子的英语成绩及水平也成为了家长们议论的热门话题。于是，很多家长都对孩子学习英语寄托了很高的期望，他们往往时刻关注着孩子英语的学习进度。

一位小学三年级孩子的家长对老师说："我的孩子都学三年英语了，为什么现在还看不懂英文电视呢？"还有一位家长批评孩子："都学了半年英语了，只会说，不会写单词，你是怎么学的呀？"

另外，其实大多数情况下，都是由于家长的方法不当，引起了孩子对英语学习的逆反心理。因此，父母一定要注意以下三点：

第一，不停地追问孩子：今天学了什么？家长这样做是没有任何益处的，对接下来的学习也起不到任何积极的作用。孩子需要鼓励，学东西也需要一个反刍过程，不一定学了立即就会用。家长切不可因为着急就对孩子大加指责，这样只能引起孩子的恐惧和厌烦。

第二，盲目攀比引起孩子反感。在孩子学英语的问题上，家长的心态非常重要。孩子学习语言是有"静默期"的，就好像孩子从出生其实就具备发声能力，但他们是到一岁多才开始咿咿呀呀地说话，他们经过一年多的"输入"才开始有了"输出"。英语学习也是同样的道理。另外，每个孩子都是不一样的，千万不要生硬地进行攀比，这样只能是打击孩子的积极性，破坏他们的学习兴趣。

第三，方法不当，把孩子引入思维误区。一位年轻妈妈的英语水平很高，便在家里教孩子学英语。

教孩子英语的目的是要教孩子学会用这个单词，不只是背这个单词，是让孩子看到一个事物后对它有直觉反应。比如教孩子"apple"这个单词，如果家长正襟危坐地拿着单词表，有板有眼地教孩子"苹果念 apple，笔念 pen"，用中文做中介教孩子一点点地学英语……这样只会让孩子感到学英语很枯燥。

如果孩子的英语成绩不是很理想，父母也不要着急，下面的方法可以让你帮助孩子提高学英语的兴趣。

1．给孩子创造好的语言环境

为什么一个中国的孩子到了说英语的国家很快就学会了英语？其实无非是他们有大量接触英语的机会，语言环境起了很大的作用。

对孩子来说，最为提倡的英语教学方式，就是为他创造一个好的英语语言环境。学习英语可以先从听开始，父母可以买一些英语原版的卡通片和儿歌光盘，让孩子每天看。由于卡通片上的对白都是和画面同时进行的，孩子们反复看，就会逐渐明白它的意思。长此以往，孩子就会模仿卡通片中的对话，因此会掌握很多英语和单词。进而可以激发他们学英语的兴趣和增强他们的信心。

2．向孩子学习，拜孩子为师

家长向孩子请教，会极大地提高孩子学习的兴趣和认真学习的程度。所以，父母不妨创造机会，让孩子当回“老师”：教奶奶学英语、教小妹妹小弟弟学英语，都能很大程度地调动孩子学习的积极性。

另外，如果父母英语水平也不好的话，如果有信心和孩子一起学习，这对孩子是一个很大的鼓励，同时又会增强孩子学习的信心。

3．家长要正确对待孩子的分数

对孩子的英语分数、成绩，做父母的千万不能要求过高。对孩子的要求过高，孩子努力还是达不到，这样只会使孩子有很大的精神压力，甚至产生严重的自卑心理。有时，一直得不到鼓励，孩子还会“破罐破摔”。

4．让孩子养成良好的学习习惯

在孩子学习英语的过程中，养成良好的学习习惯，不仅有利于他们英语水平的提高，而且还有利于孩子整体能力的提高。

首先，要让孩子养成认真听、耐心听的习惯，即先用心静听录音，听准了、听会了，才跟着学说。其次，鼓励孩子大声说，不害羞。父母要不断鼓励孩子大声地朗读、勇敢地与别人对话，这样不但有利于锻炼孩子的口语，当孩子的发音、语法出现错误时，也利于及时发现并纠正。再次，鼓励孩子大胆地联系实际做动作。

另外，家长还要鼓励孩子去“发现”图画中的故事，大胆地创编对话，让他们“在做中学”、“在发现中学”、“在笑中学”。这样学习不但有利于孩子英语水平的提高，而且对孩子的想象力和创造性也是很好的锻炼。

40. 假期大解放，将学习抛到九霄云外

很多孩子假期放任自我，没有计划，撒开了玩，把学习完全抛在脑后，眼看假期结束了作业还没有完成，只好加班加点地匆忙做完，结果可想而知。

情景案例 QINGJINGANLI

现象一：

终于放暑假了，涛涛高兴极了。因为爸爸妈妈工作很忙，所以放假时涛涛住在奶奶家，不被爸妈盯着，就可以自由了。

可爸爸还是拿出一大摞的习题册、作业本，给涛涛布置了一堆的假期作业。涛涛不满意地说：“学校有作业，干吗还要给我布置作业？”爸爸明确表示：“你要是想去奶奶家，就要制订一个学习计划，保证完成这些作业。”没办法，涛涛只好答应了。

可一到奶奶家，涛涛就把爸爸的话忘得一干二净，更别说制订假期学习计划了。在奶奶家，涛涛每天就是看电视、玩游戏，与院子里的小伙伴踢球、玩滑板，几乎把暑假作业的事情忘记了。妈妈每次打电话提醒，涛涛都说：“知道，知道。”奶奶也说：“好不容易放假了，让他玩玩吧。”直到离开学还有三四天了，涛涛才开始起早贪黑地赶作业，对付着开学

时交了。结果，因为作业太乱被老师点名批评不说，第一次测验也只得了个及格。为这，妈妈怪奶奶太纵容涛涛，还和奶奶闹得有些不愉快。

现象二：

许多中小学生在欣然迎来寒暑假时，都会像模像样地给自己拟一份假期安排计划表。上小学四年级的张楠楠是这样安排自己的暑假的：早上8点起，一个小时写作业，一个小时玩电脑游戏，一个小时练小提琴，一个小时自主安排其他户外活动。下午3点起，除了接受两个小时的英语练习，其余时间想干吗就干吗。

这份计划表看起来安排得不错，可是否执行就是另一回事了。一放假，楠楠就忘了计划表的事，只顾着玩，今天去公园，明天去游乐场。爸妈提醒她："抽时间看看书，不要把学习全抛在脑后。"可楠楠每次听了只是嘴上说："知道了，知道了。"结果，假期结束了，老师布置的作业都没完成。

专家解析 ZHUANJIAJIEXI

每个孩子都喜欢假期，希望可以尽情地玩耍。但作为学生，一般都会有假期作业，这就要求孩子合理安排假期，作好假期计划。

假期里，如果孩子只用几天的时间突击完成假期作业，或是完全把学习丢掉，就失去了安排假期作业的意义，会使孩子知识积累的过程被中断，头脑中学习的概念被淡化，也会使原有的一些好的学习习惯渐渐改变。当孩子重新回到学校时，会因一时难以适应紧张的学习，而出现学习困难。

此外，假期是为了使孩子们紧张的学习有一个缓冲、休整。如果安排过多的家庭作业，或用各种各样的课外班占满孩子的时间，使孩子甚至比上学的时候还要紧张，就影响了孩子的休息、娱乐，还会使孩子感到厌倦、疲惫，甚至厌学。

总之，假期安排没计划，不利于孩子学会张弛有度、合理地安排学习和生活，不利于培养孩子主动、自主的学习习惯。

家长应该怎么帮助孩子度过一个有意义的假期呢？

1．尽量让孩子自己决定假期活动

只要是在可行、合情合理的范围内，尽量让孩子自己决定他的假期活动，尤其是大孩子。这样，孩子学习的主动性、自觉性都会大增，对他的自我管理能力和自信心的提升也是大有好处的。

2．帮助制订一个假期时间表

根据假期的长短、孩子的年龄、假期作业的多少，和孩子一起制订一个假期时间表：每天什么时候做作业、什么时候看电视、什么时候是运动游戏时间等，既要保证一定的学习时间，也要使孩子可以适当运动、游戏或做一些自己喜欢的事情。这样，随着孩子年龄的增长，他就学会了合理地计划和安排时间。

3．让孩子适当参加一些课外班

可以利用假期让孩子适当参加一些课外班，但首先要征得孩子的同意，时间安排也要合理。让孩子能够有一个丰富多彩的假期，又可以学到很多课堂上学不到的知识。

4．尽量多陪孩子

在暑假或寒假，父母一般都要正常上班，不可能有充足的时间陪着孩子，因此父母要安排好自己的工作，在假期里尽可能多地陪伴孩子。这是与孩子增进感情和相互沟通、了解的好机会。

41. 边学边玩，作息时间没计划

许多孩子成天在书桌边学习却没有好成绩，大多是由于不专心造成的。他们坐在那里发呆，捧着书本心里却想着别处，或望着天空想入非非。在这种状态里，怎么能够学好知识呢？与其这样，还不如到外面痛痛快快地玩一场。

情景案例 QINGJINGANLI

现象一：

汤姆8岁了，读小学三年级，学习从来没有计划，总是想什么时候玩就什么时候玩，没有一个作息时间，所以学习成绩一直不好。

一天，放学回家后，期待已久的卡通电视节目要播放了，他怀着无比兴奋的心情守在电视机旁。突然“砰”的一声，爸爸把电视机关上，并大嚷：“功课还没做就看电视！”

汤姆的抗议无效，只好老大不愿意地做功课，结果可想而知。爸爸大发雷霆：“你看，你做的什么？字写得这么难看，数学题十道有九道错，抄课文也是错漏百出，我看你真是心不在焉。”

汤姆反驳道：“是吗？我不知道！”

现象二：

豆豆一向没有时间观念，这不，上学路上，豆豆东瞧瞧，西逛逛，15分钟的路，走了半小时。听到学校的上课铃声骤然响起，他才慌慌张张地向学校大门奔去。

上课抄写生字，豆豆的眼睛盯着本，就是不写字，那支笔在他手里转来转去，半天了一个字都没写。

放学回到家写作业，豆豆拿出铅笔盒，刚写几个字，又去冰箱取饮料，喝完饮料又想看电视，20分钟过去了，作业本上还是那几个字。

专家解析 ZHUANJIAJIEXI

可以看出，孩子不能专心做作业最大的原因是没有一个合理的作息时间表。在孩了丌学前，家长就应当与孩子一起讨论，每天放学后到底是先玩再做作业，还是做完作业再玩，然后制订一个合理的作息时间表，这样就不会出现以上的现象。

富兰克林·德拉诺·罗斯福是美国历史上唯一一位连任四届的总统，他的成功就得益于从小养成的依据时间规律生活的良好习惯。小时候，罗斯福的母亲为他安排了很严格的作息时间表：上午 7 点起床，8 点早餐，然后跟家庭教师学习 2~3 个小时后休息，13 点吃午饭，午饭后再学习到 16 点。

我们知道，在一天中不同时间里，一个人的精力状况是不一样的。美国伊利诺伊大学的一位医学博士发现：人在上午 10~11 点注意力和记忆力最好，在下午 15~16 点创造力最旺盛。小罗斯福的学习恰恰被安排在精力最充沛的这段时间里。在母亲的合理安排、严格要求下，罗斯福从小养成了依据时间规律生活的习惯。

很多家长也许认为，孩子还小，没必要为他安排严格的作息时间。其实不然，没有规律的生活，不但影响孩子的学习效率，而且可能使孩子养成懒惰、拖拉的毛病。

教子指南 JIAOZIZHINAN

很多父母都有这样的烦恼：孩子做作业不认真，做事慢条斯理，没有时间观念，消耗不必要的时间。其实，孩子之所以这样，很大程度上是学习生活没有规律所致。因此，父母要帮助孩子树立时间观念，养成规律的作息习惯。

1．帮助孩子制订一个合理的作息时间表

家长可以根据孩子的喜好帮助孩子制订一个科学合理的作息时间表。孩子依据个人喜好订立的时间表，在时间安排上比较灵活、宽松，那么他自然会比较主动地按时间表做，当他管不住自己的时候，遇到家长提醒，也不会有逆反心理，做起功课来自然效果也就会好得多。

2．要注意长、短期计划相结合

在为孩子制订时间表时，一定要注意长、短期计划相结合。长期计划是指在一个较长时间内应当达到的目标，它的第一步，是注重孩子内在的思想感情，而不是只关心表露在外面的不满与反抗。至于短期计划，虽然只是每天的具体作息表，却也应当注重必要的灵活性，如避免具体规定每天几点几分该起床、睡觉，几点几分该吃饭、看电视、做作业；应当规定在几点前休息，几点至几点起床，作业一定在看电视前完成，看电视的时间在多长时间内，等等。

3. 制订符合自己孩子特点的时间表

父母在培养孩子的时间观念，让孩子学会自己安排时间时，要循序渐进，不可盲目地照搬别人的经验，要根据孩子的特点，制定符合自己孩子特点的时间表，帮助孩子有规律地生活、学习。这不但有利于孩子的成长，也可以使他形成良好的生活习惯。

4. 要求孩子主动执行时间表

既然制订了时间表，家长就要求孩子主动执行，让孩子学会对自己负责，对自己的将来负责。

此外，家长还可以让孩子和大人一起制订工作、生活等方面的多种时间表，让他从内心深处得到最大的满足，从而能够调动各方面的积极性。只有处于内在精神满足的平衡状态下，一个人才能够发挥出最大最持久的潜能。人对内在精神满足的追求才是成功持久的动力。当然和孩子讲这些很抽象，孩子不容易明白。但对孩子负责的家长，则应该在孩子理解、可以做到的范围内，尽量通过使孩子内心得到满足来鼓励他努力，而不是通过强行制止的措施或严厉的责骂。

42. 各科兴趣不一，学习成绩相差悬殊

每个孩子都有自己擅长的学科，也有自己不擅长的学科，如果成绩比较均衡还可以，但如果学科之间的成绩过于悬殊，就会影响孩子的前

途。成绩不好的学科，被人们形象地称为“短腿”，一条腿长，一条腿短，显然是走不远的。

情景案例 QINGJINGANLI

现象一：

小郭：我儿子的老师昨天又来家访了。

小金：一定表扬你儿子了吧。

小郭：哪有？老师说他的数学测验不及格，不过音乐和图画课都得了优。他自己也说喜欢音乐和图画课，讨厌上数学课。

小金：这么小就偏科呀。你得赶紧纠正他，将来考试可都要考数学的。

小郭：是啊，可怎么纠正呢？

现象二：

亮亮的数学成绩很差，每次考试时，因为数学拉分，他总也进不了前十名。看到这种状况，亮亮的妈妈很着急，先是每天晚上手把手地教亮亮做数学作业，买了大量的课外习题让他做，后来还专门请了一位数学老师来辅导孩子数学，但亮亮的数学成绩还是在“原地踏步”。亮亮的妈妈对此很是烦恼。

专家解析 ZHUANJIAJIEXI

有人对小学生偏科现象作过调查，发现有 21% 的小学生出现偏科现象。一般来说，孩子偏科有以下几种原因：

第一，孩子偏爱的科目，往往是由于喜爱任教该科的老师所致。偏爱某一学科，就能提高该科的学习成绩，而好的学习成绩，又强化了对该科的喜爱，形成良性循环；反之孩子不喜欢某个老师，也往往不喜欢这个老师所教的学科，久而久之，该科的学习成绩下降，成绩下降又导致孩子丧失对这一科目的信心，形成恶性循环。

第二，孩子自身的智力和非智力因素（如兴趣、爱好等），也是造成孩子偏科的原因。兴趣是孩子学习的动力，孩子重视感兴趣的学科，轻视不感兴趣的学科。孩子对某门学科兴趣较强，就产生学习动力，便能积极主动地去学这门课；反之，对某门学科兴趣弱或没有兴趣，孩子自然不愿把功夫下在这门课。

第三，不同家庭的特殊文化氛围、家长爱好以及家长职业等因素也会诱发孩子偏科。一般来说，家长爱好文娱的，家庭艺术氛围就比较浓厚，孩子受家庭影响也往往偏爱文娱；家长爱好体育、喜欢活动的，孩子也偏爱体育。比如家长是语文教师的，孩子爱学语文，语文成绩好；家长是数学教师的，孩子爱学数学，数学成绩好。

家长知道，孩子出现偏科，就会使基础不牢，对孩子今后的学习影响巨大，而且还会影响升学考试这一非常现实的问题。因为升学是否合格通常是看各科目的总分是否达到要求。假如各科成绩满分都为100分，擅长的语文已得90分，不擅长的数学只得了50分，自然在数学上再增加10分比在语文上再增加5分来得容易。有一些孩子未能顺利通过升学考试，有时往往只差几分，许多就是出在不擅长的科目拉后腿太多的问题上。

再者，那些不爱好、不擅长的科目往往使得总的学习成绩显得不高，于是导致学习欲望下降，使得学习过程更糟、学习成绩更差，形成学习上的恶性循环。不擅长的科日可能使擅长的科目也变得不再擅长。

所以说补齐“短腿”意义重大。

教子指南 JIAOZIZHINAN

对于孩子出现的偏科现象，家长应当及时了解并加以纠正，那么家长应该怎么帮助孩子来纠正这种现象呢？

1．让孩子了解偏科的危害

如果孩子对某门学科不感兴趣、不喜欢，就要让他知道偏科可能对以后学习和工作的影响。可以告诉孩子：爱因斯坦上学时对数学课学得马虎，使他后来研究广义相对论时，不得不花7年时间去补习非欧几何等方面的数学知识。

2．帮助孩子树立信心

家长一方面要鼓励孩子的优势科目，通过优势科目，树立信心，让孩子认识到自己有学习好其他科目的能力，进而逐渐提高对其他科目的兴趣。另一方面，要鼓励孩子在弱势科目上的点滴进步（如课堂发言、读书笔记等），引导孩子主动去接触弱势学科，加强对弱势学科的学习。要让孩子知道，自己的偏科是暂时性的，偏科不可怕，怕的是失去了学习的兴趣和信心。

3．帮助孩子培养兴趣

当孩子缺乏对某门学科的学习欲望时，家长便可以将孩子已有的某种活动兴趣迁移到该学科上来，如把积极做游戏、打球的兴趣迁移到该学科上来，把对语文学科的学习兴趣迁移到数学学科上来等。

另外，可以在预习中通过通读教材内容，找出疑难点，明确这些知识在生活中的具体意义、在知识体系中的地位和与其他知识的相互关系，引起孩子学习这些知识的兴趣，激发学习动力。

4．让孩子在生活中学习

比如，有的孩子讨厌数学课上的计算，觉得进位、退位很麻烦，而且经常出错。家长可以委托孩子去完成一定的购买任务，让孩子在买东西的过程中学会计算，体会到计算正确的重要性。

43．学习不够主动，在家长的督促下被动地学

成绩差的孩子，往往有一个共同点，就是学习没有主动性，家长不督促从来不自觉看书。这或是因为对学习没有兴趣，或是因为从小没有

养成良好的学习习惯。不可忽视的是,孩子学习没有主动性会影响其一生。

情景案例 QINGJINGANLI

已经是晚上11点多了，陈铭还在忙着写什么。妈妈怕耽误她明天上课，一个劲儿地催她赶快睡觉。

陈铭不耐烦地对妈妈说："哎呀，你快睡觉去吧，别在这儿给我捣乱行吗?"妈妈说："怎么是捣乱? 太晚了，明天早上该起不来了。你明天再写不行吗?"陈铭急了，对妈妈说："让你别捣乱，明天再写就晚了。这是周记,明天必须交。"然后就把妈妈推了出去,并且锁上了自己的房门。

妈妈坐在客厅里，越想越生气。陈铭平时的作业都能按时完成，成绩也还不错。可是，只要是有伸缩性的作业，比如周记，或是老师每个月要求写的一篇学习小结，她总要耗到第二天必须交时，才点灯熬油地赶着完成。这样突击出来的东西，它的质量可想而知。还有，凡是老师说可以做，也可以不做的作业，她几乎从来没有做过；凡是老师没有提出明确的时间、数量要求的，像预习这样的工作，她绝不会主动去做。为这事，老师几次在家校联系本上与家长沟通，希望父母能督促陈铭，让她养成学习主动、有计划、事事往前赶的习惯。

为这个，爸爸妈妈也没少批评、提醒她，总是告诉她什么事情都是赶早不赶晚，不能老是临时抱佛脚。可是只要不到最后时刻，无论你怎样催、怎样说也没有用。这让爸爸妈妈很是恼火。

专家解析 ZHUANJIAJIEXI

学习的主动性、计划性对人的一生都很重要。主动学习时，人的积极性、创造力是发自内心的，对事物的探究和理解都更加深入、细致；而只是被动地接受时，就显得非常的机械、肤浅。会有计划地、合理地安排时间的人，做事井井有条、周到缜密；而缺乏计划性的人，永远生活在被动、无序的状态里。人的一生中，在学校有老师教授的学习时间有限，更多的是要靠自己去发现问题，通过学习和探索，找到答案，找到解决问题的方法。所以，缺乏学习的主动性、计划性，会影响孩子一生。

孩子学习没有主动性、计划性，往往是因为对学习没有兴趣，或是从小没有养成良好的学习习惯造成的。为使孩子能够变得主动一些，父母希望用不断地提醒、批评、监督来达到让孩子主动的目的。这其实是在代替孩子变得主动，虽然可能暂时有效，但并不能从根本上解决问题，从长远看，还会让原本就没有主动性的孩子更加依赖于父母，形成恶性循环。

对孩子来说，学习的主动性往往来自于他的兴趣。如果父母并没有发现和引导孩子的兴趣，而只是要求甚至强迫孩子要认真学习、刻苦用功，就算孩子迫于父母和老师的压力不得不完成作业、应付考试，但收到的效果也一定是很小的，甚至是完全没有作用的，有时还会引起孩子的逆反和抵触。

教子指南 JIAOZIZHINAN

孩子学习缺乏主动性是一个普遍的现象，对于这样的孩子家长应多一些鼓励和关心，少一些冷遇和斥责，循序渐进，培养孩子学习的主动性。

1. 引导孩子的学习兴趣

如与孩子探讨他感兴趣的话题；或就他学习的某些内容提出问题，引导他查找资料、作进一步的思考、寻找答案；或给孩子找一个学习伙伴，让他们相互促进、相互影响等。

2. 逐步培养孩子自觉学习的好习惯

从最小的、最容易实现的目标开始，让孩子逐步养成有计划、自觉学习的好习惯。如这周只要求他每天提前预习语文，不一定做很多工作，只要朗读一遍课文，在他能够自觉完成后再逐步深化、细化预习任务。只要孩子有微小的进步就要表扬他。但这个表扬不要是笼统的“你进步了”，而是针对他今天完成的工作，“你提前读了一课书，真不错”。

3. 不要盲目为孩子增加学习任务

不要在孩子完成了正常的学校学习和作业后，再为孩子增加其他任务，让他自己决定闲暇时间做什么。有时，孩子或许正是因为想逃避额外的任务才故意拖沓，从而养成了不主动、没有计划的毛病。

4. 耐心教育孩子

生活中，一些家长常常因孩子不爱学习而斥责和打骂孩子，多数原因是家长在实施教育的时候缺乏耐心。他们常常因为孩子不能一下子领会自己的意图，不爱做功课，就火冒三丈，大声斥骂，甚至体罚孩子。这种没有耐心的教育方法，不仅起不到促进孩子努力学习的作用，相反还会使孩子产生自暴自弃和逆反心理，久而久之，更会影响亲子关系。作为家长，需要有很好的耐心，要耐心地教育孩子，耐心地陪孩子玩，耐心地为孩子讲道理，耐心地听孩子说……

44. 不喜欢做作业，总想着玩

爱玩是孩子的天性。上了一天学，孩子一回到家，完全松懈下来，不喜欢做作业，总是先看看电视，吃点水果点心，玩一玩。家长一再催促就是不想做作业，即使勉强做了也是草草了事，久而久之不但没有提高学习成绩，还使成绩不断下降。

情景案例 QINGJINGANLI

现象一：

一位家长说：“我的孩子并不笨，接受东西很快，但从小贪玩，老师布置的作业，他回家后不做，光知道玩，看完动画片，又一直玩到晚上九点多钟，最后才勉强把作业做完。想让他多看点书或复习什么的，都没时间，真是让人头疼。我打过他，骂过他，可就是不管用，该怎么办呢？”

现象二：

李女士的儿子豆豆上小学三年级，这孩子很聪明，又懂礼貌，其他方面也不错，所以长辈们很喜欢他。但豆豆就是不爱做作业。本来小学低年级的作业并不多，但豆豆就是不爱做。其他孩子最多一个小时就能完成的作业，豆豆要花至少两个小时。因为做作业比较慢、磨蹭，豆豆很少有时间玩，更没少挨爸妈的打骂，经常是流着眼泪做作业。看着儿子整天因为作业而痛苦，李女士是既心疼又着急。

现象三：

下面是一则新闻报道：

近日，上小学的淘淘突然闹着不去学校上学了，家长追问原因，得知淘淘是因为没完成家庭作业怕挨老师批评才不去上学。而和淘淘同一个学校的月月也因晚上做作业一直到第二天凌晨，上课时直犯困从而影响了听课质量。记者在近期的调查中了解到，许多正在上小学的孩子表示自己不喜欢做作业，而他们不爱做作业、做作业拖拉的现象让家长们十分苦恼。

专家解析 ZHUANJIAJIEXI

做作业不仅能帮助孩子巩固学习过的知识，而且能培养他们独立完成作业、计划安排时间、约束自己和承担责任的能力。但是，有些孩子就是不愿意完成作业，回家以后先想着玩，把作业拖到很晚才完成；还有的孩子喜欢边写边玩，极易受外界的干扰，非得在家长的不断督促下才去做。有些男孩子特别不愿做语文作业，有些女孩子却不愿意做数学作业，不爱动脑筋；有些问题更严重的孩子干脆就不记得老师留过作业。这些问题让家长十分头痛，只好采取打骂的方式。打骂有时还真见效，但时间长了，孩子被打皮了，问题还是没有得到根本解决，有些孩子还产生了撒谎、厌学等更严重的毛病。

分析孩子不爱写作业的原因，不难发现：有些孩子在写作业时感到吃力，是因为对老师所讲的内容理解不够，跟不上老师的讲课进度，这些一般是智力问题，可以通过智商检查来了解孩子的问题。而有些孩子是智力正常，甚至优秀，但注意力不集中，大脑老是处于兴奋状态，所以，上课时不好好听讲，写作业时坐不下来，很难坚持独立做完一件事，这就需要进行注意力集中的训练，来帮助孩子改善大脑中枢神经的调节功能。

有的孩子脑与手的协调性差，想的是一回事，手上动作是另外一回事，所以，就会出现动作磨蹭拖拉、写字颠倒、计算粗心、写字出格等问题,往往有这些问题的孩子特别不爱写字。不爱看书上的字,经常眼酸、头疼的孩子一般来说是视力发育不良；而听觉发育不良的孩子则会有对教师的话听而不闻、忘记所留的作业等问题。

上述问题都是孩子学习能力发展不足造成的,有先天和后天的原因,有些并不是孩子的学习态度有问题，家长要酌情处理，了解孩子究竟是在什么环节上出了问题，然后再进行有针对性的矫治。

教子指南 JIAOZIZHINAN

父母要孩子主动自觉地去做功课真是难过登天。以下是对付这个问题的方法，父母不妨做一参考。

1．为孩子作好准备

孩子做功课前，父母可先为他们作好准备，例如先喝水、上洗手间，然后把要做的功课、课本、文具等全部放在适当位置，当一切准备好了，再开始做功课。

2．对孩子要求勿过高

父母要明白，孩子做功课和读书的能力是受到孩子本身的天分和智能影响的，因此，不应对孩子有过高的要求。相反，父母应先了解孩子的兴趣和学习能力，然后培养和鼓励他们发挥学习潜质。如果发现孩子本身的能力与学校的要求有一段距离，父母便应考虑为孩子转换一个新的学习环境，不应硬要孩子就读“名校”而给他造成不必要的压力。

3. 训练孩子的专注能力

孩子的专注力是会随着年龄的增长而增长的，但同时也因人而异。如果我们发觉孩子的专注力很弱，就应按照他现时的情况，尽量协助他增加专注力持续的时间，例如由20分钟增至30分钟，再由30分钟增至45分钟。

4. 适当地提供休息时间

父母要体谅孩子的压力其实真的不小，例如作业负担就比较重，因此，在孩子做功课时，要给他们适量的休息时间。当孩子连续做功课45分钟至1小时后，可为他安排一个5~10分钟的休息时间。让孩子闭目养神，或者喝点果汁，然后再继续努力。

5. 想办法激发孩子做作业的兴趣

当一份作业看起来过多的时候，就把它分成若干份，按份设奖。每当孩子成功完成一部分，你就给他一个奖励。比如，与孩子约定如果他完成作业的三分之一，将可以有一样他喜欢的小东西，或一段自由活动的时间；如果完成了作业的一半，可以允许他多看半个小时的电视，或得到一个冰淇淋。这样来激励他不断地努力学习。

6. 培养信心

有的孩子学习基础差，跟不上其他同学，完成作业就会有困难。家长要正视孩子的能力，对学习的要求要循序渐进，可以适当辅导，鼓励他克服困难，使孩子的学习成绩逐渐提高。孩子学习的信心有了，做作业就会变得主动了。

45. 自制力差，禁不住诱惑把功课抛在脑后

有很多孩子上课坐不住，静不下心，但打游戏却很上瘾。有些孩子生活习惯不好，要吃的东西立即要吃，不愿等待……其实，这些都是孩

子自制力较弱的表现。

情景案例 QINGJINGANLI

妈妈打开门，只见电脑开着，小方坐在电脑前正打游戏，妈妈进门也没感觉。妈妈脸沉下来，叫道："小方，你又玩了一上午了？看电脑太久影响视力，还不快关电脑！"

小方回头看妈妈脸色严厉，这才不情愿地把电脑关了。

小方的妈妈不无担忧地对朋友说：小方才7岁，可很喜欢打电脑游戏，周末或节假日，如果我们不在家，他可以连续玩一天不休息，没有节制。这非常影响他的视力和学业。所以每次我看到他在屏幕前打这么久，脸色都很阴沉，不是骂他就是对他大吼。可儿子虽然在我的命令下离开电脑不再玩了，等我一走开，他又坐回电脑前面了。

专家解析 ZHUANJIAJIEXI

自制力是责任感的一种体现，是人的一种意志品质，即善于控制和支配自己行为的能力，表现出应有的忍耐力和坚持力。孩子的大脑发育不全，中枢神经系统发育还不十分成熟和完善，因而自制力差。这是这个年龄段一个普遍的现象。孩子处于从他律阶段向自律阶段转变过渡的时期，因而需要我们给予帮助和协助。

孩子之所以玩起游戏来没有节制，是因为受生理年龄的限制，控制力较差，抵不住诱惑。应给孩子一定的缓冲时间，让孩子提前有个心理准备，以便有个心理上的过渡。因为孩子正全神贯注地玩游戏的时候，只顾眼前玩得开心、兴奋，一般不太在意你提出的要求。这种方式容易让孩子接受，也不会与家长产生冲突。此外，也能让孩子养成定点停止游戏的习惯，以培养自觉性和自制力。

孩子的自制力通过更强大的物质诱惑而得以培养。首先这个能诱惑他的物品必须是他平时特别渴望得到的。家长可以把孩子最渴望得到的物品列出个清单来，作为今后的奖励以换取不良习惯的改正。在改正过程中，孩子的自制力也得到了培养。

心理学上有四种气质类型说，多血质、胆汁质者多表现为粗心浮躁，情绪易激动，情感冲动外显，行为过激。抑郁质、黏液质者情感、情绪、行为比较稳健、持久。因而偏向前两类气质的孩子的自制力比较差。通过自行设计一些游戏，可以有意识地在一定程度上培养孩子的自制力：

1. 在培养孩子自制力方面，家长起着不可或缺的作用，多想一些有趣的、孩子能够接受的方法，让孩子在游戏般的方法中逐渐培养自制力。

2. 孩子毕竟是孩子，家长除了用各种方法帮助孩子外，还要监督与鼓励。对孩子取得的成绩予以肯定，并给予适当的奖励。

3. 家长如果在方式方法中对孩子有承诺，不可食言，一定要兑现。

46. 今天学这明天学那，兴趣不固定

很多孩子很聪明，但就是做事没耐心。刚开始玩积木不到几分钟，又去玩电子游戏；画画才学两天，就扔下画笔闹着要学钢琴；钢琴买了，老师也请了，却又想学吉他。看着孩子这样整天漫不经心，做事有头无尾，三天打鱼两天晒网的样子，每个做家长的都会很发愁。

情景案例 QINGJINGANLI

小亚是个虎头虎脑、聪明伶俐的孩子，谁见了都喜欢。爸爸妈妈更是以小亚为骄傲，尽心尽力地为他创造最好条件，希望儿子出类拔萃。

可小亚有个让爸爸妈妈很头疼的毛病，那就是干什么都“三分钟热情”。

一天小亚说要学书法。爸爸妈妈问他：“你真的要学？”小亚十分肯定。于是，请老师，买字帖，备笔墨，大张旗鼓地开始了。半本字帖还没临完，小亚又不干了，理由是每个字都得临那么多遍，太枯燥。无论爸爸妈妈怎么说，小亚也不学了，弄得爸爸妈妈直向老师赔不是。

前几天，学校的艺术展上，看到同学的电脑绘画作品，小亚也发誓要学电脑。可是电脑买回来了，只是用来打打游戏、上上网。爸爸妈妈问他是不是需要去报个学习班，小亚说：“嗨，我听说做那么一幅图画得先学会很多软件，要花很长时间才能学会，我不想学了。”

爸爸终于按捺不住了：“你想学什么，花多少钱我们都不在乎。可你不能干嘛都三分钟热情，三天打鱼两天晒网的。人家的孩子都能学什么像什么，你怎么就这么浮躁呢？”

专家解析 ZHUANJIAJIEXI

在生活中，像小亚这样的孩子不在少数，可以说浮躁是很多孩子的通病。这是为什么呢？

第一，这与他们的心理特点有关。孩子对世界充满了好奇，渴望了解和认识任何新鲜的事物，这个想学、那个也想会，兴趣爱好一会儿一变。

第二，现在社会发展日新月异，各种信息的冲击、各种新生事物的吸引，孩子难免会受到影响，注意力经常发生转移。

第三，父母支持和尊重孩子的兴趣和选择没有错，但很多父母只是满足于为孩子创造优越的物质条件，而没有在孩子学习的过程中引导和鼓励孩子脚踏实地、持之以恒，从而忽视了对孩子意志品质的培养，久而久之就会使孩子变得浮躁。

第四，由于现代社会竞争的加剧，家长们把竞争点转移到了下一代身上。在“望子成龙”、“望女成凤”的心态指引下，他们不但会十分注重孩子的学习成绩，而且还想把孩子教育成多才多艺的全才，因此拼命地为孩子报一些补习班、才艺班。每个家长的出发点都是好的，可是，刚刚十几岁，甚至只有几岁的孩子根本没办法消化、吸收那么多东西。所以，这时孩子做事三分钟热度、半途而废一点都不值得奇怪。

浮躁的具体表现是做事缺乏恒心和毅力，不肯吃苦，经常干些有头没尾、有始无终的事情；行动具有很大的盲目性，缺乏仔细的思考和计划，遇到困难马上退缩；急于求成、眼高手低，不能脚踏实地。一旦浮躁成为孩子的性格缺陷，对他的一生都有不利影响。

教子指南 JIAOZIZHINAN

面对孩子学习没有耐心等问题，家长们往往会使用强制手段。其实，这样的教育方法对那些做事不专注的孩子效果很不明显。这时，家长如果在教育孩子的方法上讲究一点策略，不但会令孩子乐于接受，还会引导孩子养成做事专注又耐心的好习惯。

1．父母不要无条件满足孩子

作为父母，应该支持和尊重孩子的兴趣和选择，但不要马上无条件地满足他。和孩子一起分析为学会某种技能、技巧要花费的时间、精力，要付出的努力和辛苦，让孩子确定他是否要开始这项计划。

2．帮助孩子制订计划

当孩子确定要开始学什么时，可以在请教老师或专业人士的基础上，与孩子一起制订一个时间表，确定到什么时间要达到什么样的目标，让孩子有阶段性的行动指南和努力目标，并督促孩子照这个目标去努力。当然，这个时间表不能要求过高，不能是孩子根本达不到的，否则就失去了做它的目的，反而会挫伤孩子的信心和积极性。

3．鼓励孩子坚持到底

在孩子遇到困难准备打退堂鼓时，要尽量用言语、行动鼓励他坚持。如暂时降低要求，把一次做不成的事情分开几次做，或亲自参与给孩子一些帮助以渡过这个难关等。而不要嘲讽、打击或只是训斥他。

4. 用身边小事来培养孩子的耐心

在日常生活中，任何小事情都可以用来培养孩子的耐心，例如洗碗、擦桌子、收拾房间等。刚开始，孩子会漫不经心地边做边玩，这时家长可以站在一边督促孩子，让孩子用心地去做，直到他把碗洗干净、饭桌擦干净、房间收拾整洁。

在经历过小事的锻炼后，家长还应有意识地给孩子设置点障碍，为孩子提供一些克服困难的机会。这时，家长要鼓励孩子做事不半途而废。孩子经过努力完成一件事时，妈妈应当及时给予表扬，强化孩子耐心做事的好习惯。

5. 父母要以身作则

父母要注意自己是否有性格急躁、患得患失、急功近利的问题。如果有，就要给予特别的注意，减少这样的情况。因为父母的言行，往往会给孩子带来不良的影响。

47. 注意力不集中，上课开小差

许多学习成绩不理想的孩子，存在着一个共同的缺点，就是注意力涣散，上课时思想容易开小差，阅读课本时不专心，做习题时精力不集中。做什么都漫不经心，懒懒散散，粗心大意，这样的孩子怎能把学习搞好呢？

情景案例 QINGJINGANLI

阳阳今年11岁，上小学五年级，是一个很优秀的学生。在一次期中考试中，他落后于自己的对手20多分，于是，他开始怀疑自己的才能是不是用完了、耗尽了。

在这种犹犹豫豫的态度下，阳阳对学习的专注力大不如从前，课堂上经常胡思乱想、开小差，有时候虽然眼睛盯着黑板，却根本不知道老师在讲什么，就连做习题也没有以前专心，经常出错，不是看错题目，就是丢了小数点，所以学习效率受到影响。但阳阳没有想到这些，认为自己成绩不如对手好是投入学习的时间还不够多，于是他只是埋头用功，以为这次的投入很多，成绩应该能上得去。

可当再一次考试来临的时候，他与那位对手的差距却更大了。由此，他肯定自己的才智消耗殆尽，否则，成绩不会有这么大的差距。

于是，他从开始怀疑自己到确认自己才华已竭，就更是难以专心学习，成绩再也没有提高。

专家解析 ZHUANJIAJIEXI

孩子在学习的时候，要持续保持专心。专心，不仅是学生学习活动顺利进行的重要条件，也是取得理想学习成绩的关键之一。但是，很多孩子在上课时难以集中注意力，总是眼睛盯着老师，脑子里想着别的东西。

为什么孩子在课堂上难以集中注意力呢？

最新调查，94% 的中小学教师认为学生专注力不足是普遍现象。在导致学生专注力不足的各种原因中，位居前三位的是：睡眠不足、老师上课的方式太枯燥、上课内容太难，听不懂老师讲什么。

50. 7% 的中小学生认为睡眠不足导致不能专心上课，其中家庭作息不正常、过度学习更是造成孩子睡眠不足的主要原因。有数据指出，我国台湾小六学生每大平均只睡 7. 9 个小时，中学生平均睡 7. 5 个小时，较国际平均值少半小时。调查发现，许多班级里常常有五分之一的孩子来自单亲家庭，复杂的家庭生活也会让孩子无法专心。

另外，还有很多的原因能够引起孩子缺乏耐心和不专注。如，学习内容不适合自己，他们就会表现出不专注。内容太难，孩子没有办法使注意力集中；内容太简单，孩子又会感觉很无聊。

还有的孩子在老师讲课时，一会看看窗外，一会看看其他的小朋友，但是，老师的提问他都能回答上来。一般来讲，这些孩子的精力都比较旺盛，反应比较机敏，他虽然眼睛看其他地方，但耳朵和大脑却一直跟着老师的思路，所以能答上问题。有的家长觉得，孩子只要能掌握学习内容，“一心二用”没有什么大不了的，是有本事的表现。这种认识是片面的，从长远看，这种习惯不利于养成做事专心致志的好品质，

专心是心理活动对一定对象的指向和集中。它可以有效地抗击外来因素对学习的干扰，有利于提高孩子的学习效率。如果一个孩子没有专心学习的能力，上课时他的精神就会溜号，写作业就会涣散，就连考试也会出现莫名其妙的错误。

教子指南 JIAOZIZHINAN

有很多成绩不理想的孩子都存在着一个共同的缺点，就是注意力涣散，他们做什么事情都是漫不经心，粗心大意。那么，怎样才能克服这种缺点呢？

1．培养注意重点的习惯

不管是听课、读书或者是做作业还是做别的事情，都要让孩子学会动脑子综合分析和比较，通过思考区别出所学内容的重点和非重点、本质和现象。动脑子思考的过程不仅能把孩子的注意力吸引过来，而且一旦区别出重要的与一般的内容，使认识得到加深，还会产生愉快的体验，使注意力稳定得更久。

2．有意识训练孩子学习的责任感

在平常的学习和生活中，家长要有意识地培养孩子对学习的责任感。因为专心学习是一种自觉控制的能力，要求学生自觉地去注意那些必须掌握的知识。学习责任感的建立，使孩子能够通过意志的努力，很快地进入专心学习的状态。

3．让孩子学会劳逸结合

孩子长时间地连续学习，彻夜不眠地看书会使他感到疲劳，因而大脑神经兴奋水平降低，注意力难以集中。比如长时间开车的司机，会因疲劳驾驶出现事故，这是非常危险的，有些人还会为此付出惨痛的代价。一定要让孩子们在学习过程中注意劳逸结合，保持精力充沛的生理状态，这样才能增强注意力集中的水平。

4．切勿比较

孩子的智力比同学高或低，会影响其上课态度。如果父母发觉这种情况，要和校方商量如何重新调配，以令孩子能在最适合的环境下学习。同时，不要将孩子的学习成绩放在第一位，最重要的是从小培养他阅读的好习惯。孩子对书本有兴趣，就不会在对着书本时坐立不安了。

5．鼓励孩子树立信心

能不能使孩子注意力集中，自信心是一个关键因素。静下心来以后，就要相信自己能够集中注意力，全神贯注地听课，于是就能获得好的效果。所以要教会孩子自己对自己说："我能够集中注意力，能够很好地听课！"如果孩子没有信心，认为自己的注意力集中不起来，那就会真的出现注意力不集中，就会出现失败。

48. 不懂谦虚，有了成绩便自高自大

有些孩子因为一次考了好成绩，便不再去认真学习；有些孩子因为在班里担任了干部便目中无人，甚至看不起自己的父母；有些孩子更离谱，因为自己有一点特长，便有了"炫耀"的资本，不但不继续发展自己的特长，还梦想着有一天能成为众人瞩目的焦点。

情景案例 QINGJINGANLI

现象一：

上三年级的小勇从小便喜欢看书，一年级就把《三字经》和《论语》读熟，二年级就开始读小说并写读书笔记。因此，老师和家长都很喜欢他，同学们尊称他为“班级小博士”、“三年级的百科全书”。

老师看小勇学习认真，还很聪明能干，就让他当了班长。可是，最近小勇的表现总是很“异样”：由于粗心算错题，妈妈说他两句，他就跟妈妈耍脾气；一次放学后，妈妈去学校接他，让他跟老师说“再见”，他一副不耐烦的样子；回家后，妈妈教育他要懂礼貌，他便冲妈妈大喊：“我知道了，你总是说，我耳朵都装不下了！”面对孩子的这种骄傲情绪，妈妈真不知道该怎样教育他好了。

现象二：

小晔是个很有才华的孩子，刚上小学四年级便能写出一篇篇出色的文章。因此，小晔从小就立志要当作家，并发誓要当著名作家。有这样的雄心壮志，就应当为此努力学习，脚踏实地读书，认真地写作。可是他并没有这样做，而是成天想入非非，要当“在文学史上永远闪耀着光芒的大作家”。

在这种情绪的引导下，小晔开始讨厌学习。他认为书上的知识都是别人、成年人、老年人写的，他要突破这些人，创造出自己的作品。而且，小晔越来越看不上老师，他说：“老师都是些庸人，在课堂上只会照本宣科，一万句话里找不到一句精彩的格言和奇特的妙语。”

因此，小晔的成绩一路下滑。一次摸底考试中。他的数学考了17分，外语考了24分，连语文也只得了60分。

小晔本来是个很出色的孩子，但是由于他骄傲自大，凭借自己的一点点特长，就不认真对待学习，看不起老师，最后只能使自己的成绩一落千丈。

专家解析 ZHUANJIAJIEXI

骄傲自大是当代很多孩子的一个典型特征。“谦虚使人进步，骄傲使人落后”。骄傲自大是一种不良的心理状态，它往往会对孩子的发展产生很多消极影响。

骄傲自大的孩子常常在自己的周围树起一道无形的“城墙”。形成与外界的隔膜，这使他们的心胸变得很狭窄。

骄傲自大的孩子虽然能取得一定的成绩，但往往没有远大的理想和志向，而只满足于眼前的成绩。并且，他们看不到别人的成绩，只会“坐井观天”。

骄傲自大的孩子会夸大自己的优点，看不到自己身上的问题，而把别人看得一无是处。他们听不进别人的善意批评，总是处于盲目的优越感之中，因而逐渐放松对自己的要求，表现也就不再那么优秀了。

骄傲自大的孩子很难和别人友好相处，因为他们不能做到平等相待，总是以高人一等的态度对待别人或指挥别人。

骄傲自大的孩子情绪也十分不稳定，当人们不去理睬他们时，他们就会感到沮丧；当他们遭到失败和挫折时，他们又会从骄傲走向悲观、自卑，甚至会否定自己的一切，觉得自己什么都不如别人。

因此，当孩子产生骄傲自满的情绪时，做家长的应该给予孩子积极的引导，使其心理健康发展。

教子指南 JIAOZIZHINAN

当孩子露出骄傲的苗头时，妈妈一定要引起注意。要想尽办法让孩子认识到骄傲的害处，培养孩子养成谦虚的美德。

1．给孩子做出榜样

有些家长由于自身条件比较优越，总是表现出一副洋洋得意、目中无人的神态，经常会流露出对他人的不屑。如有些家长经常会在孩子面前议论同事、朋友的缺点等，孩子听到这些话，也会仿效家长，只看到自己的长处，而嘲笑别人的短处。家长是孩子的第一任教师，是孩子效仿的最直接榜样。因此，家长要想让孩子成为谦虚的人，就要首先给孩子做出好的表率。

2．帮孩子正确认识自己

孩子产生骄傲思想往往源于自己的某方面特长和优势。家长应该先分析产生这种骄傲思想的基础：是学习成绩比较好、有某方面的艺术潜质，还是有运动天赋。然后让孩子认识到，他身上的这种优势只不过限定在一个很小的范围内，放在一个更大范围就会失去这种优势，正确的态度应该是积极进取，而不是骄傲懈怠。

3．正确地表扬孩子

在现实生活中，孩子往往由于学习成绩较好或者某方面有特长而经常受到家长和老师的表扬。这种太多的表扬常常会误导孩子，使他们不能正确认识自己，于是就会滋长骄傲情绪。因此，家长在表扬孩子的时候也要掌握一定的“火候”。

家长应尽量少在外人面前夸奖孩子。小孩子的自我评价能力还很差，看到那么多人肯定自己，会产生错误的认识，认为自己真的多么优秀，从而产生骄傲的情绪。家长应多表扬孩子的某种行为本身，而不是一味地表扬孩子本身。

表扬孩子确实是一门学问。不合时宜的表扬只会让孩子产生骄傲的情绪，而恰当的表扬则会令其既对自己充满信心，又踏踏实实地继续去努力。

4．教孩子学会谦虚

谦虚的美德历来被称作“一切美德之冠”。俗话说得好：“越饱满的谷穗，越是低下自己的头。”稻田里面，高高扬着自己头的一定是秕谷穗子。当孩子有骄傲的情绪时，家长不妨把他交给那些真正有“本领”的人，让他们教孩子学会谦虚。

49. 好胜心强，容易受打击

现在的孩子，特别是独生子女，由于各种各样的原因，很多都形成了以自我为中心的坏毛病。主要表现为特别爱争强好胜，和其他的孩子玩耍时，赢了就高兴，倘若输了便生气，甚至大发雷霆，把玩具扔得满地都是。

情景案例 QINGJINGANLI

15 岁的高燕，娇小婀娜，端正的瓜子脸上镶嵌着一双黑黑的大眼睛，率直的目光溢出少女特有的清纯。也许是父母过分的溺爱和娇宠，高燕从小养成了争强好胜的性格。还在上幼儿园的时候，她就开始凡事都要争第一。唱歌、跳舞，如果阿姨没有表扬她，她就会噘起小嘴一天不理人。

上小学后，她的学习成绩在班里一直名列前茅，当然这与父母平时灌输的出人头地的思想和她争强好胜的性格分不开。

在人们的想象中，高燕一定会生活得无忧无虑，像一只自由的小鸟。可事实却恰恰相反，高燕并不快活，她一直处在紧张和焦虑之中，心里始终有着孤寂的一角。尤其是上中学后，她每日都提心吊胆，担心自己的成绩会下降，怕别人超过自己。每次临近期中、期末考试，她都紧张得连续几天茶饭不思，心绪不宁。

初三上学期期末考试的前两个星期，高燕患了一场重感冒，连日的高热烧得她头发胀，腿发软。待公布考试成绩时，她的分数竟排在最后。

几天来，高燕几乎天天蒙着被子抹眼泪，这真成了她 15 岁人生中最灰暗的日子，悲伤紧紧地包裹了她的全身。

时隔不久，高燕病倒了，整日头昏眼花，感到屋子在变小，自己的手在变大，严重时连白天、黑夜都分不清，虽经治疗，却不见好转。

初三下学期，她的学习成绩显著下降，由班里的佼佼者一下变为最差者。一连串的打击，使高燕的病情加重，升学考试前夕，她不得不忍痛休学，回家治病。

专家解析 ZHUANJIAJIEXI

期望值过高，使家长全然不顾孩子的自身条件，违心地逼孩子拼命读书，让一个个稚嫩的心灵去承受超负荷的重压——孩子变成了功课的奴隶，过强的自尊心又不允许他们失败，于是孩子形成了争强好胜的性格。而一旦在某方面不如人或失败了，就会沮丧、悲观。

孩子争强好胜，说明他敢于竞争，有争上游的劲头，这是好的方面。但如果这种好胜心发挥过了头，固化成一种“凡事只能赢，不能输”的习惯，对孩子的成长就非常不利了。父母一旦发现孩子有这样的行为倾向，就应注意加以引导，不应让他们养成习惯。不然，对他们今后的成长乃至走向社会、适应社会都有很大的影响。

学会保持乐观、开朗的情绪，对孩子来说是非常重要的，也是十分必要的。一般来说，对那些能够满足自己需要的事物或对象，会自然而然地产生一种满意、高兴、喜悦、爱慕的积极情绪体验；反之，就会产生痛苦、忧愁、厌恶、恐惧、憎恨的消极情绪体验。积极的情绪体验能够激发人体的潜能，使其保持旺盛的体力和精力，维护心理健康；消极的情绪体验只能使人意志消沉，有害身心健康。

教子指南 JIAOZIZHINAN

培养孩子活泼开朗积极乐观的性格，我们给父母们的建议是：

1．创造和睦友爱的家庭气氛

父母常向孩子表达自己的爱和关心，可以缓解孩子对人的冷漠。因此，父母应多与孩子一起游戏娱乐，每天多留一点时间给孩子，与孩子交流感情。在和父母一起游戏娱乐中，孩子能学到一些与人交往的知识和技巧，特别是能体验到对他人的关心和爱护。这样，他们在与同伴交往时，会更轻松，也增强了与他人交往的信心。

2．鼓励孩子与同学同伴交往

父母要为孩子创造与同龄人交往的机会，如带孩子一起到邻居家串门，邀请孩子的朋友来家里做客，让孩子在适当的时候去同学家、邻居家玩等。带领孩子参加一些其感兴趣的活动，让孩子在与同伴的游戏、外出游玩中获得乐趣，对转变孩子孤僻沉默，培养活泼开朗的性格是大有好处的。

3．多和孩子交谈

父母应多留心孩子的情绪变化，当孩子闷闷不乐时，无论多忙，也要挤出一点时间和孩子交谈，鼓励孩子表达心境。但父母切勿强迫、勉强，而是让孩子感觉到：自己不高兴，父母也很难过，他们愿意帮助自己。从而使孩子自觉自愿地说出缘由。父母应耐心地倾听孩子讲述，然后“对症下药”。事实上，很多悲伤一经讲出，很快也就消失了。

4．允许孩子自由地表现伤悲

孩子的个性各不相同，因而悲伤时表达情感的方式也不尽相同，父母应该允许孩子自由表现他的伤悲。孩子在哭泣时，父母千万不能要求孩子憋住，甚至可以不去劝阻，因为一个人尽情哭过之后，感情可重新恢复平衡。当孩子痛打“娃娃”或砸玩具时，父母的任务不是去指责，而是设法通过言语或行动引起孩子的情感共鸣。孩子得到父母的暗示，自然会停止“暴力”。如果孩子仍不愿与父母交谈，希望单独思考，那么父母也就不要在一旁唠唠叨叨。

50. 骄傲自大，不知谦虚

一个骄傲的人很容易在骄傲里毁灭自己，因为骄傲是一种不良的心理状态，而孩子特别是那些较出色的孩子，更容易产生骄傲自满的情绪。这样的孩子往往恃才傲物、目中无人，取得一点成绩便不思进取，从而毁了自己的一生。

情景案例 QINGJINGANLI

现象一：

菲菲是个很聪明的孩子，今年上小学三年级，由于接受能力强，总是受到老师的夸奖。得到夸奖后，她总是翘起尾巴在同学面前炫耀，久而久之，同学们都不喜欢和她在一起玩了。

现象二：

小军已经小学五年级了，是个爱学习的男孩，由于学习成绩在班里一直名列前茅，因此感到自我了不起，不把任何人放在眼里。

在家里，小军已经认为自己是个大人了，对于父母说的话越来越不放在心上。在学校里，小军也非常清高，不太愿意与成绩不好的同学一起玩，觉得跟他们在一起没什么意思。对于任课老师，小军也不太尊敬，他认为老师的水平不过如此，自己自学都能够学到很多知识。唯一令小军比较敬重的是他的班主任侯老师。侯老师是一位快退休的语文老师，他对小军非常好，经常给小军介绍一些学习方法，讲一些名人的故事。

有一次，小军在一篇交给侯老师的周记中表现出自己看不起同学的思想，他还提到了一次与数学老师发生的争执，原因是数学老师批评小军做作业不够仔细。

侯老师后来在小军的本子上是这样写的：

“切勿让骄傲支配了你。由于骄傲，你会拒绝有益的劝告和友好的帮助，而且由于骄傲，你会失掉客观的标准。”

但是小军不以为然，依然目中无人，我行我素，结果同学都不喜欢和他来往，在班里他成了孤家寡人。

专家解析 ZHUANJIAJIEXI

孩子的认知水平受年龄限制，取得一点成绩就沾沾自喜，自以为很了不起，根本不懂人外有人，天外有天的道理，夸大自己的成绩，得到赞赏就心花怒放，把所有人都不放在眼里，“唯我独尊”。孩子一旦萌生这种恃才傲物的心理，就会整天沉浸在自己眼前的成绩中，孤芳自赏，自我满足，最后导致停滞不前。

家长的过分宠爱是导致孩子恃才傲物的根本原因。如今的孩子都是独生子女，被爸爸、妈妈、爷爷、奶奶视为掌上明珠，家里的小太阳。不管孩子想要什么，家里人都会想方设法满足，就算孩子要天上的星星，家长都会想方设法为孩子摘到。孩子所有的事情，家长都会安排得妥妥帖帖的。不管孩子做什么，家长都会给予表扬。孩子从小就没有受到过批评，就像一个小皇帝。在这种环境下长大的孩子养成了以自我为中心的习性，恃才傲物，不懂得谦虚谨慎，总以为自己是最棒的，其实这样的孩子走出家庭只不过是一只井底之蛙。

还有一些孩子由于学习成绩较好或者具有某方面的特长，会经常受到来自家庭和学校的表扬。太多和不切实际的表扬有时会误导孩子，使他们不能正确认识自己，于是就会滋生骄傲自满的情绪。

此外，每个孩子都有自己的理想和抱负。孩子眼中的理想和抱负只是单纯的“出人头地”，在这种思想的驱使下，孩子从小就会产生目空一切的心理，不把任何人放在眼里。没有平凡意识，这样的孩子只看到自己的优点，看不到别人的长处，取得一点成绩就会在别人面前耀武扬威，一旦走向社会，就会处处碰壁。

教子指南 JIAOZIZHINAN

恃才傲物、目中无人的孩子很难和人相处，也不会得到他人的认可，对于这样的孩子父母要正确引导，使其心理健康发展。

1．培养孩子的平凡意识

家长要培养孩子的平凡意识，这样孩子能更好地给自己定位，能认识到人与人是平等的。长大以后，孩子能在社会中与人相处融洽。告诉孩子平凡并不代表平庸无为，在生活中以平凡的心态去对待每件事，才能一步一个脚印地走向成功。

2．教育孩子“人外有人，天外有天”

家长时时刻刻注意提醒孩子不能只看到自己的长处。教育孩子发现别人的长处的同时，孩子就能看清自己的短处。学习他人的长处，让他明白世界之大和自己的渺小，使孩子在不知不觉中提升自己。

3．适度地打击

家长发现孩子有恃才傲物、不懂谦虚的习惯，就要给予适度的打击。在肯定孩子成绩的同时，让他明白相比之下还存在不足之处，告诉孩子只有谦虚才能进步。

4．对孩子忌表扬过多

表扬过多会导致孩子骄傲自满，因此父母对孩子的表扬要恰如其分。其实父母应该经常表扬孩子，并且表扬孩子本身并没有错，但是不要一味地表扬。更为重要的是，表扬孩子的时候，要注重表扬孩子的某种行为，而不是表扬孩子本身。

5．委婉地批评

家长指出孩子恃才傲物缺点，要委婉地批评，语气不能太过强硬，方法要得当。

6．教孩子分清自信和恃才傲物

父母在教育孩子不要炫耀、目中无人时，应先引导孩子分清自信和骄傲的区别。自信是一种积极的人生态度，它使人战胜困难，不断追求进步；而恃才傲物是盲目乐观，是狂妄自大，它只会使人不思进取。对于父母来说，应该培养孩子的自信心，但不能让他们增长自满的情绪。

51. 好高骛远，不肯脚踏实地从小事做起

我们知道，任何的成就都是要从一点一滴的小事做起，但很多孩子由于受到外界各种因素的影响，常常认为自己是做大事的人，那些鸡毛蒜皮的小事根本就不用理睬，于是养成了好高骛远的毛病。这样的孩子将来是不会有什么大的作为的。

情景案例 QINGJINGANLI

小峰是个聪明伶俐的孩子，他脑子快，什么东西都一学就会、一点就通，处处表现得比同龄的孩子强一截。谁见到小峰都称赞："这孩子聪明，以后一定错不了！"让爸爸妈妈很为有这样一个儿子而骄傲，觉得儿子以后一定能干大事，得好好培养。

慢慢地小峰也觉得自己不一般，以后一定能成大事。在学校，小峰的桌子里最乱，书本用具东扔西落，老师和同学说他，他振振有词地说："这些小事情，我不用管，以后会有人为我收拾。"做值日了，同学们都在劳动，只有小峰翘着腿坐在那儿不动，他的理由是："这些都是清洁工做的，我不用做。"小峰的字写得不规范，老师让他多练练字，小峰不屑地说："以后都用电脑打字，还会有打字员、秘书做，字写那么漂亮有什么用？"老师要求同学们在家里帮助父母做家务，小峰根本就不理睬，认为自己是干大事的人，做家务、烧饭这些小事不用做。

这样的例子还有很多很多。小峰总是说："我才不干这些鸡毛蒜皮的事情呢，我得等着以后十大事！"

专家解析 ZHUANJIAJIEXI

孩子一心只想做大事，对身边的小事不屑一顾的原因与家庭教育有很大的关系。很多家长只想着让孩子有更多的时间做"大事"，想着怎

么样才能让孩子更加出色、更加拔尖，而忽视了孩子生活能力、习惯和道德品质的培养。

这些父母的做法，使孩子整天生活在虚无的、想象的成功中，却不能以脚踏实地、积少成多的精神认真地对待学习和生活中的事情，使孩子养成好高骛远、眼高手低、狂妄自大、做事浮躁的毛病。而在父母不屑的“小事”中，孩子失去了很多学习、锻炼的机会。

有些父母为了让孩子“做大事”，就主动包揽了全部的“小事”，为孩子打理生活、学习中的一切。这样，孩子的独立意识、动手能力、生活自理能力得不到应有的锻炼和发展，使孩子形成怕苦、散漫、懒惰的习惯，完全无法独立面对生活，成为生活中的“弱者”。

成功绝不是靠一厢情愿想来的。孩子那种不切实际的心态、能力的缺失和不良的习惯，不只会影响到孩子的生活，同样会影响到孩子的学习能力和兴趣，还会使孩子的意志力薄弱，没有吃苦耐劳、不怕困难的精神，遇到挫折就心灰意懒、委靡不振，失去继续努力的决心。这样的一个人，是很难取得什么成就的。

教子指南 JIAOZIZHINAN

没有凭空可以成就的大事，任何的成就都是从一点一滴的小事做起、逐渐积累而成的。

1．鼓励孩子从小事做起

“不积跬步，无以致千里；不积小流，无以成江海。”这是父母和孩子都应该明白的道理。父母首先要以一种冷静、平和的心态对待孩子的聪明、对待孩子“能做大事”的趋势，教育和鼓励孩子从小事做起，步步积累知识、积累经验、积累走向成功的资本，成为一个踏实、勤恳，善于主动思考、主动发现问题和解决问题的人。

2．为孩子提供做小事的机会

给予孩子积极的鼓励，为孩子创造必要的环境，让他从参与家务、自己管理自己开始，到参加集体活动、公益劳动，为孩子提供各种锻炼能力、养成良好习惯和培养意志品质的机会，对孩子的不良习惯和错误想法进行纠正。

3．不对孩子提出不切实际的目标

不要总是对孩子提出一些幻想中的、不切实际的目标，如你以后长大一定要做个什么什么人，要做多么多么伟大的事情等，避免孩子因此产生自以为是、好高骛远的毛病。

52. 爱面子，不懂不会也不问

有的孩子过于害羞，虽然学习上有许多没有搞懂的问题，但也不敢问老师；更有的孩子太爱面子，喜欢打肿脸充胖子，不懂也装懂，不会的东西从来也不向别人请教，这是十分有害的。因为日积月累，不懂的问题就会越来越多，使学习的阻力也越来越大，很容易使孩子丧失学习信心和学习兴趣。

情景案例 QINGJINGANLI

现象一：

一位妈妈无奈地说：

我的儿子现在10岁。记得他上幼儿园时，非常喜欢问“为什么”，我们也总是尽可能地回答他的提问。自从上了小学后，他的老师被他问得不耐烦，就以“因为所以”来应付他。一段时间以来，我们很难听到他问“为什么”，就启发性地向他提问，没想到，他如法炮制他老师的“因为所以”来应付我们，丝毫不理会和思考我们的提问。现在他对自己不懂的问题，哪怕是很重要的问题，也从不肯问别人，无论是老师还是同学，甚至包括家里人。对此，我说过孩子很多次，但作用不大。这让我们很苦恼，儿子原来爱动脑爱提问的习惯没有了，不知道怎么办才好？

现象二：

有一天，柯柯在做作业时直摇头晃脑的，妈妈很纳闷，问柯柯在做什么，他对妈妈说：“我不懂老师今天教的东西。”

“不懂的话应该马上问老师啊，你没问吗？”

“唉哟……那多丢脸，我才不问。”柯柯不以为然地说。

“你会这样想，妈妈能理解，妈妈小时候也是属于不敢问老师问题的小孩。”接下来，妈妈给他讲了自己一个故事：

妈妈小学五年级的时候，班上有一个性格开朗、成绩也很好的朋友，那个朋友每次下课后就会去找老师，不知道聊什么，聊很久。

“你跟老师在说什么，聊这么久？”

妈妈虽然不好意思，但还是问了那个朋友。

“我不是去跟老师聊天，我是问老师我上课时有些听不懂的地方。”

妈妈当时对那个朋友的话感到讶异，他这么聪明的人也有不懂的地方啊……

“有不懂的地方要马上搞懂，如果因为一个小问题导致接下来的功课都不会的话，怎么能提高学习成绩呢？”妈妈最后说道。柯柯听了妈妈的话，似懂非懂地点了点头。

可是，一到学校，遇到不会的问题，他还是碍于面子不向老师或成绩好的同学请教。时间久了，柯柯的成绩不但没有提高，还经常不及格。

专家解析 ZHUANJIAJIEXI

孩子为什么会有问题也不问，不懂装懂呢？

我们先来看看中美两国课堂情况：从小学到中学，乃至大学，美国和中国的课堂可谓大相径庭。在美国，课堂上非常活跃，这并不是说美国的学生喜欢在课堂谈论私事或开玩笑，而是指美国学生遇到不懂的问题时，就会连珠炮似地发问。所以，美国的课堂经常是热烈地讨论、争辩，议论纷纷，非常热闹。当然，学生提出的问题五花八门，老师经常被问得焦头烂额，应接不暇，甚至无法继续授课。

中国的课堂就安静多了，学生们静静地听老师讲课，认真地记笔记，但很少向老师提问，教师们为了完成授课内容，只要学生不提出不懂，就自顾自地一路讲下去。可是待考试结果一出来，才发现能真正理解老师授课内容的学生往往不多。于是，跟不上进度的学生日渐增加，对功课感兴趣的人也会慢慢减少。

可见，教师授课方式是造成孩子不喜欢提问题的原因之一。

此外，家庭教育也是一个重要的原因。美国的家庭对不懂又不问的孩子严加斥责；而同样的情况发生在中国，家长可能首先训斥孩子：“为什么不懂？”在这种环境中，我国的孩子当然难以培养不懂立刻就问的习惯。

还有以下几点也是造成孩子不愿意提问的原因：

第一，少年儿童已经有了较强的自尊心，但是他们不理解什么是真正的自尊，因而将大胆提问和诚实地承认自己不懂看作是“丢脸”。于是他们用不懂装懂、自欺欺人来维护自己的“尊严”。

第二，孩子不敢说“我不会”，与家长有密切的关系。如果家长既能够耐心热情地帮助孩子寻求解决难题的办法，又能引导他们敢于向老师提出自己弄不懂的问题，并说明这样做的好处，孩子就不会出现前面所说的情况。

有句格言说：“不懂就问一时羞，不懂不问一生耻。”其实，不懂就问不仅不是什么羞耻，而且是一种很值得提倡的好学风。

教子指南 JIAOZIZHINAN

不懂装懂是一种很糟糕的品质，它能使人逐渐变得虚荣和不诚实起来。那么，怎样克服孩子不懂装懂的坏习惯呢？

1．设法经常锻炼孩子的胆量

要经常让孩子买点小件物品，家里油盐酱醋没了，可分派孩子去买，不要老怕他弄错而什么都不让他干；再就是鼓励孩子自己去串门或做客，双休日、寒暑假要让孩子到亲戚家、同学家多走走，不要老让孩子呆在家里看电视；另外，还要多带孩子外出旅游或参观。总之，要积极鼓励孩子多参加社会实践，多接触人。实践多了，胆子就大了，也就敢于问别人了。

2. 在家里让孩子养成提问题的习惯

在家学习是父母和子女一对一进行的，如果养成小孩不懂立刻就问的习惯，也会收到意想不到的学习效果。让孩子半生半熟地往前赶进度，不如把重点放在孩子不懂的地方，为今后打下良好的基础。父母用这个办法去指导孩子，即便刚开始时效果不佳，但过上几个月时间，孩子的成绩一定会提高的。

3. 营造宽松的家庭氛围

家长平时要尽可能营造一个宽松和谐的家庭环境。对孩子的提问要认真对待，不要轻易阻止。孩子年幼，有时可能问得很荒唐、很冒失，或者不够得体，对此，家长既不能训斥，更不能讥讽、嘲笑。对孩子提出的问题，家长能回答的要尽量给以满足；一时不能回答的，可启发孩子去问别人，或者去查找资料。

另外，家长还要经常和孩子用平等的态度一道玩耍，一道学习，一道讨论问题。有时也可以特意出几个问题让家庭成员一起来讨论和争辩。孩子在家中养成了敢于提问的习惯，到了学校或社会，自然就会主动地提问了。

4. 教给孩子提问的方法

家长要教给孩子一些提问的技巧，使孩子会问、善问。

一是要教孩子想好了再问，在自己反复思考的基础上提问。不能一想到就问，问后自己觉得没意思，或者说不清楚问题，让别人听不懂。

二是要注意问题的角度，尽可能从细小的地方开始问，让人家容易回答，不要提一些大而无当、笼笼统统的问题，比如：老师，怎么复习？

记叙文怎么写？等等。只有问题提得小，人家才乐意回答，答起来也才有针对性。

三是要把握时间，选择他人比较空闲的时候去问；如果人家正忙着，有些人就可能随便应付一下，或推说不知道。

四是要教孩子讲礼貌。求问于别人，是一桩要别人费心费力的事，不管人家年龄如何，都要先热情地称呼，问过之后还要表示感谢。

53. 做作业时心不在焉，一边做一边玩

孩子往往爱动不爱静，能自觉地、专心致志地完成作业的孩子不多，大部分孩子做作业时一心两用，边玩边做，例如做作业时看电视、吃零食、说话、摆弄小玩具等。于是不但不能按时完成作业，即使完成了也是错误百出。

情景案例 QINGJINGANLI

现象一：

李小明是小学四年级学生，读四年级前有父母的关心，各科成绩都很优秀。去年，李小明的父母双双外出打工，他们把孩子交给了他爷爷照顾。爷爷对孙子格外宠爱，对李小明看电视没有加以限制，使他发展到一边看电视一边做作业的习惯。后来李小明做作业时就不再专心了，总是一边玩一边做作业，因此作业总是错误不断，各科成绩不断下降。李小明的爷爷知情后，虽然多次告诉他做作业要专心，不可一心两用，但是没用。李小明至今没有改掉边玩边做作业的不良习惯，学习成绩自然没有回升。

现象二：

一位家长这样描述自己的孩子：

我孩子现在已经是三年级的学生了，但他放学回家就是不认真完成作业，我不在他的身边他就是不认真。他每次做作业都要我看着，而且很费力，要我不断地说他，直到我发火打他。但这样只能改善几天，过不了几天，他又是老样子，简直让我烦透了。好好和他讲，要么不理你，要么和你顶嘴，我真不知怎么办。

老师说，他在学校表现也不是很好，做作业也比同学慢，还经常出错。我知道这是因为他不专心造成的，其实他是个很聪明的孩子。作为妈妈，我很担心儿子的学习会因此跟不上。

专家解析 ZHUANJIAJIEXI

一位儿童心理学家研究认为，人们集中注意力、抑制冲动的能力跟大脑前额叶的发育有关，而大脑要到20多岁才会完全发育成熟。也就是说，几岁到十几岁孩子的大脑还处在发育阶段，集中注意力的时间自然比较短。小学阶段的孩子读书、写作业二三十分钟，就起来动一动，做点别的事情，是很正常的现象。这时，如果家长期待孩子像大人一样，一两个小时都在专心致志地做作业，不但不切实际，甚至有些强人所难。

可见，从大脑生理结构来说，孩子做作业有不专心的现象是正常的。但是这并不是说孩子做作业不专心是天生的，不可改变的。其实，很多时候，孩子做作业不能够专心致志，与家长的教育有关。

有的孩子做作业不专心，与上学之初家长没有严格要求、严格训练有关。孩子刚入学，回家做作业时，家长又怕孩子饿，又怕孩子渴，一会儿给东西吃，一会儿给水喝，一会儿又同孩子说几句话，日久天长，孩子就养成做作业时吃零食、说话、摆弄小玩具的坏习惯，或边听广播、看电视节目边做作业的习惯。

有些家长则认为学校减负后，课外时间增多了，于是就让孩子上这班，上那班，把孩子累得精疲力尽。孩子为了多玩一会，家庭作业总是一拖再拖，到快要睡觉时不得不赶写作业，这时浑身困倦，头昏脑胀，哪有心思专心思考，认真计算？于是作业就马马虎虎，草草了事。

教子指南 JIAOZIZHINAN

对于做作业不专心的孩子，家长可以尝试以下方法：

1. 给孩子讲道理

对确实贪玩、作业拖拉、不专心写作业、应付了事的孩子可用平和的语气跟他商量摆道理。你可以建议他说："一个人一天中要做的事情，比较重要的只有20%，但如果我们先做完这20%重要的事情，在心理上就会感觉已经轻松了80%。再去做别的事时，就觉得有更多的自由时间，玩得更痛快。明天不妨试一试。"切记不可以用责备或训斥的语气跟孩子讲道理。

2. 渐渐延长孩子专心的时间

孩子做作业不专心，家长对孩子要有耐心。也许，开始时孩子只能专心10分钟，但是你可以慢慢地引导他："要不要再多5分钟？"接着鼓励他："你真棒，你现在做事情越来越专心了。"接着再把孩子的专心时间慢慢延长到15分钟、半个小时。

3. 要求孩子在规定的时间内完成作业

一般来说，老师要求孩子在一定时间内完成的作业，孩子会集中精力在规定的时间内完成。因此，家长也要做孩子的"家庭老师"，为孩子完成作业规定一个时间。

研究表明：不同年龄孩子的注意力稳定时间是不一样的，5~10岁的孩子能集中注意力达20分钟；10~12岁的孩子能集中注意力25分钟；12岁以上的孩子可以集中注意力半小时以上。硬是让一个10岁的孩子坐在那里60分钟去专注地完成作业几乎是不可能的。因此，父母要根据孩子的年龄特点，要求孩子在相应的时间内集中注意力，力争保质保量地完成作业。

4．适当陪伴

孩子学习早期，孩子学习的坚持性和注意力的集中程度总是有限的，成人在旁边的陪伴无疑是一种支持。但陪伴时家长只需要关心他学习的过程，而对学习的具体情况不必太在意，可在旁边专心地做自己的事情，为孩子提供榜样或创造一个安静的学习环境，绝不可大声吵嚷或听广播，看电视，影响孩子的注意力。

5．营造安静的环境

孩子的注意力和集中力有限，他们往往会受到四周环境和气氛的影响。当孩子做功课时，一定要把家中的电视机、收音机等关上。父母也要避免家中的其他噪音干扰孩子。另外，给孩子做功课的地方要光线充足、空气流通，力求让孩子在舒适的环境中做功课。

54. 不能独立完成作业，家长要陪伴辅助

小小的行为习惯往往可以影响人的未来和一生。孩子做作业缺乏独立性，要求父母“陪读”或检查作业，看似小事，但长此以往，孩子容易产生较强的依赖心理，变得缺乏责任感，没有自律能力。这样的孩子在将来的生活和工作中很难做出一番成就。

情景案例 QINGJINGANLI

晓明是个虎头虎脑、活泼聪明的男孩，今年读三年级，他平时的作业做得很好，可一到考试的时候，就会因为马马虎虎、丢三落四而出错，所以考试的成绩总是不理想。

一次，蔡老师把晓明叫到办公室，拿着试卷给他看，一一分析为什么会出错。看到很多原本会做的题目被扣分，晓明也很懊恼。蔡老师问他：“你答完题目，有没有自己检查一遍？”

晓明说：“我也检查了，但只是看看，没发现有错误。”蔡老师又问：“我发现你平时的作业很少有错误，为什么一到考试就不行了？”晓明挠挠脑袋，不好意思地说：“平时，都是爸爸妈妈给我检查的。”

原来，在学习上晓明是个缺乏独立性的孩子。自从他上学开始，爸爸或妈妈总得有一个人陪着他做作业，否则他就不写作业。每天到该做作业的时候，只要爸妈不督促他从不主动去做，每次都要求爸妈先帮他把书本拿好，把铅笔橡皮准备好。只要一写完作业，他就认为大功告成，把作业本交给爸妈，说：“爸爸，你帮我检查检查，看看有错误没有。”然后就到一边玩去了。如果爸妈发现他做的作业有错误，要和他分析一下错误出在哪里，他都不耐烦地说：“我知道了，下次会注意的，先帮我改过来吧。”

不仅这样，爸妈还要帮他把书本、学具整理好，书包收拾好，否则即使放到第二天晓明也不会自己收拾的。

专家解析 ZHUANJIAJIEXI

在生活中，像晓明这样的孩子不在少数，他们在学习中缺乏独立性，做作业需要父母的督促、“陪读”，做完作业要求父母替自己检查，甚至连整理书本、收拾书包的小事都要父母来做。其实孩子学习缺乏独立性不是天生就有的，是在生活中形成的，与家庭教育有直接的关系。

良好的行为习惯和自理能力是通过生活中的小事来培养的，并会影响人的一生。而有的父母总认为这些是小事，为孩子包办代替。这样做不仅不利于孩子养成良好的习惯，孩子的自理能力得不到提高，还会使孩子变得眼高手低、好高骛远，做事虎头蛇尾。不良的行为习惯一旦养成，会很难纠正，这对孩子今后的学习工作都是很不利的。

还有的父母怕孩子因为马虎、不仔细而在学习上出问题，总是习惯为孩子把关，像督促和监督孩子做作业、为孩子检查作业等，希望能靠这样的方式，对孩子的学习有所帮助。而事实证明，父母越是细心地为孩子检查作业，他以后的作业错误就会越多。这是因为家长的这些做法滋长了孩子的依赖心理，他们有了“靠山”，自然就不把作业放在眼里了，从而便会用无所谓的态度对待作业。

如果孩子自己没有检查作业的习惯，只是一味地依赖家长，这样只能暂时避免出错，时间长了孩子容易形成很强的依赖心理，习惯于把自己应该承担的、最基本的责任都推卸给别人。这样下去，孩子会变得缺乏责任心和没有自律能力。

教子指南 JIAOZIZHINAN

家长辛辛苦苦地陪孩子做作业，给他检查作业，为他讲解作业，没想到却带来如此多的弊端。那么，家长应该怎样做，如何培养孩子学习的独立性？

1．教孩子承担自己的责任

让孩子承担自己的责任，自己独立完成学习任务，包括检查作业、收拾学具、整理书包等所谓的小事。父母要明白，做这些事情是对孩子自理能力、独立意识、良好习惯的培养和锻炼。

2．教会孩子自己检查作业、自己准备学习用品的方法

开始，父母可以和孩子一起做，并在实践中把方法告诉孩子；然后让孩子自己做，父母来检查、督促，提出并帮助孩子纠正一些问题；最后，达到孩子可以独立完成的目标，使孩子养成做事有条不紊、有始有终的习惯。要知道，当一种行为成为习惯时，孩子就可以自然、轻松地面对它，自觉地做好这一切了。

3．有意识地培养孩子的独立性

在孩子可以完成以上的工作后，还可以让他承担一些力所能及的家务或其他工作，使孩子的责任心和自觉性得到进一步的巩固。同时孩子还会因为能为父母、为他人做些事情，而更加自信、更加努力。

在教育孩子方面，太过包办的结果只能让孩子能力尽失。所以，家长们，请放开你的手吧，抱在怀里的孩子永远长不大，雏鹰只有经

过严酷的训练才会搏击长空。

55. 记忆力不好，学过的知识总忘

对于几岁到十几岁的孩子来说，好的记忆力尤其重要。他们需要依靠记忆来吸取知识和运用知识，并且这个阶段的孩子所学的知识是系统的、逐步渐进的，如果没有对前面学过的知识的记忆和理解，其未来的学习就会陷入困境。

情景案例 QINGJINGANLI

上小学四年级的乐乐经常向妈妈抱怨：“妈妈，我的‘社会’总也背不过，因此老挨老师的批评。又要考试了，看来这一科又要给我拉分了。”

妈妈看了看愁眉苦脸的乐乐，笑着对他说：“别灰心，慢慢来。你在没上学的时候就能背很多唐诗，我敢为你的记忆能力打保票。只要你用心记忆，把那些需要记忆的东西全部记住是绝对没问题的。”

乐乐仔细想了想：“自己小时候的记忆力是很棒，因此还经常被幼儿园老师表扬呢，现在的记忆力也应当是绝对没问题的。”

可是，现在无论怎么努力，总是记不住学过的知识，有时候即使记住了，一转眼就忘了。为此，乐乐很烦恼。

专家解析 ZHUANJIAJIEXI

一般来说，人的记忆能力是非常强的。一个正常人脑的记忆容量相当于五亿本书的知识总量，一个人的一生能储存一千万亿个信息单位。这种能力，再好的计算机也比不过。一个孩子学习需要记忆的东西，只是使用了大脑仓库中极小的一部分而已。

然而，我们经常会听到家长这样诉苦：

“我的女儿上小学二年级了，学习很认真，但就是记忆力不好，让背语文课文、英语单词等有关记忆的东西都非常费劲。记不住她自己还着急，看她着急的样子，我比她还急……”

“听老师说，我们家孩子学习不好的原因就是记忆力差。为了提高孩子的记忆力，我们做家长的想尽了办法，可是成效都不大……”

每位父母都望子成龙，都希望孩子聪明，有一个好的记忆力。对于孩子而言，学习的最大障碍也莫过于记忆力差。其实，记忆力是可以培养的。正如人们常说的“天才 =1%的天赋 +99%的后天努力与培养”，孩子的记忆力也是如此。虽然他们在出生时记忆力或多或少地存在着一些个体上的差异，但后天的记忆力培养与训练却更为重要。

据史书记载，我国伟大的史学家司马迁小时候记忆能力不强。念书时，背诵的作业总不能顺利完成。老师检查时，他往往丢三落四。当他认识到自己的缺点之后，加强训练，抓紧一切时间进行背诵练习。经过一段时间的刻苦努力，他终于成为记忆力较强的人，为他以后成为大学问家创造了条件。

教子指南 JIAOZIZHINAN

做家长的应该如何培养和训练孩子的记忆力呢？其实，记忆的方法有很多种，家长最主要的任务就是将孩子引入记忆方法之门，让他们知道用有效的记忆方法可以提高记忆力。

1．提高孩子记忆的自信心

美国心理学家胡德华说：“凡是记忆力强的人，都必须对自己的记忆充满信心。”然而，有很多孩子在背课文、记公式、记英语单词之前，先有畏难情绪，担心记不住，对自己没有信心。这样，孩子就在心理上产生了抵御记忆力的因素，造成精神不集中，总会记不住。

这时，妈妈切忌打击孩子记忆的信心。如有的家长骂孩子“你什么都记不住，一点记性也没有，对你说了也是白说”等，是很不妥当的。在孩子遇到记忆难题时，妈妈一定要耐心帮助孩子，要多给予鼓励，从小培养孩子对自己记忆力的信心。

2．鼓励孩子用多通道记忆法

只用视觉或只用听觉，孩子们记忆的效果都不是很好，但视觉与听觉两种并用，孩子们的记忆效果就要好得多。因此，家长要想让孩子的记忆效果好,就要帮助孩子把所有感觉器官一同调动起来,即采用多通道记忆法。多通道记忆法可以动员大脑的各部位协同合作，来接收和处理信息。用这种方法来学习语文、外语等课程，其效果最为显著。

3．让孩子理解后再记

理解是记忆的基础，只有理解的东西才能记得牢记得久。仅靠死记硬背，不但记忆不会牢固，孩子记起来也会相当困难。因此，当孩子在背文言文、记物理或数学公式等有很强逻辑性的东西时，父母要教孩子做到理解后再记忆，这样比死记硬背、不求甚解地机械记忆，效果要好得多。

4．教孩子利用直观形象进行记忆

根据心理学家的统计和研究，小学生擅长于具体形象的记忆。直观、形象的东西，尤其是视觉映像，容易给孩子留下深刻的印象。因此，当孩子记忆一些抽象的东西时，父母可以指导孩子使抽象的东西尽可能与具体、形象的东西结合起来，在形象的基础上，概括出具有普遍性的结论。

5．教孩子妙用谐音

现在，许多学习材料都很难记忆，在它们之间不易找出有意义的联系，例如，历史年代、统计数字等等。如果能够利用谐音把这些学习材料与某种形象的事物联系起来，就很利于孩子记忆了。

56. 害怕考试，唯恐成绩不够好

对很多家长来说，孩子学习成绩好是最能给全家带来快乐的事情，这反过来又给孩子带来一种暗示，学习成绩好是最重要的，也是最能赢得父母、老师和同学喜欢的砝码。这往往会使孩子产生很大的压力，从而害怕考试。

情景案例 QINGJINGANLI

现象一：

于丰今年小学五年级，他聪明伶俐，勤奋好学，学习成绩也不错。爸妈一直希望他能考上重点中学。

一个阴阴的早晨，校园内的空气压抑不安，一群忐忑烦躁的学生走进考场，每学期一次的期中考试在庄严尖利的铃声中开始了。

而本该如其他同学一样坐在教室里静静地等待老师发试卷的于丰，却未告诉任何人，悄悄地溜出了校园，漫无目的地混入大街上行色匆匆的人群中。为什么？原因很简单——惧怕考试。因为惧怕考试，所以他选择了自我放逐，抵制考试。

现象二：

6 岁的毅迅是个机灵可爱的孩子，他的脑袋里总会有许多稀奇古怪的想法，喜欢看动画片和画卡通人物，胖乎乎的小脸上总洋溢着灿烂的笑容，在幼儿园里是老师和小朋友心中的“开心果”。

毅迅的母亲一直希望他长大后能完成自己当年的夙愿：上清华！因此从小就多方位地培养他。毅迅上大班后，妈妈就托人给他找了一所本地最好的重点小学，留了一个学位，但必须经过入学测试，如果有艺术特长的可以优先录取。毅迅的妈妈每天要求他学习识字、英语和脑算，还专门买回了钢琴，请老师教毅迅学钢琴。这一切都是为了给通过小学的测试作准备。

这天是小学入学测试的日子，一大早毅迅的妈妈就叫他起床，可是他久久不愿起床。妈妈说：“毅迅，你怎么这么懒！赶快起来复习昨晚你练习的计算题和生字。今天的测试你可不要让妈妈失望啊！”毅迅双手捂住耳朵，嘴里念叨着：“我不想去，要去你去好了。整天就是让我做练习、弹钢琴，我喜欢的事情却不让我干！”妈妈听到他这么说，丢掉手中的事情，来到他床前，掀开他的被子，大声地说：“你这孩子怎么这么不懂事啊。妈妈这不是为你好吗？”无奈的毅迅不得不怀着不情愿的心情起了床。一路上妈妈反复在唠叨：“等一会儿测试要胆大、心细，好好考，妈妈的希望寄托在你的身上了。”毅迅一声也没吭。

测试的时候，老师问了一些问题，毅迅除了回答自己叫什么名字以外，有关计算和认字一概不答。妈妈在旁一看就急了，不停地催促他回答，他的小嘴巴紧闭不开口。

测试结果可想而知，经过多方努力，孩子终于进了这所小学。但开学那天，毅迅在学校门口号啕大哭：“我不进小学，我怕考试……”

专家解析 ZHUANJIAJIEXI

考试是衡量一个学生知识、能力的重要手段，是敲开高一级学校大门的重要甚至唯一途径。可为什么还会出现许多学生害怕考试的现象呢？其实，很多学生并不是惧怕考试本身，而是不敢去面对考试的结果。

从进入小学一年级开始，老师和家长就把考试成绩看得很重。老师会按考试成绩高低来排队，来作为选班委、选优秀学生的依据。家长会在考试前一遍遍地嘱咐孩子要认真要仔细，甚至高价请回家教给孩子作辅导，考完了，会非常关心孩子分数的高低，并且会根据孩子分数高低来奖惩孩子。考得好吃麦当劳、买玩具、出去旅游等等；考得不好不免要说两句，遇到脾气不好的还会动手打孩子。所以，孩子在七八岁的时候甚至更小的时候，就知道了老师喜欢成绩好的学生，考得不好爸爸妈妈要骂的，因此害怕考试。

随着年龄的增长，孩子的世界观、荣辱观逐渐形成。此时，很多孩子不再因为外界对自己考试结果的奖惩而惧怕考试，而是自身主动承担的压力让他们害怕考试。他们怕考得不好，老师、同学会瞧不起他们；他们怕面对父母的声声叹息，因为他们已经开始知道父母供他们读书的不易，也知道父母对他们的期待；他们更怕那成绩证明自己是毫无前途的、无能的；他们还怕这次考好了下次考不好，又怎么办。

教子指南 JIAOZIZHINAN

家长应改变自己的观念，改变自己的教育方式，不仅关心孩子的学习成绩，还要关心他们的生活、思想和心理，努力为孩子营造一个宽松的成长环境。

1．让孩子知道家长关注的不只是成绩

家长对孩子学习的关注是必要的，但一定要让孩子感觉到，父母最在意的是他的快乐和幸福，而不是分数的高低。

2．让孩子客观认识自己

最重要的是有自知之明，即对自己的能力、性格和优缺点都能作出恰当的客观的评价。家长要引导孩子对自己不要提出苛刻的非分的期望与要求，对自己的生活目标和理想也能定得切合实际，努力发展自身的潜能，即使对自己无法弥补的缺陷，也能安然处之。

3．家长不要过于看重孩子的分数

在应试教育的竞争中，很多家长和孩子都患上了“名次恐惧症”，在升学压力面前，人们有时很难看清教育的真正意义，即使明白，也有很多的无奈。但有些事情，我们父母是可以改变的，比如，别那么紧地盯着孩子的分数，尽量为孩子提供多彩的成长环境，培养他丰富的生活情趣。家长要多站在孩子的角度想想，理解一下他内心的感受，舒缓他内心的压力，让孩子能在温情中快乐地成长。

第五章　日常生活中最易犯的错误

家长对孩子的这些行为并不陌生：孩子该到睡觉时间，怎么哄都不睡，甚至哭闹；玩具总是丢满地，不懂爱惜；做事总是没有主见、拖拉磨蹭、丢三落四；怎么纠正就是改不掉煲电话粥、痴迷电视的习惯……在日常生活中，孩子的这些行为看似没什么，不是什么严重问题，但如果家长不适当纠正，可能影响到孩子未来人格发展。

57. 迷恋电视节目，时间全泡在电视机前

孩子爱看电视无可厚非，因为看电视并非一无是处。但是如果孩子对电视达到了迷恋的程度，一有时间就抱着电视看，影响了正常的生活和学习，问题就严重了。

情景案例 QINGJINGANLI

现象一：

东东今年8岁，上小学三年级，是个懂事爱学习的孩子，但最近成绩不断下滑。爸妈不知道是什么原因，没发现东东有什么异常的地方，每天爸爸送他到学校，他都乖乖地去上课了。

可是，一天老师打电话给东东爸爸，问东东怎么三天没来上课？是不是生病了？

爸爸感到莫名其妙，心想不会啊，他每天都看着儿子进校门上课去了，怎么会没有去上课呢。在爸爸一再追问下，东东承认，他每天乖乖跟爸爸进了校园，见爸爸走远后马上溜回家放录像，看连续剧《雍正王朝》。东东还说，不看完他心里不舒服，即使去上课也听不进去，脑子里全是电视画面。

现象二：

有一位母亲说，她儿子上小学四年级，每天放学回家，书包一丢，就坐在电视机前，非把爱看的动画片、连续剧都看完了才写作业。大人非常着急，又打又骂又讲道理。该用的办法全用了，一概不管用。孩子嘴上说这个连续剧看完了就不看了，结果这个完了下一个又开始了。母亲说最怕孩子哭闹，一哭就“惊天动地”，听得心慌意乱。她担心孩子是不是得了外面说的“电视病”。

专家解析 ZHUANJIAJIEXI

现实生活中，大部分孩子都喜欢看电视，对电视痴迷的也不在少数。那么电视到底有什么魔力，让孩子如此迷恋，以至于影响正常的学习和生活。

电视节目多以画面为主，直观、形象、变化多端、色彩斑斓，这些特点很能迎合儿童心理，使得孩子像喜欢玩具一样喜欢电视。

电视是孩子的“降压器”。现在的孩子，学习压力大，生活单调，电视能给他们带来轻松愉悦的心情。因为看电视时，没有任何压力，也不用动脑筋，身心处于非常放松的状态。

现在的孩子人多是独生子女，没有玩伴。孤独的孩子只得请求父母的陪伴，可是多数父母不能时常满足孩子，只好把孩子推向电视。不管多爱动的孩子，只要有电视看，就会变得老老实实。于是，电视成了孩子的玩伴和保姆，也替代了独生子女的兄弟姐妹。

动画片是吸引孩子的磁石，它以夸张、跳跃的表现形式得到孩子青睐，也往往反映了孩子内心渴望的理想。

不可否认的是，我国的影视节目没有实行分级制，一些不适宜儿童观看的内容，比如具有暴力倾向和情色场面的片子，打开电视随时可见。有研究证明，经常接受暴力节目影响的儿童，会因好奇、模仿而助长其暴力行为。同时，儿童每天观看电视时间过长会导致智力下降，使学习精力和成绩受到影响，成年后身体还会发胖，严重的还会患上“电视病”，导致行为和思维方式产生障碍。

教子指南 JIAOZIZHINAN

看电视并非一无是处，有些父母担心孩子上瘾，所以禁止他们看电视，这种做法既不现实也不明智。聪明的父母应该做好以下几方面：

1．看电视要有选择

现在的电视节目五花八门、鱼龙混杂，父母要特别注意不能放任孩子，以免他们盲目、随意地观看不适合的内容。我不主张孩子看太多复杂的成人节目，如言情片、武打片、警匪片，并非这些节目不好，而是与孩子的理解力和接受能力不相符。

儿童专家指出，有两类节目最适合少年儿童观看：一类是儿童文学作品，像儿童文学名著、童话改编的故事片、动画片；另一类是知识性作品，如大自然探险、科普专题、科幻题材等。

当然，选择节目时要考虑孩子的作息时间和个性特点，不要妨碍正常的生活。一般小学生不宜超过一小时，中学生不宜超过两小时。

2．对孩子看广告进行引导

广告一般都会用艺术、夸张的手法去展示商品美好的一面。很多孩子喜欢看广告片，正是因为它的制作具有强烈的视觉效果，能在分秒之中把人牢牢吸引，加上广告词短小凝练、琅琅上口，孩子们过目成诵。所以，父母有责任提醒孩子不要盲从广告消费，学会判断广告信息的真伪，识其利而防其弊。

3. 不要顺从孩子的要挟

为了看电视，孩子们常会以哭闹相要挟，这时父母往往不知所措，大多是乖乖投降。面对孩子的这种情况，父母千万不能无原则地迁就，可以暂时冷落他们。如果孩子继续任性，就要严肃地警告他。让孩子从中渐渐体会规范、原则和秩序的含义。

4. 看完电视和孩子交流

聪明的父母会抓住有利时机和孩子交流，如看完动画片后可以问问孩子好看不好看，从中学到了什么。比如看了《喜羊羊与灰太狼》，可以问问孩子喜羊羊的聪明反映在哪里；看了《哪吒闹海》，可以问问孩子为什么哪吒那么勇敢。问这样的问题并不是要求孩子给出一个标准答案，而是通过和孩子的交流让他们在快乐中认识世界、增长知识。

5. 父母要以身作则

要求孩子看电视有节制，父母自然要以身作则。现实生活中确实有些父母也把看电视作为主要的消遣方式，将大量的空闲时间花在电视机前，这时孩子很自然地效仿大人，所以父母要有意识地克制自己，和孩子一起有计划、有选择地收看电视。

58. 生活做事毫无条理，没有计划性

孩子的学习生活中，常常会出现“一团糟”的现象：不到月底，零花钱就花完了；为了明天的考试，忙到凌晨两点多……这些都是做事没计划、没条理的结果。如果孩子养成了做事没计划的习惯，以后无论从事哪一行都不可能取得成绩。

情景案例 QINGJINGANLI

苗苗今年读三年级，是个开朗活泼的孩子，可就是做事没有计划。

每天回到家，吃完饭后翻翻漫画书，看看电视，经常很晚才开始写作业，有时候做到12才睡觉。结果由于睡眠不足，第二天苗苗上课时打瞌睡被老师发现，挨了批评。这样的事经常发生。

一天，苗苗回到家后，马上把电视机打开，但是，动画片的片尾曲响起来了，动画片结束了。本来被老师留在教室里做作业，苗苗心里已经很难过了，这下，连她最喜欢的《美少女战士》大结局也错过了。苗苗伤心地哭了起来，并向妈妈抱怨说："我觉得自己已经尽了最大努力，可是每天的事情太多了，要写作业、看电视、复习功课，还要帮妈妈做家务、锻炼身体……我觉得时间太不够用了……"

她感觉每天过得太辛苦了，为了减轻自己的痛苦，她想到了辍学。

专家解析 ZHUANJIAJIEXI

做事有计划不仅是一种做事的习惯，更是一个人性格的一部分。生活中，很多家长都有过这样的经历：

早晨一起床，孩子就把房间翻得一团糟，一边找东西一边对妈妈喊："我的袜子呢？妈妈，快帮我找找，马上要迟到了。"

还不到月末，孩子常常会低着头对妈妈说："妈妈，我的零花钱花光了。"妈妈很生气地问："那么多钱，你是怎么花的？"孩子很委屈地告诉你："我也不知道，花着花着钱就光了。"

放学回家，看电视、玩游戏，就是没想起做作业，快该睡觉了想起作业还没完成，于是熬到深夜才勉强做完，结果错误百出。

每当期末考试临近时，孩子的生活就会乱成一团麻，每天早晨很早起来背书，每天晚上复习功课到凌晨。你劝孩子要注意身体，他会委屈地告诉你："我还没有复习完呢，我要是早点复习就好了。"

这些都是孩子做事没有计划的表现。对于孩子来说，做事情缺乏条理、没有计划是儿童时期的一种自然反应，但如果此时父母不注意引导，孩子们往往会养成不良的个性，从而给一生带来麻烦。

这些情况往往会令家长们很头痛。其实，解决这些问题很简单，最好的办法就是让孩子学会做事有计划，即对自己要做的事情有具体的时间规定，有准备，有措施，有安排，有步骤。

教子指南 JIAOZIZHINAN

当然，做事条理分明的好个性并不是一朝一夕养成的，因此妈妈不能心急，要注重在日常生活的细节中培养孩子做事有计划的好个性。

1. 培养孩子的时间观念

没有时间观念的孩子做起事来总会拖拖拉拉、做做停停，根本不会有什么计划性可言。因此，父母要想孩子做事有计划，在日常生活中，要有意识地培养孩子的时间观念。让孩子明白什么时间应该做什么事，什么时间不应该做什么事；让孩子养成作息规律、按时吃饭的好习惯……这些都是做事有计划的前提。

2. 提醒孩子做事之前必须做计划

做事之前做计划并不是一种可有可无的工序，从某种程度上说，它是锻炼孩子做事严谨的一种最有效的方式。

父母要求孩子做事之前先做计划，也许孩子会提出反对意见："我一定不会忘记任何东西。"此时，父母一定要坚持自己的意见。如果孩子就是固执己见，与你对抗，做家长的不妨让他吃点苦头，即便忘了什么东西也不要提醒他。当他体验到自己行为的后果时，他也就体会到了做计划的重要性。

3. 监督孩子严格按计划办事

虽然孩子制订了学习计划和零用钱计划，但是，他还会作业写到一半就跑去看动画片，或一冲动花光所有的零花钱。这时，家长要对孩子执行计划的情况进行严格的监督，孩子作业做不完就不能允许他睡觉，零用钱花完了就不能再给。如若不然，孩子很可能养成一种不好的习惯，缺乏执行计划的行动力。

4. 让孩子学会每日小结

“一日三省”是很必要的环节。因为反省容易让孩子发现自己执行计划时的遗漏，清楚自己的得失。有一位妈妈介绍，“让孩子写日记总结也是不错的一个办法”。是呀，如果孩子能够把计划制订、实施情况、心得体会都详细地记录下来，等计划完成后，孩子会发现自己又多了一笔财富。

59. 对与己无关的事漠不关心，缺乏责任感

现在很多孩子缺乏责任感，以为接受他人的爱理所当然，他人的事与自己无关。这样的孩子做事往往以自我为中心，从来不考虑别人的感受。因此，不要说让他们为社会做些有益的事情，就连自己的父母生病他们也会置之不理。

情景案例 QINGJINGANLI

现象一：

都都今年9岁，读小学四年级，是个学习认真、成绩优秀的学生。爸妈为此感到很骄傲，但他们发现，都都除了学习外，别的事都不爱做，例如家务事、班里的卫生，他总是一副事不关己的态度。

星期五那天，还没到放学时间都都就回家了，妈妈很纳闷，因为都都从来不迟到早退的。

于是，就问都都：“你今天怎么这么早回来了？”

“今天我们班级大扫除，提前放学了。”

“那你怎么没参加？”妈妈不解地问。

“老师吩咐我们组打扫屋顶，你想打扫屋顶尘土飞扬，多脏，站那么高太危险了，所以我就向老师请病假了。”都都很得意地说。

现象二：

军军是家里的独生子，现在读小学三年级了，学习成绩不错，可就是没有责任感。每天放学，爸爸都去接他，不管天冷还是天热，不管刮风还是下雨，但军军总以为这是爸爸该做的，因此从来没有关心过。

有一次，妈妈上了一天班，回到家里感到很累，看到军军坐在沙发上看电视，于是叫道："军军，帮妈妈拿双拖鞋。"

军军只顾自己看电视，理也没理妈妈。妈妈当时心里感到很难过，平常为军军付出那么多，什么事都不让他做，现在让他拿一下拖鞋他竟然装作没听见，这孩子怎么这么没有责任心。

专家解析 ZHUANJIAJIEXI

常听有些家长抱怨："我家孩子太霸道了，好吃的东西只能他自己一个人吃，别人动一点，他就闹个不停。"还有的说："我为孩子洗衣做饭，问寒问暖，唯恐照顾不周。可是我生病的时候，孩子不但连问都不问，甚至连杯水都不给倒。你说，这孩子怎么能这样呢？"

其实，这和家长日常生活中的教育和引导有很大关系。有些家长对孩子过分溺爱，他们认为，自己小时候在苦海中长大，现在可不能让孩子受苦了。于是他们愿意为孩子做一切事情，洗衣、做饭、收拾书包、打扫房间，有时，他们甚至会为孩子做作业。有些家长在吃饭时，把好鱼好肉都留给孩子，却把鸡头、鱼尾夹到自己的碗里，还真诚地对孩子说："我们爱吃这些。"在这样的教育方式下成长起来的孩子会是什么样的呢？

事实证明，从小在溺爱中长大的孩子对待周围的人或事有两种倾向：

一是对周围的事漠不关心、冷眼视之，事不关己高高挂起，连最起码的责任心都没有。因此，他们不会去关掉滴水的水龙头，不会去搀扶老人过马路，不会去扶起碰倒的自行车。

二是他们的自我意识很强，处处以自己为中心，为达到目的可以不择手段。因此，他们长大后不但不会有为社会贡献自己一份力量的责任感，而且有时为了满足自己的虚荣心，他们甚至去偷，去抢，或者去做其他违法的事情。

因此，家长们不但不应该过分地溺爱孩子，还要有从小培养孩子责任心的意识。有些家长认为，孩子还小，自私一点没有关系，树大自然直，等他们长大懂事了自然就会好起来。然而，他们会失望地发现，被自己从小一直娇惯的孩子长大后，不但没有变得有责任感，反而越来越自私，甚至有些不近情理了。

教子指南 JIAOZIZHINAN

责任感的培养有助于孩子理解、体谅别人，养成合群的好习惯。生活中的无数事实都证明，那些很会关心别人、很懂事，又有很强组织能力的孩子，往往都有很强的责任感。

如果你的孩子没有责任感，对生病的你不闻不问，对周围的一切漠不关心，做父母的也不要着急。只要你有了培养孩子责任感的意识，并采取恰当的方法，孩子的责任心会通过生活中的一点一滴慢慢培养起来的。

1．要给予孩子正确的是非观念

小孩子是没有是非观念的，他只能从家长的眼神和语言中了解到是正确还是错误。因此，父母一定要在孩子还小的时候，就给予他正确的是非观念。

生活中，我们经常会听到妈妈这样教育自己的孩子："学校大扫除的时候别去擦玻璃，很危险的。""别跟隔壁的小阳阳一块玩了，他学习不好。""晚上放学后早点上楼，别总和那些脏孩子一起玩。"

如果父母总是这样教育孩子，那孩子不但不会有正确的是非观念，而且也很难有责任感。

2．告诉孩子自己的事情自己做

要培养孩子的责任心，父母就要在孩子的学习、生活中纠正他的不良习惯，让孩子学会自己的事情自己做。

生活上，家长应该让孩子明白，自己的事情就应该自己去做。如可以鼓励孩子自己洗小手绢，自己收拾书包，自己打扫房间。另外，家长还可以让孩子做一些力所能及的家务，如可以规定周末刷碗的工作由孩子负责，并从头到尾引导孩子把厨房打扫干净，以此来培养孩子的责任感。

3．让孩子意识到自己的责任

生活中，常有这样一种情况：孩子走路摔倒后，趴在地上哭，这时妈妈会急忙跑过去把孩子扶起来，并对孩子说："这路真坏，把我们家宝宝绊倒了，妈妈打它。"说着向地面用劲踢两脚，孩子不哭了。

看上去，妈妈当即把孩子哄住了，但却给了孩子一个暗示：跌倒了怪路，孩子完全没有责任。这很容易使孩子产生一种思维惯性：凡有错误都怪别人，自己完全没有错。这样的孩子做事往往会推卸自己的责任。

4．给孩子表现"责任"的机会

有时，在孩子面前父母不妨表现得"弱"一点，给孩子一些表现自己"责任"的机会，当孩子的表现真的很不错时，父母要给予孩子积极的肯定。当孩子得到肯定和受到表扬时就能体会到成功的喜悦，从而增强成功感和自豪感，养成一直负责到底的好习惯。

60. 遇事没主意，缺乏应有的思考力和判断力

现在的孩子，由于被百般宠爱，凡事父母包办，所以变得没有主见，一遇事就六神无主，让别人帮着拿主意。长此以往，这样的孩子不仅不能很好地安排自己的学习和生活，还会失去应有的思考力和判断力。长大以后问题更是层出不穷：上什么学校、做什么工作、交什么朋友……

情景案例 QINGJINGANLI

婷婷是家里的独生女，是爸爸妈妈、爷爷奶奶的“掌上明珠”。从上幼儿园开始，日常生活中的事情，她从来不自己动手做，全由家长代办，于是婷婷变成了一个没有主见的小女孩。父母虽然意识到了这点，但觉得现在孩子还小，不自己拿主意很正常，等她大了懂事了自然会自己的事自己做主。

现在婷婷上小学四年级了，学习成绩很好，但是她对任何事情都没有自己的看法，不管大事小事都要别人帮助拿主意。

在家里，她经常问妈妈：“妈，你说我明天是穿裤子，还是穿裙子呢？”“妈妈，我是先做作业还是先看动画片？”……在学校，她经常问老师：“老师，你说我是参加活动好，还是不参加活动好？”“老师，你看我报辅导班好，还是不报好？”

在生活中也是一样，看到别的同学穿背带裤，她也要求妈妈给她买。但背带裤买回来她才发现，由于她个子矮，根本不适合穿，最后只得送人。

爸妈看到婷婷还是和上幼儿园一样，凡事都要大人帮助拿主意，很头疼。

专家解析 ZHUANJIAJIEXI

一位儿童专家作过这样一项调查：他在一所学校调查小学生的自主性状况，在被调查的150名学生中，当被问到在学习和生活中遇到难题，一时解决不了该怎么办时，150名学生几乎异口同声地回答：有困难当然是找父母解决。当被问到今后准备从事什么职业时，竟有70%的学生说要等回家问过父母后才能回答。

这位专家在总结他的调查结果时，不无忧虑地说：缺乏自主性，已是当代一些青少年综合素质的一个不容忽视的弱项。

那么，为什么现在的孩子如此没有主见呢？可以毫不留情地说，主要责任在于父母。

在生活中，许多父母出于对孩子的宠爱，既希望自己的孩子做得最好，又不放心孩子的能力，于是干脆以自己的选择来为孩子代劳，孩子也就理所当然地接受了父母的安排，从而没有了自主决定的权利。久而久之在孩子的观念中就会认为自己的选择总没有别人的好，凡事都由父母决定好了，也就不爱思考、没有主见了。

在一些家庭里，长辈们讨论或决策某一件事时，往往只从自身出发，或者理所当然地认为孩子的意见无足轻重，因此常常自作主张，从不考虑孩子的意见。在这样家庭里长大的孩子，从小没有发表意见的机会，慢慢地变得没有主见，事事依赖他人，他人让怎么做就怎么做，或者即使有好的意见或建议，也没有勇气提出来。因为他已经习惯了沉默，在他的潜意识里有这样的认识：我的意见不会有人重视，说出来也没有用，干脆不说。

还有很多父母会误认为孩子现在还小，是非不分，没有自己作决定的能力,也没有自己的主意,只有长大懂事后才会有自己的主见。殊不知，有主见的孩子需要从小开始培养。

几岁到十几岁的孩子往往都以自我为中心，家长如果不能体察他们的内心世界，不注意尊重他们的自主要求，一味按照自己的想法为他们规定学习和生活的模式，孩子的依赖性就会越来越强。这样的孩子长大后，很可能会成为一个优柔寡断、遇事毫无主见的人。

教子指南 JIAOZIZHINAN

孩子有主见，不是指孩子不听劝告、一意孤行，而是孩子在面临选择时，有自己的思考和判断，不人云亦云。这样，可以有效避免或减少成长过程那些不必要的损失或失败。那么，家长应如何培养孩子的自主性呢？

1．给孩子做主的机会

要想培养孩子有主见的个性，父母在日常生活中就应该给孩子提供更多自己做主的机会。主要有以下几方面：一是吃的自主，在不影响孩子饮食均衡的情况下，可以让孩子自己选择吃什么。例如饭后吃水果时，妈妈不必强迫孩子今天吃苹果，明天吃香蕉，而让孩子自己挑选。二是穿的自主，父母带孩子外出玩耍时，在保证安全的前提下，可以让孩子自己决定穿什么衣服．切忌随自己喜好而不顾孩子的感受。三是玩的自主，父母可以让孩子自己选择玩具和玩的方法，这样做可以极大地满足孩子的自主意识，帮助他成为一个有主见的人。

2．小事让孩子做主

“小事”由孩子自己安排，如过生日请哪些小朋友，到商店买什么样的衣服，选择什么玩具等。“大事”给孩子提供参与的机会，如房间的布置，可以和孩子一起筹划设计方案，鼓励孩子提出自己的建议，如果可行，则尽量采纳其建议。

3．为孩子提供及时的帮助

让孩子有主见并不是鼓励他去盲目地做事情，而是让孩子在掌握了事情的发展趋势的情况下再去做事情。因此，在孩子进行重大决定时，父母可以帮助孩子收集资料，了解和熟悉各选项，这有助于孩子进行科学选择。

如果孩子平时自主性很差，父母也可以和他一起分析资料．找出各选项的利弊，最后了解孩子作出选择的动机。如果孩子平时就很有主见，父母则可以让他自主完成选择。当然，不同年龄阶段的孩子具有不同的自主能力，家长把关的尺度也应该不一样。

4．让孩子有参与的机会

孩子做事缺乏主见，通常与家长缺乏和孩子的沟通，做事武断，不注意尊重他们的要求有关。因此，父母应该给孩子充分表达自己愿望的机会，给孩了独立思考的机会，不要遇事就帮孩子拿主意。

61. 心理脆弱，不能承受挫折

每个人的成长道路都不可能一帆风顺，遭受点挫折是正常的。当代的孩子，都是父母的宠儿，生活中受到了父母的全力呵护，于是很多孩子一遇上挫折便无法承受，或一蹶不振，或情绪失控，甚至出现轻生和犯罪的悲剧。

情景案例 QINGJINGANLI

林林今年 11 岁，是父母的独生女儿，每天都承受着父母的关爱与呵护。从小到大，她的成绩也一直是父母骄傲的资本。

林林的爸爸是县里的干部，受人尊重；妈妈做生意，收入颇丰。与一般同学相比，她的家境是让人羡慕的。

林林不但功课好，而且长得漂亮，在女生中很抢眼。一开始林林的成绩只处在班级中上游，五年级时她的成绩就赶上来了，并且稳定在前三名之内。但是毕业考试时，她发挥失常，考了班级第十名，进入梦寐以求的重点中学的可能性很小，这对林林来说是个打击。

得知分数的那天，她并没有太大的情绪波动，还和同学玩了一会儿，然后就回家了。回家吃中午饭时，林林同家人讲了自己的分数情况，认为自己进入重点中学没什么希望，表情很沮丧，不停地抹眼泪。爸妈很理解林林，一直安慰她，考不好没关系。林林表面上平静下来了，没有出现任何自杀的迹象。

吃过饭后，爸妈回自己房间午休，林林也回到自己的屋里，锁上门，拉上窗帘。爸爸一觉醒来，叫女儿不见回音，房间没有一点儿动静，敲门不开，感到情况不妙的爸爸撞开女儿的房门，发现女儿上吊了，绳子拴在窗户上方的暖气管上。

专家解析 ZHUANJIAJIEXI

常言道："人生不如意事常八九。"一年四季不可能天天风和日丽，人生难免会遇到暴风骤雨。娇生惯养，照顾过度，使不少孩子是喝着蜜水、哄着、护着长大的。他们不知道困难为何物，对失败的承受力很差，面对生活、学习、交往中的难题时，便会束手无策，乱了方寸，不知如何去争取、去奋进、去拼搏，表现出他们尚不健全、尚不完备的心理素质和性格。

此外，现在的许多孩子生活在父母为他们特意精心设置和安排的环境里。父母用自己的身体为子女挡住了外部的风雨，用自己的心智为子女撑托起外界的压力。所以当孩子遇到未曾料到的打击和挫折时，当他们碰到理想与现实的冲突时，便显得缺乏足够的心理承受力和应付能力。

"自古英雄多磨难"，只有经得住失败考验的人才能成功。相反，受一点挫折、经一点委屈就觉得天要塌下来、寻死觅活的人，不仅不能成才，就连走好自己的生活道路都是困难的。因此挫折教育对于孩子很重要，正所谓"宝剑锋从磨砺出，梅花香自苦寒来"。

教子指南 JIAOZIZHINAN

在人生漫长的道路上，几乎人人都要承担各种责任和义务，大概每个人都会遇到坎坷、挫折、风险和失误，父母要培养孩子能吃苦、敢于面对挫折、经得住生活磨炼的坚强性格。

1．有意让孩子品尝失败

家庭生活中，父母常和孩子玩游戏、下棋、打乒乓球、羽毛球。不少父母为了让孩子玩得高兴，总是让着孩子，让孩子赢个痛快。这样做固然能使孩子看到自己成功的一面，但容易培养孩子的骄气。因此，父母也要让孩子品尝失败，让孩子输几局棋、输几盘球，让孩子受些委屈。有位父亲同孩子下棋，孩子眼看要输了，想掀掉棋盘耍赖。父亲板起面孔，大喊一声："给我坐下！不许哭！"孩子只得忍着泪水，被杀到山穷水尽。这位父亲的做法就是在教育孩子如何应付失败。

2．家长要妥善处理孩子的挫折

孩子受到挫折，不管大小，都是对孩子自信心的挑战，父母要妥善处理，不能忽视。首先，父母要让孩子明白挫折是难免的，每个人都会遇到。其次，父母要帮助孩子分析受挫的原因。考试失败，同孩子进行试卷分析，让孩子明确错在哪里、错的原因；没有评上"三好学生"，帮助孩子分析自己还有哪些缺点需要改正。

3．培养孩子独立生活的能力

一般从两岁起，就要逐渐地培养孩子的某些独立生活的能力，如让孩子自己穿衣，自己收拾玩具，自己完成作业，自己吃饭等。孩子在从事这些活动时，需要克服外部障碍与内部困难，而正是在克服这些困难的过程中，意志力得到了锻炼，承受失败的能力也增强了。

4．有意识地让孩子吃些苦

要让孩子知道一切幸福都来之不易，否则，他就不会珍惜、理解，导致孩子身在福中不知福。比如，对一些"饭来张口，衣来伸手"的孩子，应该让他们干些家务或进行一些必要的劳动锻炼。

5．对孩子不合理的要求坚持拒绝

在生活中对于孩子的一些不合理的要求，父母要坚决予以拒绝，即使在他们因此大哭大闹时亦应置之不理，这是很有用的方法。

有时，发现孩子的错误不加以纠正，让他在过程中自己体验错误带来的结果、汲取教训则既可以培养其心理承受能力，又可在不断的错误中积累经验和勇气。事后，父母应帮助孩子总结教训，指导他增强心理承受力。

最后，要多鼓励、多安慰。鼓励和安慰能帮助孩子树立战胜挫折的信心。孩子受挫后，父母不应忽视，更不能大加训斥，要让孩子相信只要他努力就能成功。

62. 不自信，总认为自己不如别人

自信在孩子的成长过程中有很大的作用。生活中很多孩子缺乏自信，在学习、做事时总表现出柔弱、恐惧的心理，总是认为自己比别人差，因此不敢面对新的事物，不敢主动与人交往，自暴自弃，回避竞争，从而失去很多学习和锻炼的机会，影响了自身的发展。

情景案例 QINGJINGANLI

欢欢是个漂亮可爱的小女孩，今年读小学三年级了，学习成绩还不错,很受老师和家长的喜欢。但欢欢就是缺乏自信,认为自己什么都不好。

有时候妈妈带着她出门，路上遇到了同事，同事夸欢欢说："你长得可真漂亮。"欢欢会马上反驳道："我长得不漂亮，我长得很丑。"如果同事问她："你学习怎么样？"她的回答总是："不好，我学习不好。"

一天晚上，欢欢在做一张数学卷子，其中有一道应用题不会做。爸爸给她讲了一遍，她没听明白，又讲了一遍，她还是没听懂。爸爸有些不耐烦，于是妈妈又过来为女儿讲，讲了很长时间，欢欢才终于弄明白这道题怎么做了。但是，晚上睡觉前，欢欢却哭着对妈妈说："妈妈，你说我怎么这么笨呢？那么简单的题我都不会，我觉得活着一点意思都没有。"

妈妈很纳闷，女儿做事时，我总是鼓励她，而且从来不打骂女儿。可为什么女儿还总是表现得不自信？

专家解析 ZHUANJIAJIEXI

自信心在孩子的成长过程中所起的作用是无法估量的。一个自信的孩子会处世乐观进取，做事主动积极，勇于尝试，乐于接受挑战；一个缺乏自信的孩子在任何事面前都表现出柔弱、害羞、恐惧的心理，不敢面对新的事物，不敢主动与人交往，从而失去很多学习和锻炼的机会，影响自身的发展。而且，长期缺乏自信会让孩子产生“无能”的感觉，产生自卑等不良心理，甚至可能自暴自弃、破罐破摔，那将是很可怕的。

孩子为什么缺少自信呢？造成孩子缺少自信的原因主要有三个方面：

一是父母包办代替过多，不让他们自己动手做些力所能及的事情，使他们缺少对自身能力的认识。

二是父母经常用各种危险恐吓孩子，“别爬高，会摔断你的腿”、“别去学游泳，淹死怎么办”，这种教育方式使孩子能力萎缩，不敢大胆尝试做任何事情。父母切不可用“你太笨！没用”这样的话来指责孩子。

三是望子成龙心切，期望值太高，使孩子尝不到成功的喜悦，反而得到许多因失败而导致的斥责，孩子心理负担太重，害怕失误，于是羞于表现自己。

父母不正确的态度是孩子自卑的重要原因，因为自卑的孩子往往根据父母对他们的评价来进行自我评价。解铃还须系铃人，孩子自信心的获得还要靠父母的引导。

教子指南 JIAOZIZHINAN

几岁到十几岁这段时期，是孩子自信心培养和树立的关键时期。这个时期孩子的自尊心和自信心很容易受挫，所以父母一定要特别注意对孩子自信心的保护和培养。

1．父母要做孩子的知心朋友

孩子与家长之间的关系如何，在很大程度上决定了孩子的自信心。如果孩子感到爸妈喜欢他、尊重他，孩子往往就活泼愉快、积极热情，自信心强。相反，如果爸妈对孩子总是训斥，态度冷淡而粗暴，孩子就会情绪低沉，对周围的事物缺乏主动性和自信心。因此，培养孩子的自信心，家长就要和孩子做知心朋友。

2．适时地鼓励和赞扬孩子

当孩子正为做一件没太大把握的事犹豫时，父母不妨由衷地对他说：“我相信你能行的。”及时的鼓励，会使孩子信心倍增。

在肯定孩子的同时，妈妈还要允许孩子犯错误。事实上，小孩子犯错误是不可避免的——收拾房间时，会把房间越收拾越乱；洗碗时，会把碗打碎；洗衣服时，衣服没洗干净，洗衣粉却用了大半袋……

面对孩子的错误，妈妈需要做的是赞扬孩子敢于尝试的勇气，让孩子从犯错误的痛苦中走出来，而不是老盯着孩子的过失不放。

3．帮助孩子寻找闪光点

没有一个孩子是一无是处的，即使最胆小怯懦的孩子，偶尔也会有大胆的举动，而父母要做的就是努力捕捉孩子的一些闪光点，给孩子必要乃至夸张的表扬鼓励。这就要求家长以发展的眼光看待孩子，不要一味地盯着孩子的缺点，要善于肯定孩子的点滴进步。

4．任何时候都不要伤害孩子的自尊心

任何人都有被人尊重的需要，孩子也不例外。孩子的自信首先来自被尊重，如果连父母都不尊重孩子，孩子是不会自信的。

5．帮助孩子树立自信

父母的信任、积极的评价能使孩子对自己产生积极的认识。父母要根据孩子的能力制定适当的努力目标，目标太容易实现，产生不了激励作用，太难实现，则容易被孩子放弃。难以实现的目标还容易给孩子造成挫折感而丧失信心。所以应该让他们多体验成功的喜悦，使他们增加自信。

63. 羞怯腼腆，不敢见陌生人

平日在家中孩子表现得很活跃，有陌生的客人来访时，孩子也可以表现得大方得体，即使要他即席载歌载舞，也不是问题。可是，孩子一且身处陌生的环境，便突然害羞起来，看到陌生人更会躲在父母的身后，常常令父母束手无策。

情景案例 QINGJINGANLI

周末，妈妈带女儿红红去公园玩，正好碰到好久不见的朋友，妈妈和朋友寒暄后对红红说："红红，快快跟许阿姨打招呼。"可是红红躲在妈妈的背后，不肯和许阿姨问好，也不敢抬头看人。

"红红，你为什么总爱躲在妈妈的身后？快过来，不用怕的，许阿姨十分和蔼可亲的！"妈妈鼓励女儿说。

"红红长得真可爱，衣服也很漂亮，来让阿姨看看？"许阿姨笑着对红红说，但是红红还是躲在妈妈背后不肯出来。

"小妹妹，怎么还是不肯做声呢？我请你吃糖果好吗？"许阿姨又说。没想到红红"呜……"地哭起来了。

许阿姨顿时很尴尬，说："真不好意思，把小妹妹弄哭了。"

"不，是我们不好意思才对，这傻孩子就是这么害羞，我也得想想法子才行。"妈妈不好意思地说。

专家解析 ZHUANJIAJIEXI

针对孩子腼腆、害羞的问题，国外的儿童心理学家曾在多所小学进行了调查。结果显示：5个小学生中就有2个腼腆的孩子，程度会因年龄不同而略有差别。其中60%以上为女孩。

在日常生活中，很多孩子在自己家中活泼大方、能说会道，可一旦到别人家里或碰到生人，就会局促不安、胆怯怕生，做什么事都要成人代劳。对此，父母们也很是无可奈何："这孩子，在家里挺能的，怎么出来就变样了？"

为什么会出现这种现象呢？

其实，从心理学角度来说，孩子在 1~2 岁时都要经历正常的害羞期。孩子在这个年龄段出现的害羞属于一种正常现象。当孩子过了这段害羞期，甚至到了学龄期仍然过分害羞腼腆，这时候孩子表现出来的腼腆和害羞，虽和天生的生理因素有关，但也和父母的教育方式有着很大的关系。

例如：当孩子表现出害羞或腼腆时，很多父母认为孩子在给自己“丢面子”，就赶紧说“这孩子很腼腆”或“他是我们家脸皮最薄的”，好似给孩子贴上了害羞的标签，慢慢地“害羞”一词便植入孩子内心，他就会认为自己就是这个样子，以后还会利用这种方式待人。

孩子之所以会形成胆小害羞的性格，与父母的少鼓励、多指责有很大的关系。性格内向的孩子一般自信心不足，父母一味地指责只会让孩子的自信心再次受到打击，孩子自然就不可能变得开朗大方。

教子指南 JIAOZIZHINAN

对于初涉世事的大多数孩子来说，害羞感是他们和周围之间一堵牢不可破的墙。父母们有必要帮助孩子打破这堵墙，建立起真正的自信！

1. 不要着急

面对孩子的害羞行为，家长不要犯“贴标签”的错误，不要一味地指责，要理解孩子，采取循循善诱、增加锻炼机会等教育方法。

2. 多接触陌生人

要训练孩子有较大的胆量，有效的方法是多带孩子外出见见其他陌生人。除此之外，父母也不妨鼓励孩子参与一些活动，尤其是一些与人接触的活动，例如话剧班、唱歌班。孩子有机会在众人面前演出则更佳。这除了可以训练孩子的胆量，还可以增加孩子的自信心，当他再次面对陌生人时，也就不会再害羞了。

3. 带孩子多做客

要想让孩子告别害羞、告别腼腆，父母就必须给予他更多与人接触的锻炼机会。这其中，做客就是最直接、最有效的一种方式。

做客前父母应先向孩子介绍一下造访的对象，让孩子有必要的心理准备；其次还要帮助孩子树立一定的信心。比如，可以这样鼓励孩子："王阿姨特别想见你，她家还有一个小哥哥，他有很多玩具，一直都想跟你玩。"诸如此类的话，可以帮助孩子消除陌生感，树立信心。

4. 提高孩子的自我评价

腼腆的孩子往往自我感觉差，在社会活动中有一种"被抛弃"感。因此，父母要帮助他们发现自己的长处。每个孩子都有其闪光的一面，父母的教育就是要将孩子闪光的这一面继续发扬光大。当孩子对自己的能力充满信心时，大方不扭捏的个性自然会水到渠成地形成。

64. 拘泥于大人的教导，太过规矩

有很多父母觉得孩子任性不如乖巧好，调皮的孩子难以管束教育，而乖巧的孩子却让父母放心。殊不知，过分听话的孩子一般也没有什么自己的主意，别人要他做什么就做什么，要他怎么做就怎么做，不但没有主见，也没有创新。

情景案例 QINGJINGANLI

现象一：

周周7岁，刚从幼儿园大班升了小学。无论在学校还是在邻里间，大家都夸他是个乖巧、听话的好孩子。他从不调皮，不和小朋友打架，也不和人争吵。在家里，大人让周周做什么，他就做什么，让他怎么做，他就怎么做，表现得十分听话，从不给爸妈惹麻烦；和小朋友一起玩时，周周也总是按小朋友的意愿做事，小朋友让他怎么做，他就顺从别人的领导，很少有自己的想法；在学校里，当老师教了一种解题的方法时，他就只认真记着这种解题方法，不再尝试其他的方法。

现象二：

欧阳雪上小学三年级，平时十分乖巧，认识她的人都夸她乖，夸她懂事。

在学校里她做值日认真，作业本整洁，字也写得一丝不苟。不过她的成绩在班里一直是中等，也不是欧阳雪不用心，她也挺努力的，老师教的知识，她都认真地学，可成绩就是上不去。

原来她从不举手发言。老师讲什么，她记什么，老师教什么，她学什么。之所以会如此，是因为她从小时，爸妈就要求她听话：玩具玩后一定要放到哪里，衣服不准弄脏，吃饭不准挑食，九点钟之前必须睡觉。欧阳雪一一照做，从来没有不听话过。

专家解析 ZHUANJIAJIEXI

所谓“听话”的孩子，就是父母说什么，孩子就做什么，没有自己的主见，完全按父母的意思做事，而且按父母的意愿做得很不错，不会突发奇想地让大人来收拾他不听话惹来的乱摊子。

一般来说，孩子都不爱听话，任性。那么为什么有的孩子很乖，很听话呢？这多和家庭教育有关。很多家长都希望孩子乖巧听话，凡事按自己希望的去做。其实有这样观念的父母，对孩子的创造力和自主性是一种扼杀。孩子虽然还小，但他也有自己的思维能力，父母一味限制，不准这，不准那，孩子的思维被这些“不准”所限制，即使有些什么想法，也很快被父母扼杀在萌芽状态了。时间久了，孩子也就习惯于什么都不思考，父母让怎么做就怎么做。并且发现按照父母的意愿来做，不但不会出错，还能得到表扬；由着别人的心意做事，不会被否定，错了也不必由自己来承担什么责任。

孩子听话看起来是一种好现象，殊不知，孩子过于听话，很有可能会发展为问题儿童。因为“听话”的孩子一般不提问题，不发表自己的意见，更不与长辈争论，总是规规矩矩，别人说什么就是什么。这样就容易形成儿童的奴性，做事毫无独立性，对所有问题缺少个人见解，对邪恶势力无力抗争，以致人格扭曲，成为“问题儿童”。

过分听话的孩子遇事总要依赖大人,产生对他人心理上的“依赖病”。而这种心理上的“依赖病”表现为懒惰，没有精神，不喜欢参加活动，总爱依偎在成人的怀抱里，胆小怕事，缺乏主动热情，缺少求知欲望和创造精神，不敢尝试。

过分听话的孩子长大后，性格方面会比较懦弱，不能承担重任，自然本身也不敢承担责任。走入社会，是不会有公司愿意聘用这样没有创新、不敢承担责任、只能唯唯诺诺、别人说什么就做什么的人的。

因此，当孩子很听话的时候，家长不应该感觉欣慰，而应该反省是否是自己的教育方式不当，限制了孩子的思维。

教子指南 JIAOZIZHINAN

诚然，孩子听话、乖巧可以省却父母许多力气，而且不用操心他在外面和小朋友闹矛盾。但如果孩子表现得过于听话，过于循规蹈矩就不是什么好现象了。这时，父母应该考虑如何让孩子多独立思考，有自主能力。

1．弄清楚孩子过分听话的原因

一般来说，孩子过分听话主要有三方面原因：第一，孩子喜欢模仿，容易盲从；第二，家长本来就是孩子心目中的权威，再加上有些家长习惯于替孩子设想一切，所以容易造成孩子唯命是从，不敢做违背家长意愿的事情；第三，有些家长因为工作忙，和孩子之间缺乏沟通，不理解孩子，这往往造成孩子的畏惧心理，使孩子对想做的事情不敢说也不敢做。

2．教会孩子说“不”

要使孩子有主见，必须破除孩子对权威的迷信。如可以和孩子一起玩“说不”游戏,家长有意出错,让孩子挑出错误的地方。家长说:“桌子、椅子、床头柜、毛巾被都是可以用的东西，都是家具。”孩子说：“不对，毛巾被是可以用的东西，但不是家具。”告诉孩子，无论大人还是孩子，都有可能出错。孩子意识到这一点，就不会盲从别人、模仿别人了。

3. 和孩子一起做家庭智力游戏

家长可以找出一个主题或者难题，让孩子想出多种方法解答。如小猴不小心掉进猎人为抓大灰狼而设的陷阱里了，它该怎么办呀？人在什么情况下容易口渴？引导孩子进行发散性思维，并提出解决问题的多种方法。这样做不但能增强孩子的自信心，同时也能提高孩子的主见性。

65. 怯懦畏缩，缺乏勇敢坚强的精神

不少孩子性格上都有程度不同的弱点，特别是一些孩子胆小、羞怯、畏缩，不敢到陌生环境去，不敢到集体场所玩耍，也不愿与其他孩子交往，甚至不愿随父母去亲友家做客，如有客人来访他会避开，宁愿一个人独自与玩具做伴。这些都不利于孩子的成长。

情景案例 QINGJINGANLI

现象一：

一位妈妈曾担忧地说：“儿子从小在奶奶家长大，奶奶很娇惯他，即使他犯了错，奶奶也舍不得说他，批评他。现在儿子的性格很脆弱，遇到一点困难就想退缩，在学校和同学闹点不愉快或挨了老师批评，第二天就不想上学了；钢琴学了一段时间，什么都没学会就不想再学了；考试没考好，我还没批评他呢，他就会不停地哭鼻子。这孩子这么脆弱，长大后可怎么办呢？”

现象二：

小梁今年上小学三年级，是个长得很帅气的小男孩，很惹人爱。但

他有一点很让爸妈头疼，无论爸妈怎么教育都没用。那就是小梁很胆怯，不像别的小男孩那么勇敢，动不动就哭鼻子。

小梁最不喜欢做数学题，有一次，教他数学的王老师出了五道题，小梁有三道题不会做，一急之下，他当着全班同学的面哭起鼻子来，让老师不知所措。

小梁还特别害怕打针。每次生病时，他都会等到吃药没有效果了，才勉强同意打针。但是，打针时却必须要求爸爸、妈妈都陪在身边。就这样，打完针后，他还会哭上半天。

专家解析 ZHUANJIAJIEXI

每个孩子在成长道路上都会遇到这样那样的麻烦，胆小懦弱的孩子往往没有勇气和坚强的意志去面对困难，一遇到麻烦就知道哭泣、逃避。为什么现在的孩子如此脆弱呢？其实孩子并不是天生就懦弱的，这种性格多是在日常生活中形成的。

在生活中，每当遇到挫折时，孩子还没反应过来是怎么回事，父母就已经把挫折摆平了。其实父母这样做对孩子并没有好处，而是亲手为孩子挖了一口温柔的陷阱。掉进陷阱里的孩子，由于被剥夺了犯错误的机会，所以他们根本不懂得何谓坚强。

当孩子年纪小的时候，想帮忙在餐桌上摆碗筷，可是父母担心他们打破碗，而阻止孩子主动帮忙的要求。孩子被他们拒绝之后，他的勇气也被减去一些，到后来孩子根本提不起勇气，越来越内向羞涩。

一般，在孩子身体、认知和情感发展的不同阶段会经历不同类型的害怕。不同年龄段的孩子最经常碰到的胆怯如下：

1. 6~7 岁：①陌生的、巨大的或者突然的噪音（比如动物的噪音、电话铃或者警铃、风雷声）；②听到的鬼故事或身体受伤；③和父母分离或迷路；④晚上独自一人（做噩梦）；⑤“上学恐惧症”；⑥学校某个特定的人对自己身体的伤害或者排斥。

2. 7~8 岁：①黑暗和黑暗的地方；②电视、电影和书籍中提到的真实生活中的大灾难（比如绑架、洪水、大火）；③不被喜欢，上学迟到，或者被学校和家庭排除在外；④学校某个特定的人对自己身体的伤害或者排斥。

3. 8~9 岁：①个人丢脸；②在学校或游戏中失败；③撒谎或者犯错；④父母打架、分居或者受伤成为暴力的牺牲品。

4. 9~11 岁：①在学校或运动中失败；②生病；③特殊的动物（尤其是比人类大的动物，或者那些曾经袭击过他们的动物）；④惧高或者“晕头转向”的感觉；⑤恶人（比如杀人者）。

5. 11~13 岁：①在学校、运动或社会声望中的失败；②看起来或表现得很“古怪”的……；③死亡或者威胁生命的疾病；④性的困惑；⑤被愚弄；⑥丢东西，被抢劫。

鼓励孩子成为勇敢的人是我们做家长的愿望。但在实施时，应考虑到孩子的年龄与特点，不能硬性督促，使孩子一方面为自己的胆小、恐惧感到羞愧，一方面又经历着更深刻的惊慌。

教子指南 JIAOZIZHINAN

任何一名家长都不希望自己的孩子是个胆小鬼，内向羞涩到连话都不敢说。因为现在的社会注重自我表达，胆小脆弱的孩子很难展现他令人欣赏的一面。那么，家长应如何培养孩子坚强勇敢的精神呢？

1. 尽早培养生活自理能力

孩子从 3~4 岁开始，应同父母分床睡觉，对于穿衣、吃饭、洗脸、刷牙等生活小事，凡孩子自己能做的，父母尽量不要包办代替。因为过分溺爱、保护孩子，孩子在心理上会产生依附感，很容易形成退缩心理。

2. 避免采用威吓手段

孩子一旦做错了事或损坏了东西，家长应指出错在哪里，不要用强迫威吓式的手段，动辄训斥打骂。这样会使原来胆小怕事的孩子，更加胆小怕事。

3．常带孩子去公共场所

对于有胆怯心理的孩子，父母应经常带他们到公共场所，如去公园、逛商店或到亲友家做客，也可让孩子独自到附近商店、市场购买日常用品。这样，孩子接触人多了，胆子会渐渐大起来，退缩心理可慢慢得以克服。

4．改进家教方法

家长要正确对待胆怯的孩子，改进教育方法，不溺爱，不粗暴，不冷淡，不急躁，鼓励孩子和小朋友一起游戏，培养孩子对新鲜事物的兴趣，养成热情、活泼、开朗的性格。

5．进行“壮胆”教育

孩子在幼儿园时期家长应多给他讲一些苦难的故事，少讲或不讲虎、狼、鬼、神等恐怖故事，以便从小培养孩子的勇气，壮大孩子的胆量。对胆小脆弱的孩子，可多介绍一些英雄，锻炼胆大、无畏、敢作敢为的勇敢精神。

66. 缺乏自我保护意识，容易上当受骗

孩子容易受到伤害，有时看似一种偶然，实际上是一种必然。这是由多种因素造成的，其中一条是孩子的自我保护意识差。他们觉得自己大了，不再需要父母带着外出了，能独立到商场、活动场所了。可是，别看他们的身体发育已接近成年人，但自我保护意识往往弱，因此容易受到伤害。

情景案例 QINGJINGANLI

现象一：

下面是一则新闻报道：

2000年11月18日凌晨，北京12岁的少女马曼回家途中，不幸被歹徒杀害。警方经过缜密侦察，终于将残害马曼的犯罪嫌疑人，北京公交公司职工庞德禄捉拿归案。据庞德禄交代，18日凌晨，他发现观看流星雨的马曼及其堂弟，顿起歹意，自称警察，以检查马曼及其堂弟的学生证为由，令其堂弟回家取学生证（此地距离马曼家仅约300米）。尔后，他要马曼随他去派出所。庞德禄将马曼骗至一公司内隐蔽处，用木棍将马曼击昏，对其实施强暴，后见马曼已气绝身亡，就掩藏尸体后逃跑。

这个消息被新闻媒介披露后，在社会上引起了极大的震动。人们对惨无人道残杀少女的歹徒表示极大的愤慨。悲愤之余，在人们头脑里，一直萦绕着一个问题，当今社会如何加强孩子的自我保护意识？

现象二：

放学后，欧东和同学苏芸一起来到公交车站候车，才等了一会儿，朝苏芸家方向的那趟公交车就来了。苏芸对欧东说："欧东，别忘了明天的球赛，我们明天早点到学校做准备活动。"苏芸说完，便上车走了。谁也没有想到的是，他们的对话恰巧被旁边一个别有用心的人听到了，他记住了欧东的名字。

欧东见自己要乘坐的公交车还未到，便从书包里拿出一本《哈利·波特》。正准备看时，自己的肩膀被人拍了一下。

"欧东，你在看什么书啊？"欧东回头见一陌生中年男子笑眯眯地站在自己身后。

"叔叔，你有什么事吗？"欧东礼貌地问。

"哦，真巧，我正想到你家里去一趟。"

"去我家？叔叔，我不认识你呀！"

"可我认识你呀，我是你爸的同事，以前去过你家，你忘了吗？"

"哦，我还真想不起来了。"欧东笑着说道。

"走吧，咱们一起走吧。"

欧东和那人一起走了，从此欧东就失踪了。

专家解析 ZHUANJIAJIEXI

虽然现在的社会治安状况还可以，虽然现在的交通状况比以前大有好转，虽然现在人们的自我保护意识大大提高，但不可否认的是，生活中的危险还是经常存在的。所以人人要有自我保护意识，特别是孩子，更需要加强自我保护的意识。

据有关部门调查统计：1997 年到 1999 年，全国 10~14 岁少年非正常死亡人数，平均每年都在 16000 人左右。这里面排在第一位的是交通事故，90%以上的交通事故是由于人的交通意识，也就是主观认识上的偏差造成的。

研究人员有项调查发现，60%的事故是发生在家里，或者在家的周围。家是人过日子放松的地方，往往更容易出问题。曾经发生过小孩儿从楼上摔下来的事，还有小孩掉进附近的臭水沟淹死的事。如果父母早有良好的保护意识，就不会发生这种事情了。

很多孩子觉得自己大了，不再需要父母带着外出了，能独立到商场、活动场所了。可是，他们毕竟还是未成年人，他们还身单力薄，思想比较单纯幼稚，缺乏判断能力、行为控制能力、抗拒侵害能力，对社会生活的复杂性认识不足。他们遇事对美丑、善恶、真假不能很好地作出判断；遇到危险或侵害缺少社会生活经验，缺少防范和自我保护的意识和能力。因此，父母不仅应有保护孩子的意识，还应教给孩子一些自我保护的常识。

教子指南 JIAOZIZHINAN

作为家长不但应该熟练掌握常用的报警、急救方法，还应该教会孩子正确使用这些方法和注意事项。

1. 教孩子注意交通安全

教育孩子严格遵守交通规则，不逆行，不抢行，不闯红灯，不骑快车，不与同学比赛，不拉手搭肩，经常检查车闸灵不灵，不骑车带人。要以实际事例说明不遵守交通规则的危害。

2．教孩子注意运动安全

教育孩子在体育活动中注意安全。要按老师要求做好准备活动，进行单杠、双杠、高低杠、木马、吊环等运动，一定要有人保护，不能单独做有危险的动作。掷铅球、手榴弹要躲开危险区域。游泳时量力而行，不要逞强，学会游泳再进深水。跳水要有人指导，不能盲目胡来。

3．让孩子牢记遇事拨打“110”

“110”是警方为了更及时地打击犯罪而设立的报警服务台，全天候接受公民的报警求助。打“110”是最快捷的一种报警方式。拨号后报告主要内容：发现、发生案件的时间、地点，现场的原始状态，有无采取措施，犯罪分子或可疑人员的人数、特点、作案工具、车辆情况（颜色、车型、牌号等）、携带物品和逃跑的方向等等。打“110”报警时还要讲清你所在的位置、使用的电话号码、联系方式。

特别应注意的是：父母要教育孩子不得在没出事的情况下因为好奇或好玩而随意拨打上述特别重要号码或虚假报案，否则是要承担相应的法律责任的。

4．教育孩子识别骗子的骗术，不受骗上当

现在，社会上有一些不法分子专门骗孩子的钱，甚至诱惑孩子走歪门邪道。有的骗子诱惑孩子赌博，有的以赊账的方式卖给孩子吃的东西和玩具，有的组织孩子去捡废品挣钱，有的向孩子兜售摇头丸、迷幻药等毒品……家长要给孩子分析这些社会现象，告诉他这些坏人、骗子的真实面目，遇到这类事，一定动脑子想一想，绝不盲从；回家以后要跟家长说清楚，还要跟老师汇报。

5．其他注意事项

教育孩子上学下学、外出办事尽量走大路，少走僻静小路。如走僻静小路，最好结伴而行。如遇坏人打劫，尽快避开，跑向人多的地方，同时大声呼救。

67.做事不干脆利落，总爱拖拖拉拉

生活中，很多孩子都有磨蹭、拖拉的毛病。早上，起床、洗漱不紧不慢，结果上课迟到；晚上，做作业常磨蹭到半夜，搞得全家人都睡得晚……很多人认为这样的孩子是“慢性子”，其实孩子并不是性子“慢”，只是他们没有时间意识。

情景案例 QINGJINGANLI

现象一：

小雯学习还不错，但就是做作业时很磨蹭。本来30分钟可以完成的作业，竟要磨蹭一个晚上，有时都12点多了还在做作业。更要命的是，这还是在家长陪伴的情况下，如果妈妈不在旁边看着她，估计一晚上她都写不完作业。小雯妈妈常常抱怨：“这孩子做作业时，才写了两个字就开始抠橡皮、玩彩笔，一小时都写不了10个字。”

现象二：

雨晨的妈妈正在为小雨晨做事没有效率而着急。本来正在吃饭，忽然窗前有小鸟飞过，小雨晨就会放下饭碗去看个究竟；本来要去刷牙，可是当小雨晨走到浴室里发现有一池水，他就开始玩了起来，刷牙当然就放在一边了……这小家伙做任何事都这样，边做边玩、慢慢吞吞的样子，因此耽误了妈妈好多时间。

专家解析 ZHUANJIAJIEXI

现实生活中，大多数家庭中都会上演这样的情景剧：早晨一起床，你叫孩子刷牙，他会磨磨蹭蹭地说等会儿；你叫孩子赶紧吃早饭，他却要先摆弄一会儿玩具；任凭你那儿叫破嗓子说要迟到了，可是孩子却依然稳如泰山，根本不当一回事。许多家长为此伤透了脑筋，但常常束手无策……

其实，并不是所有的孩子都是“慢性子”，他们的磨蹭是有一定原因的。

首先，孩子缺乏时间观念。孩子做事爱磨蹭，通常是因为他们不像成人一样具有时间紧迫感，他们的时间概念比较模糊。孩子并不知道如果他把一件事尽快做完之后会有什么更好的结果，他也不认为自己慢有什么不好。

其次，孩子的注意力很容易受到周围环境的影响，旁边有什么好玩的事就会让他忘记了初衷。

再次，如果孩子对所做的事情不感兴趣、缺乏自信心，这往往也会影响他们的做事效率。

除此之外，有时候，孩子做事效率不高还往往是他情绪消极的一种表现。

可见孩子做事磨蹭、拖拉并不是性子“慢”，主要是时间意识差，有一种“时间会因我停留”的错误概念。所以他们根本不知道自己这样慢会产生什么结果，或者说他们并没有意识到“慢”所产生后果的严重性。如果长此以往，孩子可能真会变成一个没有时间观念、做事不讲效率的“慢性子”。

教子指南 JIAOZIZHINAN

面对孩子磨磨蹭蹭的行为，父母千万不能不闻不问、掉以轻心，但是，也不要表现出急躁情绪，急于求成。父母应该运用正确的方法引导孩子，使其改掉磨蹭、拖拉的毛病。

1．启发孩子的竞争心理

现代社会，生活节奏日益加快，孩子还没有接触社会的经历，他们感受不到紧张气息。但是，总有一天孩子要长大，一个人做事没有效率就无法在竞争激烈的社会中立足。因此，从小训练孩子的时间观念和竞争意识是很有必要的。

有时，适当增加些生活的紧张气息，不但能够使孩子养成做事讲效率的好习惯，而且对孩子日后的成长和独立精神的形成也有着很重要的作用。

2．让孩子尝到磨蹭的后果

很多孩子因为习惯了凡事由妈妈提醒、催促，他们便理所应当地按着他们一贯磨磨蹭蹭的方式去做一些事情。如没有妈妈叫起床，他们就不想去上学；没有妈妈的催促，他们永远都不会准备就绪……这种情况下，孩子当然是没有时间观念。对付孩子磨蹭的行为最好的办法就是让孩子尝到磨蹭的后果。比如早上不再催促他，由他不急不忙地洗脸、整理书包……这样的结果当然是因迟到被老师批评。孩子尝几次磨蹭的后果后，他会自然而然地加快自己的速度。

3．让孩子学会合理地安排时间

如果孩子的做事效率不高，妈妈要有意识地让孩子学会合理地安排时间。在日常生活中，妈妈要教会孩子利用统筹方法来安排做事的先后顺序，进而节省时间、提高做事的效率。

但是，在孩子效率提高的同时，父母也要告诉孩子，动作快不等于做事马马虎虎、敷衍了事，而是要把事情做得又好，又能节省很多时间。

4．反话正说

孩子很重视父母的评价，表扬、鼓励总是能打动和激励孩子，从而使孩子按着父母的想法去做。当发现孩子有磨蹭的行为时，父母不妨这样说："小宇长了一岁，懂事多了，不用妈妈提醒，就知道上床睡觉了。""明明今天真乖，早上不用妈妈叫就起床了。"这样表扬孩子的话，比起一味地责怪、批评孩子要好得多。

68. 做事粗心，总是丢三落四

很多家长在一起聊天的时候，经常会提及这样一个问题：“我家孩子粗心的毛病就是改不了，要不是因为粗心，这次考试就能考100分了。”“我家那孩子不也是吗？要不是因为粗心，这次就能考全班第二名。”孩子马虎大意的毛病怎么改呢？

情景案例 QINGJINGANLI

现象一：

小雨已经上二年级了，是个很聪明的孩子，学习也很努力，但就是粗心大意。老师家长提醒了很多次，但粗心的毛病一直没有改掉，并且直接影响到了成绩。在做作业时，书上明明写的是“51”，他偏偏会看成“15”；平时做作业不是忘了写答案就是抄错题。考试时也经常因为一个小错与第一名失之交臂。

因为小雨粗心这个毛病，父母都操碎了心，平时也没少打过他，也没少骂过他，道理也讲了一箩筐，可是小雨粗心这个坏毛病就是改不了。

现象二：

9岁的小云是个聪明的孩子，可就是做事粗心马虎，为此吃了不少亏。因为粗心，作业老是出错，本来可以得“优”的，却因马虎出了错误得了“良”；因为粗心，期末考试与第一名擦肩而过。

平时生活中，尽管妈妈总是提醒她做事要认真，但是她做事马虎的毛病就是改不掉，不是出门忘记带钥匙，就是外出时忘记带需要的东西。

专家解析 ZHUANJIAJIEXI

生活中，能够完全做到不粗心的人是不存在的。成人还有丢三落四的时候，孩子马虎一点，并不值得大惊小怪。根据研究，孩子粗心，在大多数情况下，只靠“提高觉悟”、“增强警惕性”往往是解决不了问题的。

如果仔细观察，就会发现这样一种奇怪的现象，很少有孩子所有的功课都粗心。他们很可能会把语文中的形近字看错，但他们却能把英文的字母表倒背如流；他们可能会把数学中的计算题算错，但应用题的解题步骤却解答得特别详细。

其实，孩子的粗心常常是有规律的，他们甚至有自己的“粗心点”。观察多了，我们就会发现，每一个孩子都会有自己的“粗心点”。他们要么语文经常出错，要么数学成绩很差，要么英语总是在80分左右徘徊。

其实，人的情绪、兴趣、自制力等都直接影响感知的完整性和准确性。孩子如果对某门功课缺少兴趣，学习情绪不高，就很容易粗心；而有些孩子容易兴奋，不能控制自己的情绪，往往被学习以外的事情吸引，这时候更是粗心“出没”的高发期。所以，家长要根据孩子的具体情况，采取恰当的方法改正孩子粗心的坏毛病。

教子指南 JIAOZIZHINAN

面对孩子的粗心，父母要拿出更多的耐心和宽容，慢慢想办法，帮助孩子克服粗心马虎的毛病。

1．不要强化他的“粗心意识”

心理学还指出，人往往有逆反心理，就是你越不让他做的事情，他偏偏要去做。例如，在一本刚出版的书的封面上写了一句话“请不要看第25页”。结果人们往往会最先看第25页。因此，父母反复地对孩子重复“你不要粗心”，结果孩子反而越来越粗心。

因此，面对孩子做事不细心的问题，父母切记不能强化他的“粗心意识”，给他贴上“做事太马虎”的标签。

2．让孩子准备一个错题本

如果你的孩子有粗心的毛病，你不妨让他准备一个错题本。其实，只要对“粗心”问题进行详细的整理，这些问题就可以在思想上、意识上得到纠正。孩子以后再遇到类似的问题，大脑就会自动提出预警和反应，这样，粗心的现象就可以最大限度地得到控制。

3. 少批评，多鼓励

遇到孩子粗心的问题，很多家长要么抱怨，要么批评，这样不但不能使孩子改掉马虎的毛病，可能还会产生负面影响。此外，面对孩子的粗心，父母千万不要给孩子贴上负面标签。“你真是屡教不改”、“你就是一个‘小马虎虫’，我看你这粗心的毛病是真改不了了”，当家长说出这样的话时，孩子自己也会丧失信心。

如果父母努力去寻找孩子的细心点，并不失时机地肯定他、鼓励他，孩子便会感觉自己真的很细心。当孩子的细心点越来越多时，细心便成为了孩子的一种习惯。

4. 培养孩子整齐有序的生活习惯

孩子粗心的毛病不是一天养成的，是在平时生活中逐渐养成的。如果孩子从小就生活在一个无序的家庭中，没有一定的作息时间，没有一个好的生活习惯，那么孩子做事丢三落四、马马虎虎就会成为“家常便饭”。

因此，父母要引导孩子养成整齐有序的生活习惯。学习上，要培养孩子养成当天的作业当天完成、做完作业要检查、课前要预习、课后要复习等好习惯。生活上，让孩子养成保管自己物品的好习惯，不仅仅是学习用品，衣服、鞋子等也要放到自己的柜子里，自己保管。这样的话，学习、生活都整齐有序地进行，粗心大意、马马虎虎的毛病当然就不会有了。

5. 向孩子请教，使孩子有成就感

孩子做事粗心马虎多是因为感到做事、学习没有意思。为了让孩子觉得他做的事是有意义的，有时故意向孩子请教，也是一个培养孩子细心的好方法。在生活中，向孩子请教的机会很多，比如：“同事家一个和你同年级的孩子今天问妈妈一个题目，但妈妈怎么也做不出来，你能教教妈妈吗？”如此请教，使孩子对所做的事情和学习有了浓厚的兴趣和强烈的责任心，必然会更加努力、细心。

69. 胡搅蛮缠，死不认错

谁都爱听表扬的话不愿挨批评，孩子也是如此，对父母或老师的批评有一种本能的“反抗”，有一些孩子更是“死不认错”。试想一个不敢承担责任，一个连“对不起”都不会说的孩子，长大以后如何在社会上立足？

情景案例 QINGJINGANLI

星期天，小强的父母带他到小林家做客。大人坐在客厅里聊天，小强和小林在一起玩玩具。小强不小心把小林的玩具弄坏了，小林哭了起来。大人听到哭声赶来，明白是怎么回事后，妈妈让小强向小林道歉，谁知小强理直气壮地说：“我没错，为什么让我道歉，不就是一个玩具嘛。”

“你这孩子怎么犯了错还不承认？”妈妈有些生气地说。

“我没错，不是我弄坏的！”小强继续耍赖说。

妈妈拿小强没有办法，只好对小林说：“小林，不要哭了，小强太不乖了，他怎么能弄坏你的玩具呢？阿姨代他向你道歉，下次阿姨再给你买一个新的玩具赔给你，好吗？”

小林这才不哭了，一个人玩去了。

专家解析 ZHUANJIAJIEXI

没有人不犯错误，不过犯了错误并不可怕，可怕的是不承认错误，拒绝改正错误。在现代社会里，有一种怪现象，有的孩子犯了错误以后，不但不承认，甚至对别人的批评恼羞成怒，或是极力辩解。

究竟是什么样的心理，让孩子死不认错呢？

一是自我防卫的心理。其实，这种“自我防卫”的心理，大人小孩都有。通常最容易出现的是，每一次犯了错，总是为自己犯的错找理由。比如打翻了瓶子，他会说：“我拿书的时候，是书把瓶子碰倒的。”这种自我防卫的反射，有部分原因是怕被指责处罚，部分原因是自尊心面临挑战，还有时候是一种逆反心理的表现。

二是怕失败的心理。家长在日常言语神情中，对孩子有过度的期待，比如经常拿自己的孩子向别人夸耀有多棒，或要求孩子表现得完美。这样，在心理上给孩子造成不可以输或不能失败的压力，觉得自己不可以出错或认输。

三是怕挫折的心理。家长在孩子表现不够好或犯错时，总是严加指责，严厉批评，或表现出失望的语气和神情。长期累积，造成孩子极度害怕挫折或怕让父母失望。

四是家里的大人本身爱面子，自己就是一个不肯认错的人，小孩有样学样，当然也会有不肯认错的行为。

孩子基于维护尊严，害怕失败、挫折，害怕责骂，害怕让父母失望，乃至来自家长的不良示范，等等原因，都会形成不肯承认错误或输不起的心态。孩子往往会用耍赖、哭泣、闹情绪，或死不认错的方式来表达，从而失去许多学习的机会。

其实，孩子的不肯承认错误的心理如果往好的方面引导，就是好胜心和荣誉感，也是成长进步的动力。可是，如果往不好的方面发展的话，那就是死爱面子、过度防卫。久而久之，不是一味否定别人就是一味自我否定，成为一种恶性循环。

教子指南 JIAOZIZHINAN

孩子不肯认错的行为如果一旦形成习惯，连带也会为自己的失败找理由。家长若及早留意，适当教导，对孩子的人格成长将有助益。那么家长应该如何做呢？

1．理性分析孩子的错误

一名称职的父母，既不因为爱孩子而一味娇惯，也不以严格要求为名，用粗野的方式挫伤孩子幼小的心灵，而是要实事求是、一分为二地看待孩子的错误，对孩子的错误进行合情合理的分析。对孩子先肯定，让孩子在和谐的气氛中主动认识到自己的错误，让温暖的春风吹去孩子心中的灰尘，让爱充满孩子的心，在爱的氛围中使孩子受到教育、感化。

2．即使小错误也要督促孩子改正

一般情况下，孩子犯的错误可能很小，不会给别人造成太大的损失，因此有的孩子便不把这些错误放在心上。但作为父母不要因为孩子犯的错误小就放任不管。因为这样会向孩子传达一个错误的信息：做错事可以不承认。

3．教育孩子每日反省自己

孩子有时并不知道自己所认识的东西是错误的，也可能不明白自己做错了什么事。他会用他自己的眼光去看，用他的头脑去想，这样难免不受到限制。所以，父母要有艺术地教会孩子学会发现错误，这样，才能对孩子循循善诱，使他们能认清方向。父母要培养孩子自己反省自己的错误，这样比父母或他人指出其错误再改正，效果更好。

4．合理地进行处罚

当孩子做了错事之后，对孩子进行惩罚是绝对必要的，这也是对不良思想、行为所给予的否定的评价。在对孩子进行惩罚的时候，大人要掌握好分寸，一定要非常耐心和谨慎，一定要考虑好时间、条件以及具体的情况是不是合适，考虑好这种惩罚是不是有助于纠正孩子的不良行为，让他做到今后不再犯类似的错误。

5．父母应勇于向孩子道歉

有些父母在孩子闯祸以后，由于一时的感情冲动，会对孩子进行一些不恰当的或是过重的批评或惩罚。但是事过之后，父母又往往会后悔那么做，或是认为自己对孩子惩罚得太重了。这个时候，如果父母能够勇敢并且真诚地向孩子承认错误，用自己的行为来补救自己的“过失”，这样就会给孩子的敢于承认错误做出一个良好的榜样。

70. 占有观念强，不愿和别人分享自己的东西

每个孩子都有一些自己倾注着感情的玩具和用具，不愿意与人共享，所以我们经常听到孩子们说这句话：“这是我的，你不能玩。”是不是今天的孩子变得自私了？小气了？面对这样的情况，家长怎么做呢？

情景案例 QINGJINGANLI

玲玲快4岁了，从她自己吃饭的那一天开始，爸爸妈妈就给她准备了专用的餐桌、餐椅、筷子、碗。也许是家中只有他一个孩子的缘故，她一向独享意识很浓，平时在家有什么好吃的、好玩的，她都不让别人碰。

这几天，玲玲的姨夫、姨妈带着5岁的女儿小馨到北京游玩，顺便到玲玲家去做客，本来想着两个女孩可以好好做伴，结果糟透了。小馨坐上了玲玲的餐椅，玲玲哭着要把小馨拉开：“这是我的！这是我的，不许你用！”她的玩具更是不让别人碰。小馨看见玲玲正在玩小火车，便用手摸摸并说：“好神气的小火车呀！”玲玲便小气地将小火车收藏起来，并说：“这是我爸爸买给我玩的，不让你摸，你要玩就回家让你爸爸给你买！”如果没有大人在场，两个孩子非打起来不可。玲玲的妈妈没有办法，只好哄小馨说：“小馨最乖了，你是姐姐，不要和妹妹计较，要让着妹妹，改天姨妈带你去商场买很多好东西。”

可怜的小馨，每天只能看着玲玲玩，自己连摸都不能摸，于是，还没待两天，小馨就哭着闹着要回家去。

专家解析 ZHUANJIAJIEXI

现实生活中，经常会听到孩子们说“这是我的，你不能玩”。一向为人慷慨的父母会觉得不好意思，孩子这样做似乎很给他们丢脸，于是免不了训斥孩子一番，甚至强迫他与小朋友分享玩具。有些父母宽容一些，只是自嘲地笑笑说：今天的孩子怎么会这样自私，不像我们从前的时候。

是不是今天的孩子们变得自私小气了？他们为什么会有这么强烈的占有欲呢？这里面有一些道理。

孩子有很强的占有观念，认为手之所及都是“我的”，不愿意与别人分享并非表明孩子很自私或被宠坏了，这种表现事实上体现了孩子与生俱来的不安全感。他们需要获得一种归属感，希望能有效地融入自己周围这一日益扩大的社会氛围。他们试图用各种方法来达到自己占一席之地的目的。

此外，在如今一些家庭里，很多孩子都是独生子女。孩子一旦想要什么，家长就给他买什么，觉得父母买给自己的东西都是自己的，谁都不能动。这样的孩子十分容易变得自私自利，不懂得关心别人。长大以后，他就会带着这种思想走上社会，不能与人友善相处，不能与人互帮互助，有喜悦也不能与大家共同分享。当然，他所碰的挫折和麻烦也是无法预料的。

教子指南 JIAOZIZHINAN

面对孩子的自私，面对孩子不懂与人分享的情况，很多父母不是去找孩子的原因，不是教孩子学会与人分享，而是劝说别的小孩不要与自己的孩子争。也有一些父母发现孩子不懂与人分享的情况后，积极地采取行动，带孩子亲自去体验一些场景，教孩子学会分享。

作为父母，要从以下几个方面做起，让孩子懂得与人分享是最快乐的事情：

1．不要让孩子独享

有些父母过分溺爱孩子，把家里所有好吃的好玩的都给他一个人享用。这样时间一长就容易强化孩子的独享意识，把好吃的好玩的都据为己有。正确的方法是让孩子从小时候起就知道把好吃的、好玩的和大家一起分享。

2．及早对孩子进行分享训练

对孩子分享行为的训练可以从婴儿期开始。其训练方法有很多，比如：让孩子拿着镜子，父母拿汤匙，父母先温柔而愉快地将汤匙给孩子，然后再从孩子手中拿走镜子，这样反复地进行交换，就能使孩子学会与人的互惠和信任。

3．给孩子提供良好的机会

父母应尽量给孩子提供良好的接触社会、关心和帮助他人的机会。比如让孩子把家里的旧玩具收集起来，送给需要的小朋友，学着帮助或者照看比自己年龄小的小朋友，试着帮助父母做一些力所能及的家务等等。

4．父母首先要起表率作用

父母要做与人分享的模范，经常主动地关心和帮助别人，让孩子感觉到关心和帮助别人是件愉快的事，如关心帮助有困难的人和孤寡老人等。

5．创造良好的家庭环境

在家里，家庭所有的成员之间要相互关心、爱护，要营造出一种温馨的家庭气氛，让孩子从小懂得关心父母，关心长辈，懂得分享。儿童心理学家指出，虽然儿童年纪还小，但是已经能享受到帮助别人的快乐了。

总之，父母应该教给孩子正确的人生观念，让孩子学会分享，使他走好人生的第一步；让孩子学会分享，让他懂得一个人的快乐是微不足道的，与人分享的快乐才是真正的快乐；让孩子学会分享，使他懂得有付出才会有收获。

71. 爱撒谎，不诚实

诚实守信是一个人受用终身的资本，每个孩子都应该从小时候开始就养成诚实的好习惯。但事与愿违，很多孩子从几岁开始就学会了撒谎，无论家长怎样批评、教育，效果都不是很明显。

情景案例 QINGJINGANLI

现象一：

这天早晨，小超没有交数学作业，老师问他："为什么没交作业？"小超说："我昨天做完了，忘记装书包里了。"老师看着他一脸的真诚，便说："那你下午把作业带来吧。"这时，小超的同桌立刻站起来说："老师，他说谎，作业就在他书包里，他一个字也没写。"

现象二：

开学伊始，三年级四班还是沿用上学期竞聘的干部，小国是语文课代表。这天，小国的爸爸问他："你们竞聘班干部了吗？"

小国很骄傲地说："我被同学们选上了做体育副队长了。"

小国的爸爸高兴地拍拍儿子的肩膀："真不错！"

后来，当小国的爸爸从老师处了解到没有此事，纯属小国捏造事实后，十分困惑，不知儿子为何说谎。

专家解析 ZHUANJIAJIEXI

事实证明，每个人在小的时候都曾或多或少地对别人说过谎话。儿童专家指出，孩子撒谎的种类有很多，但总体上可以分为两种：一种是无意撒谎，另一种是有意撒谎。

无意撒谎，多发生在学龄前儿童身上。由于这个年龄阶段的孩子还小,有时他们分辨不清楚想象与现实,就会出现撒谎的现象。如到了晚上，孩子不肯进被窝，说被窝里有老虎，好像真的看到一样。事实上，这是孩子白天在动物园或者画报上看到了老虎。这个阶段的孩子都是这样的，想象与现实很容易混淆，并且有时想象还会脱离现实。

有意撒谎，多指孩子做错事后，怕老师批评、同学们看不起、挨家长的打，所以隐瞒自己的错误，并对大家说出谎话。

其实，孩子并非生来就会撒谎，他们天性纯真、善良，而且不会隐瞒自己的意图和情绪。但是，因受多种因素影响，他们还是学会了撒谎。

有些孩子是受家长的影响学会撒谎的。例如：一天，小明的妈妈正在做面膜,外面传来门铃声。妈妈让小明去开门,并教他说“妈妈不在家”。小明这样做了。但是,他迷惘地问妈妈：“你明明在家,为什么说不在呢？”妈妈笑笑说：“你没看到妈妈忙着呢吗？我不希望别人打扰我！”一次，两次，后来多次遇到这种情况，小明便认为撒谎是正常的，不是什么大错误，于是学会了撒谎。

有些孩子一开始是很诚实的孩子，但是，诚实的后果往往是遭到批评和责打。所以，慢慢地，他们会变得很“聪明”，学会利用撒谎来自卫。

除此之外，孩子撒谎的原因还有很多。但是，无论是出于什么原因，在家长的正确引导下，孩子都能改掉撒谎的坏毛病，养成诚实守信的好习惯。

教子指南 JIAOZIZHINAN

父母都希望孩子诚实可靠，一旦发现孩子说谎，会产生很多联想，甚至激动地认定孩子学坏了。其实，年纪小的孩子，有时真的很难完全明白对错、真假的区别，他们对说谎的定义也不很清楚。如果只因为个别一两件事，便给孩子定性，那似乎并不恰当。

此外，父母也得明白，孩子不会无故说谎的，当父母发现孩子说谎时，除了应立即纠正他外，还应了解清楚孩子说谎的原因。

面对爱撒谎的孩子，父母一定要冷静行事，不能盲目地批评、指责。

1．帮助孩子区分想象与现实

心理学家研究发现：6岁的孩子中，只有大约18%的人能够区分真实和想象。而9岁的孩子中有90%能够理解故事是编的还是真实的。孩子在11~12岁时开始从新的角度理解诚实的问题。在平常的生活中，父母应该帮助孩子区分现实和想象。

2．给孩子树立诚信的榜样

要纠正孩子不守信用的行为，家长首先要做到言行一致。如果孩子常见大人说谎，他对诚实也会渐渐失去信心。另外，孩子的模仿能力很强，很容易受到某种行为的暗示。如果父母言行不一，不履行承诺，孩子就会受到暗示，跟着模仿。例如，妈妈如果答应了孩子星期天带他到公园去玩，就一定要去。如果临时有事，也要先考虑事情重不重要，若不重要，就要坚守诺言；如果事情确实比较重要，一定要向孩子说明情况，并争取以后补上去公园的活动。

3．弄清孩子说谎的原因

当然，孩子撒谎的原因还有很多。但无论出于什么原因，孩子这一行为的目的无非有以下几种：获得父母或朋友的注意；欺骗父母，隐瞒事实；逃避惩罚；报复他人；获得同辈接纳；追求优越感；寻求刺激感。

面对孩子的这些说谎行为，父母要具体问题具体分析。如果孩子的说谎只是吹嘘、夸大，希望获得父母的注意、小伙伴的认同、表现优越感时，父母只需倾听，无需对他的这种行为作出任何反应。

4．给孩子机会改过

父母应对说谎的孩子采取开明的态度。孩子犯错要罚，但要通过惩罚让孩子明白说谎话是不对的，日后不能再说谎。惩罚过后，父母要给孩子改过的机会，并向孩子表明，如果孩子知错能改，父母还是会像以前那样疼爱他的。

因此，要孩子做个诚实的人，为人父母的同样要做诚实的人。

5．不要当场戳穿孩子的谎言

孩子都有自尊心，虽然他的谎言十分拙劣，但父母还是尽量不要当场戳穿他的谎言。不如对于事件来个冷处理，使得孩子保留自尊，在事后不久再帮助孩子反省。

需要注意的是，对待说谎的孩子，妈妈最不应该的做法就是给孩子贴上“爱说谎”的标签。如果妈妈总是骂孩子是不诚实的孩子，一旦孩子自己也承认了自己是个爱说谎的孩子，那么说谎对于他来说就变成理所当然的事情了。到了那个时候，家长再想改正他这种说谎的行为，一定会难上加难。

72. 上网成瘾，难以自拔

如今网络已经渗透到我们生活的方方面面，一些孩子上网成瘾已经不是新闻了。有些孩子上网时间失控，欲罢不能，难以自拔，到了可以不吃饭不睡觉的程度，这对孩子的身心健康有严重的影响。

情景案例 QINGJINGANLI

下面是一位父亲的求助信。

张老师您好！

我在网上看到您给很多人解答问题，很专业也很热心，我很感动，我们这些独生子女的父母真需要您这样的老师给我们指点迷津。

我儿子今年16岁，正在读寄宿初中。他现在整天不上课，不是上网吧就是在宿舍里睡觉，父母、老师的话都听不进去，上个学期考试好几门不及格。除了上网玩游戏外他什么爱好也没有，我曾试着带他一起锻炼、郊游、摄影、逛书店，但他哪儿也不去，周末回家后就是睡觉。

原来他不是这样的孩子，在初一上学期之前，性格很活泼。但初一下学期突然回家不爱说话了，迷上了网游。一放学就自己呆在屋里，不管什么时候都要关上门，作业也不做。原来我们以为是青春期的表现，但已经两三年了，仍不见好转。我很困惑，不知道怎样才能改变他。我也曾试着和他在网上聊天，但效果不甚理想。

张老师请您帮帮我吧。

一位父亲

专家解析 ZHUANJIAJIEXI

染上“网瘾”的孩子，对网络的迷恋，欲罢不能，难以自拔，可以不吃饭不睡觉。这种疯狂的“网瘾”会造成人体植物神经紊乱，体内激素水平失衡，免疫功能降低，引发心血管疾病、胃肠神经官能病、紧张性头疼、焦虑、忧郁等，甚至可导致死亡。

“网瘾”还会引发许多社会问题，有很多未成年人犯罪都与无节制的“网瘾”有关。

网络成瘾是一种心理障碍，不仅不利于个体的健康发展，还成为一种日益严重的社会问题。它的形成既有网络传播特性的原因，也有现实社会生活压力和自身人格缺陷的原因。

家长和学校把成绩看得重如泰山，绝大多数孩子程度不同地有压抑感和挫败感。无论成绩如何，父母的永不知足让孩子疲惫不堪，丝毫感觉不到学习的快乐和成就感，也因此导致孩子的厌学。学习压力越大的孩子，生活往往越单调，也就越容易出现上网成瘾的情况。

与现实中的失败和挫折相反，孩子在网络上体会到的是前所未有的成功：在网络游戏中，他们可以统帅千军万马指挥若定，可以以少胜多除暴安良，可以随心所欲主宰别人的生死。而且游戏中常会出现鼓励、夸奖的溢美之词，升级、闯关所带来的成就感大大满足了孩子在现实中对成功的渴望。

那些内向敏感、现实人际交往困难的人，易沉迷于网络，一些自制力差的孩子同样会患上“网瘾”。

有的孩子形成了一种对网络的依赖性，随着每次上网时间的不断延长，这种依赖越来越强烈。这种不自主的强迫性现象已被称为“网络成瘾综合征”。

“网络成瘾综合征”的主要表现，就是因过分依赖网络而失去对现实生活的兴趣。其最明显的症状有：上网时间失控，长时间使用网络以获得心理满足；为了达到自我满足，不惜增加网上停留时间，试图减少操作时间但难以自控；对家人和朋友隐瞒自己是“网虫”；有人因陷得太深而不能自拔，最终走上自杀的道路。

教子指南 JIAOZIZHINAN

网络是获取各种能力的工具，计算机及其网络已经成为知识与信息的巨大载体，学习和掌握计算机知识，将有利于青少年未来的发展，所以不能因为网络上有垃圾，就把孩子和脏水一起泼掉，父母要引导孩子正确利用网络。

1．和孩子一起上网

父母不要把网络说得一无是处，严禁孩子接触网络，而要引导孩子合理使用网络，并和孩子一起享受网络给生活带来的方便。在和孩子共同学习的过程中，父母不仅可以与他们沟通互助，还会保持青春和童心。

2．与孩子订下协议

小学生每天上网一般不应超过 1 小时，中学生不应超过两小时，父母要和孩子约定好上网时间，以避免孩子无节制上网。另外，还要教孩子学会选择并欣赏健康网站，告诉孩子不能在网上留下家里的电话，不能把自己家的住址轻易告诉网友等。

3. 指导孩子上网聊天

网络聊天的自由随意和网络语言特有的魅力，是吸引孩子的主要原因。面对网络聊天，有的成人都无法自持，何况孩子。所以父母首先要在自我节制的前提下，对孩子进行一定的引导。可以让孩子和网友制定一个明确的谈话主题，选择情趣相投的聊天对象，还可以指导孩子用外语聊天，在轻松的氛围中提高外语水平。

4. 注意网瘾前的征兆

一般来说，孩子上网成瘾前的征兆是：每天上网时间超过4小时，并连续1个月以上，不爱与父母说话，但坐在电脑前异常兴奋。这时，父母就要注意了，应该多关心孩子，主动交谈，了解孩子的内心想法。有一些父母在孩子刚开始沉迷网络的时候，没有及时发现并加以引导，导致孩子陷入太深，错失教育的最有利时机。

5. 耐心指导孩子走出网瘾

对于孩子的网瘾，父母可以巧妙运用递减法。比如，从原来每天上网6小时改为5小时，再改为4小时，逐步减到每天一两小时，慢慢恢复到正常状态。不能急于求成地想一刀下去斩草除根，而应在循序渐进中收到成效。

73. 打电话没完没了，发短信接连不断

现在手机、电话成为人们交往的最普遍的工具，十几岁的孩子甚至几岁的孩子抱着电话、手机聊天的现象也不足为奇。但令家长头疼的是，很多孩子一打起电话没完没了，一有时间狂发短信，甚至在上课时也发，这严重地影响了孩子的正常的生活和学习。

情景案例 QINGJINGANLI

现象一：

霞霞10岁了，多次要求妈妈给她的房间装一部电话，这样她就不必总在客厅跟同学打电话聊天，而与看电视的父母相互干扰了。妈妈终于同意了，但有一个条件，就是霞霞不能长时间打电话，不能影响学习和睡觉。霞霞很轻松地同意了。

但从装上电话那天起，只要霞霞在自己的房间里，多半时间是泡在电话上，有时夜深了，霞霞还抱着电话说个不停。妈妈不断对霞霞说："你不能总打电话，这样会影响休息的。"还说："你若再这样没完没了，我就把电话报停了。"霞霞收敛了一些，没几天又管不住自己了，到后来，干脆把妈妈的提醒和告诫丢在一边。妈妈向爸爸告状，爸爸说："为什么不把电话停掉？""我怕那样做会伤了霞霞的自尊心。况且，装一部电话还要花钱，停掉了多可惜。"于是妈妈对霞霞的训斥延续下去了，而霞霞仍我行我素，让妈妈无可奈何。

现象二：

下面是一位母亲的自述：

我儿子一上初中就缠着我买手机，说班里的同学大部分都有，自己没有很没面子。虽然我认为中学生没有必要用手机，但是担心孩子可能因此自卑，只好答应了他。可没料到他自从有了手机，就对发短信上了瘾，不管是写作业、吃饭还是看电视，都一心二用，不停地发短信。不久前，儿子的老师向我告状，说他上课时给同学发短信笑话，弄得课堂乱成一团。我说要没收他的手机，他就大喊大叫，甚至把手机藏到同学那儿，真不知道该怎么对付他。

专家解析 ZHUANJIAJIEXI

"煲电话粥"、发短信能拉近孩子和同龄人之间的距离，满足他们对友谊的渴望，缓解内心的孤独，这些对孩子的成长非常有利。但同时，家长也要看到没有节制地打电话、发短信已经给一些孩子造成了不良影响。

第一，影响正常的学习和生活。有些孩子出现了“煲粥”成瘾的倾向，把明明可以在学校解决的问题留到家里“煲电话粥”，不但影响了自己学习的时间，而且妨碍家人。有的学生频繁发短信，沉迷于手机游戏，分散精力，影响学习和休息。另外，课堂上此起彼伏的手机铃声也干扰了正常教学秩序和师生情绪。甚至有些学生还利用手机短信考试作弊，后果更加严重。

第二，对身体造成伤害。有专家认为，由于青少年的耳朵和颅骨比成年人更小、更薄，因此，在使用手机时，大脑中吸收的辐射比成年人要高出50%。手机辐射会对脑部神经造成损害，引起头痛、记忆力减退和睡眠失调。而且发短信时，长时间注视手机屏幕，较弱的光线很容易造成眼睛视疲劳，严重的会导致近视。另外，频繁发短信还可能导致孩子手部麻木、灼痛、腕关节肿胀、手部动作无力等症状，长期下去，可能会使神经受损、手掌发黑、肌肉坏死等。

第三，手机助长攀比之风。校园里的手机越来越多，档次也越来越高，很多孩子互相攀比，争相购买新款手机，这给父母带来很大的经济负担。

教子指南 JIAOZIZHINAN

煲电话粥、狂发短信的现象在孩子中间很普遍，对于这种的现象，是强行制止，还是置之不理？作为家长应该如何做呢？

1．父母要理解孩子内心的孤独

父母和孩子的成长环境相去甚远，独生子女内心的孤独感是父母无法理解的。建议父母在多跟孩子交流的同时，鼓励孩子和同龄朋友交往。同时，不要不加分析地认为孩子“煲电话粥”、发短信是十恶不赦的坏事而严加禁止。

2．告诉孩子电话、短信不能取代面对面的交流

告诉孩子，虽然电话、短信方便高效，但它毕竟不能代替面对面的人际交往，它只是沟通的辅助手段。越是现代生活，越需要丰富的情感交流，一个善于面对面交流的人，会有更强的适应能力。另外，机器只是人类的工具，不能让机器主宰我们的生活，不能沦为机器的奴隶。

3．改掉坏习惯不能急于求成

改变孩子的一种行为习惯需要一个过程，父母不能一厢情愿地急功近利，而应该采取递减的方法，如过去每天通话 1 小时，现在改为 45 分钟，下一步改为 30 分钟。当然，有减就要有加，减少了孩子“煲电话粥”的时间，就要鼓励孩子增加面对面的交往，这样才能维护孩子的友谊，便于孩子接受。

4．与孩子订立“协议”

与子女签协议是当代父母的一种教育智慧。父母可以与孩子商定每天可以通电话的次数和时间，以及相应的惩罚制度。父母和孩子订立协议时应该注意亲子协议必须体现平等和诚信，协议各条款应由双方协商订立，并且协议要切实可行，让孩子从小懂得“言必信，行必果”的道理。

74. 遇事好推卸责任，找各种借口辩护

借口是孩子的一种自我保护，孩子经常用借口来应付父母的督促、检查，不但会养成说谎的习惯，而且容易掩饰潜在的缺点。在教育孩子的过程中，家长常常对孩子众多的借口感到头痛。

情景案例 QINGJINGANLI

芳芳是个聪明开朗的孩子，但是有个“常有理”的毛病，总爱找各种借口为自己辩护，推卸责任。比如玩完了玩具，妈妈让她收拾，她说：

“我一会儿还玩呢！”过了一会儿，妈妈再让她收拾，她就说：“我累了，想休息，妈妈你帮我收拾吧。”可是如果小朋友来家里玩，她就责怪人家玩完后不收拾玩具，责怪人家把地面弄得太乱。妈妈说：“你是小主人，应该带头收拾。”她却说：“玩具是他玩的，应该他收，小朋友要自己的事情自己做。”芳芳仿佛什么道理都明白,但是什么都不愿意自己做，妈妈真是拿她没办法。

专家解析 ZHUANJIAJIEXI

像芳芳这样习惯在别人身上找原因的行为，在其他孩子身上也普遍存在。很多孩子如果犯错误就找出很多理由开脱自己，其实这些孩子很聪明伶俐，而且很有思想，肯动脑子，只是旺盛的精力用错了地方。他们为了达到自己的目的与家长斗智，因为孩子知道如果直说出来，家长肯定不会同意，为此，孩子就耍起小聪明。

还有的孩子学习成绩下降，犯了错误或自尊心得不到满足时，就会用借口来取悦父母，避免可能遇到的批评、指责。生病、不舒服、老师说的话，都是孩子通常喜欢用的借口，有的还会套用父母的话作为借口用来抵御父母的批评。

孩子做错事找借口是不对的，但造成这种现象的原因家长应分析一下。没有孩子不想做一个负责任的孩子，当孩子做了错事，家长是如何处理的？有时候，家长一个小小的失误可能给孩子心理造成阴影，使孩子不敢再次承担责任，所以找借口推卸责任。

责任感是孩子能力发展的催化剂。有责任感的孩子，自觉性强，让家长省心；对他人有责任感的孩子，亲善行为多，让家长宽心；对集体和社会有责任感的孩子，人小志气大，让家长放心。有责任感的孩子自觉、自爱、自立、自强。可以说，责任感是走向成功和幸福人生的必备条件之一，而缺乏责任感的人与成功无缘，也会与幸福擦肩而过。

当然，孩子的责任感不是突然出现的，它伴随孩子的成长而不断养成。

3~4 岁的孩子属于被动责任阶段，能按照家长的指令完成一定的任务，家长带养孩子也比较顺手，但这时的孩子只是一味地顺从大人，并不理解责任的意义。

5~6 岁的孩子属于半被动半理解的责任阶段，开始明白“自己的事情自己做”、“小朋友要互相帮助”等责任和规则，但常常需要他人提醒，这一阶段是培养孩子责任感的关键期。

6~7 岁的孩子属于理解责任阶段，认识水平进一步提高，不但知道要对自己、对父母、对小朋友负责，还初步知道要对社会负责，例如出现环保意识、公益意识和集体意识。但是他由认识层面向行为层面转化的自觉性和自律性还不高，需要家长继续培养。

教子指南 JIAOZIZHINAN

家长要正确对待孩子找借口的现象，勿放任，因为这可能在孩子心中种下不负责任的种子。

1．找准孩子的借口依据

孩子说身体不舒服，你不妨带他去求医，若孩子无病就可以直言戳穿他的谎言。若孩子用老师的话当借口，父母应主动跟老师取得联系，了解老师的要求，从而主动配合老师做好工作。孩子的借口经常是既幼稚又有趣的，千万不要用指东说西的方法指责孩子。如果你没有抓住驳斥孩子的正当理由，孩子就不会服气。

2．父母与子女之间的沟通很重要

对一些问题，孩子心中有自己的看法，甚至对父母、老师也有看法，他们找借口就是为了避免与长辈发生冲突，应当设法让他们把意见说出来，必要时也可让他们发泄一下。家长如能做好这方面的疏导，就能把孩子培养成一个有自信心的人，一个充满自信的人，就不需要什么借口了。

3. 要用自己的言传身教影响孩子

要让孩子学会面对现实，敢于承担责任，对自己的错误要大胆承认，“金无足赤，人无完人”，做错了，没关系，只要改正就是好孩子。对孩子要宽容但不纵容，给孩子一个适当的空间，不要因孩子犯错而责罚孩子。孩子太小，很多事情需要家长给予指导和引导，和孩子多谈谈名人学习的故事和自己的经验，培养孩子好的学习习惯和行为规范。

4. 多与孩子沟通

家长要积极与孩子沟通，不要单纯地说教，要和孩子交朋友，尊重孩子，让孩子接受自己，这样孩子才能说出自己的心里话，家长才能找出事情的症结，有的放矢地解决问题。

75. 狂热追星，不辨好坏接受明星的一切

如今追星是一种时尚，但很多孩子把追星看作生活中第一位重要的事，甚至比上课、做作业、吃饭还重要。在同学之间交往，谈论最多的是明星，他们对这些明星的一举一动包括一些个人癖好的了解，远远超出了对公式、定理、概念的了解，甚至到了如痴如狂的地步。

情景案例 QINGJINGANLI

小伟是一位13岁的女初中生，她崇拜的明星是郑少秋，爱他爱得死去活来。虽然郑少秋压根儿就不知道这世界上还有这样一位小姑娘，她也从来没有见过郑少秋本人，可是她整天想的和谈论的都是郑少秋。她对郑少秋的了解，要远远超过对她父母的了解。

很快，这位学生的学习成绩下降，并且呈加速度下降。

一开始，家长老师都不知道学习退步的原因，还以为她在早恋呢。经过了解，非常器重她的班主任才从“死党”那里得知，原来她“爱”

上了郑少秋。

她熟悉郑少秋的每一个眼神和动作，看过他拍摄的每部影片，了解他的饮食爱好甚至生辰八字。

在一次和老师促膝谈心时，她说："老师，您不知道他有多帅，他唱的歌有多好听！不瞒您说，所有刊登他照片的画报，他的磁带包括贴画，我都有，有一张买一张。他唱的所有歌我都会唱。有关他的资料，我能收集的都收集到了。"

最令人啼笑皆非的是，她发誓非他不嫁。可怜这位小姑娘，年龄比郑少秋的小女儿还小，对自己未来的婚姻更是懵懵懂懂！

父母和老师见她这般痴情，一筹莫展。

专家解析 ZHUANJIAJIEXI

明星，在许多人眼里就是时尚的代名词。形形色色的明星如雨后春笋，他们以靓丽的外形、俊朗的面容、迷人的身材让一些青少年如痴如醉。

再加上现在的孩子压力很大，激烈的竞争、父母的期望压得他们喘不过气来，他们需要找到缓解紧张、释放能量的途径，扮演"粉丝"是一个既自然又时尚的选择。在一定程度上，追星对于孩子的成长是有意义的，父母要给予理解，没必要把追星当成"十恶不赦"的坏事严加禁止。

虽然追星有其合理性，但有些孩子自控力差，追星追到失去理智，变得偏执、疯狂。

有的孩子为了见到喜欢的明星，不惜旷课、离家出走、骗取父母的钱财。如此追星可能会造成孩子情绪失控、违反纪律、弄虚作假，久而久之发展成为问题学生。有些孩子由于对明星过于崇拜，于是"爱屋及乌"，对他们的生活习惯、爱好、穿着等盲目地模仿、追求。这些对孩子的成长极为不利。

对于追星热中的孩子，家长应该帮助他们树立一种健康的心态，告诉孩子学生的主要任务是学习，而不是随波逐流，盲目追求时尚。

1．引导孩子正确追星

父母爱孩子就应当了解孩子崇拜谁，继而了解他。俗话说：“不入虎穴，焉得虎子？”这样做的目的是尽可能地找到共同语言，便于和孩子沟通，引导他正确追星。

2．别恶言评论孩子的偶像

对待孩子追星，父母最不明智的行为就是贬低孩子崇拜的偶像。因为在孩子眼中，偶像已经不单纯是一个人，而是心中的一种情感，一种理想模式，一种未来人生的蓝图。贬损孩子的偶像就等于贬损孩子的梦想与追求，必然会引发孩子的强烈不满。其实每个明星之所以能成为明星，一定有他的过人之处，否则不可能受到很多人持久的拥戴。

3．让偶像成为榜样

“榜样的力量是无穷的”，父母可以用明星奋斗的故事激励孩子。如球王贝利小时因家境贫寒，没钱买足球而用袜子缝了一个球。通过艰苦的努力，终于从一个穷孩子变为举世闻名的球王。

其实许多明星的成长故事对于孩子的发展都有启迪作用，重要的是父母要懂得挖掘，使孩子以偶像为榜样，将崇拜转变为学习的动力，发挥偶像的积极作用，让他成为孩子成长道路上的鞭策力量。

4．追星不要庸俗化

有的孩子只是一味模仿偶像的发型、衣着，四处打听偶像的嗜好，狂热购买偶像代言的商品。对这些偏颇的举动，父母应该向积极层面引导，帮助他们认识到追星完全可以做到高层次、高品位、高追求，因而让自已有高境界。

5．让孩子心中有至少10个偶像

父母应该让孩子知道，世界上除了歌星、影星之外，还有很多值得我们尊敬和崇拜的人，比如爱因斯坦、牛顿、爱迪生、巴尔扎克、托尔斯泰、毛泽东、周恩来、曹禺、巴金、比尔·盖茨以及许多诺贝尔奖获得者等等。让每个孩子的心中至少容下10个卓越的人，这些人将陪伴他一起成长、成功。

第六章　在饮食、运动方面最易犯的错误

随着人们生活水平的提高，人们对健康有了更高的向往，特别是家长对孩子的健康更是殚精竭虑。不过遗憾的是，很多孩子在饮食、运动中有一些不良习惯，例如喜欢吃零食，不爱吃早餐，挑食偏食，不爱吃的东西一口不吃，总是边吃饭边看电视或玩耍……也许家长认为小孩子有这些习惯没什么，殊不知，长此以往，不但不利于孩子身体的成长发育，还有损孩子的身体健康。

76. 进食无规律，常常暴饮暴食

在孩子的身上，不同程度地都有着同一种习惯，那就是在进食的时候，完全是按着自己的意思而行，什么时候想吃就必须得吃，没有定时定量的进食习惯。长此以往，孩子就会养成暴饮暴食、进食没规律的习惯，这不但对身体健康有百害而无一利，并且会直接影响孩子的将来。

情景案例 QINGJINGANLI

小丘是一名刚上小学三年级的学生。在他的身上有着和许多孩子一样的坏习惯，就是不管什么时候想吃就吃，爱吃多少就吃多少。其原因，并不是他感到饥饿，而是因为嘴馋。

小丘的父母出于对子女的疼爱，并没有制止，反而还认为孩子能吃

是件好事，不但为小丘的这种举动感到高兴，还鼓励他这种行为。

时间一天一天地过去，小丘便变成了一个小胖墩。看着胖乎乎的儿子，小丘的父母非常高兴，但是他们没有想到的是，就是这个看起来健康的小胖墩儿，却经常头痛、患感冒。小丘的父母感到奇怪，便带小丘到儿童医院检查。医生告诉小丘的父母，小丘这种状况是因为身体缺乏一些人体必需的营养素所致。

小丘的父母感到非常震惊，他们真的难以相信小丘吃了这么多的好东西，还缺乏营养。

专家解析 ZHUANJIAJIEXI

对每一个人的身体而言，营养素是不可缺少的，我们每天所需的营养素，有一个最低的需要量。如果不足或过剩，时间长了，都会给健康发育带来问题，不是瘦弱、肥胖，就是生病。虽然我们大多数人都有这方面的知识，并且在进食的时候，也注意到怎样去选择这些富含营养素的食物，以及配制和烹调出合乎营养的平衡膳食，可惜的是，对于定时定量有所忽略。

不定时定量的饮食，从某一方面来说，其实就是我们常说的暴饮暴食。你或许听过这样的一句俗话："择言无祸，节食无疾。"健康谚语说得好，"少吃好、慢吃香，定时定量身体强"，"暴饮暴食会生病，定时定量可安宁"。确实如此，不定时定量的饮食，要么吃得过饱，要么又饿得前胸贴后背，这些都是一种不良的饮食习惯，会给健康带来很大危害。

据研究发现，不定时定量的进食，特别是在感到饥饿，大量进食后两个小时，发生心脏病的几率是正常情况的 4 倍，并且会出现头晕脑胀、精神恍惚、肠胃不适、胸闷气急、腹泻或便秘，严重的，还会引起急性胃肠炎，甚至胃出血。大鱼大肉、大量饮酒会使肝胆超负荷运转，肝细胞代谢速度加快，胆汁分泌增加，从而造成肝功能损害，诱发胆囊炎、肝炎；使得十二指肠内压力增高，胰腺大量分泌，从而诱发急性胰腺炎，重者可导致死亡。

由于暴饮暴食，大量油腻食物进入体内，不仅增加胃肠负担，刺激胃黏膜，而且促进消化腺分泌旺盛，诱发各种疾病。最常见的是急性胃肠炎、急性坏死性胰腺炎、胃及十二指肠溃疡出血，当然，这些情况常见于青壮年暴饮暴食后。

教子指南 JIAOZIZHINAN

在平常的日子里，作为家长，我们要关注自己和孩子的身体，养成定时定量的饮食习惯。要全面地供给孩子成长、发育所需的营养素就必须帮助孩子养成正确与科学的饮食习惯。而其中最重要的一点便是怎样改正孩子偏食的习惯。专家建议可从以下几个方面着手：

1．树立好榜样

现如今，有90％的孩子偏食是受父母偏食的影响。所以从现在起，赶快调整你偏食的状态，用你的实际行动向孩子证明，白菜其实也是人间的一大美味。

2．人间极品

如果孩子不愿意吃某一样食物，你就要充当领头羊的角色，先品尝他不愿意尝试的食物。虽然这些菜都很平常，但你也要露出一副在品尝人间绝口美味的表情，那样孩子也会格外青睐这种食物。可别以为这是在让你向孩子演戏说谎，要让孩子对一件原本不喜欢的食物感兴趣，不用点手段怎么可以呢？

3．父母正面强化

当孩子开始接触平时不喜欢吃的食物时，你要及时注意，马上给予适当的表扬。或许，当下次再遇到这种菜时，他会很高兴地吃下去以得到你的表扬。虽然他是有目的地吃下这些菜，但习惯之后也就成了自然。你不就是想让孩子养成不偏食的习惯吗？

4．提高厨艺

如果你的厨艺实在欠佳，没说的，唯一的方法只能是尽可能地提升厨艺，改变饭菜的花样。如果孩子不爱吃煎蛋，就试试荷包蛋能不能提起他的兴趣；如果荷包蛋也吃厌了，就试试芙蓉蛋；要是芙蓉蛋也不想吃了，就试试蛋花汤能不能让他满意呢。

77. 冷饮吃不够，长期大量吃冷饮

酷暑天里，一些孩子喜欢缠着父母买冷饮吃，很多家长拗不过，就给孩子买了吃。孩子暑假在家除了吃点冷饮外，几乎什么饭也不吃。但时间一长，家长就会发现孩子脸色发黄，眼窝下陷。到医院检查发现，孩子的血色素仅有 10 克，微量元素也相对较低，这是患了营养不良性贫血。

情景案例 QINGJINGANLI

现象一：

下面是一则新闻报道：

17 日，黑龙江省东北医院急诊室接待了一名 16 岁的男孩。身体强壮、很少进医院的他，上午突发肚子痛、腹泻、发烧、浑身无力。医生一问才知道，原来他在室外剧烈运动后，又吃了大量冷饮，结果几个小时后便出现以上症状。医生诊断为胃肠道感染、过食生冷。

据医生介绍，夏季是胃肠道疾病、发烧、感冒等病症的高发期，患者比平时大约增加了 50%。剧烈运动后吃冷饮会增加肠胃的负担，使机体内冷外热，失去平衡。运动后马上洗冷水澡或吹电风扇，也会患伤风感冒等疾病。

现象二：

小亮是个调皮的孩子，特别喜欢缠着妈妈买雪糕吃。妈妈怕他吃坏肚子，不让他多吃，一周只允许他吃两支雪糕。

但是有一天，小亮趁爸妈不在家，自己打开冰箱，一下吃了 5 支雪糕。当晚小亮就咳嗽不止，并且呼吸特别快，嗓子里发出像哨声一样的呼吸声。检查发现，孩子出现了喉头水肿，经医院抢救才脱离了危险。幸亏就诊及时，否则由于喉痉挛会导致孩子呼吸困难，甚至危及生命。

现象三：

放暑假，不用上学的杰克成了家里的“小老鼠”。整天零食不断，尤其爱吃冰激凌，喝汽水、果汁。由于消耗数量太大，到了周末他就缠着爸爸带着他去冷饮批发站买。爸爸觉得多买一点划算，结果就是甜筒、果汁、汽水成箱成箱地往家里搬。杰克现在每天想吃冷饮的时候，就在冰箱里随便挑，吃起来没个节制。没几天，就吃坏了肚子，并因此住进了医院。

专家解析 ZHUANJIAJIEXI

在热得让人发慌的夏季，喝冷饮吃冰激淋成为一种享受。而大大小小的孩子更是对各种包装精美的冰激淋和冰冻果汁、汽水爱不释手。不过，营养学专家告诫，甜饮料几乎都添加了防腐剂、甜味剂、糖精，这些成分既无营养，吃多了还会增加肾脏负担并导致腹胀、产气等症状，甚至会诱发龋齿、血糖代谢紊乱等。此外，孩子吃冷饮还有以下危害：

第一，引起喉头水肿。婴幼儿喉部血管表浅，大量食用冷饮会刺激局部血管使之充血、水肿。严重的喉头水肿可导致喉痉挛，阻塞气道，引起呼吸困难，甚至造成窒息死亡。

第二，引发胃炎。大量或久食冷饮对胃有极大的伤害，首先过量冷饮可伤害胃黏膜。胃的表皮有一层黏膜，能分泌黏液覆盖在胃的表面，这层黏液能保护胃自身不被消化液消化掉。而冷饮的温度一般要比胃内温度低20℃~30℃，长期和（或）过量的冷饮进入胃，会使胃黏膜下血管收缩，黏膜层变薄，使保护胃的“天然屏障”——黏液层受到破坏，导致胃的防卫能力下降，胃酸和胃蛋白酶的侵袭力增加，出现黏膜水肿和糜烂，最终形成慢性胃炎，导致胃痛、呃逆、呕吐、厌食等消化道症状。

第三，导致厌食，冷饮中含有大量糖分，大量或久食冷饮可致血液中葡萄糖含量持续升高，使动静脉葡萄糖血浓度差增加，导致位于下丘脑的食感中枢兴奋而产生饱腹感，从而导致孩子食欲不振。

过食冷饮并且影响发育。由于进食减少及胃肠道疾病的发生，必然导致患儿各种营养物质的缺乏及吸收障碍。小儿易出现缺铁性贫血、营养不良性贫血及各种微量元素缺乏等症。不仅造成小儿身体痛苦，而且严重影响小儿的生长发育。患儿看上去比同龄孩子身材矮小，面色无光，口唇、毛发干燥，严重时影响患儿智力及大脑发育。

教子指南 JIAOZIZHINAN

夏天，雪糕、冰激淋、各种饮料等是孩子的最爱，但孩子过多地进食冷饮，对身体有百害无一利，作为家长，应该怎么做呢？

1．不要让孩子一次食用过多冷饮

营养专家说，每100克冰淇淋中可提供的钙、磷分别为0.122克、0.105克，一次食用约100克左右的冰淇淋不但可消暑解馋，还有利于钙的补充，是最佳的食用量。但一次性食用超出该量的冷饮会让人胃受不了，孩子会摄入过多的热量，对身体不利。因此，专家建议，超过100克的冷饮，家长最好监督孩子分几次食用。

2．让孩子适当进食冷饮

适当进食冷饮不但可以起到防暑降温的作用，还会减轻孩子由于热天带来的烦躁情绪，保持良好的生活和学习状态。进食冷饮尽量不要在饭前或饭后立即食用，最好在饭后1小时后，避免冷热不均对胃肠道的刺激；在患消化道疾病时，不能进食冷饮，以免加重消化道症状；只要做到勿贪食、过食冷饮，就不会给孩子带来一系列的健康问题。这样孩子也就会度过一个健康无患的暑假。

3. 让孩子多喝白开水

冷饮中主要成分是水，此外，如冰激凌、雪糕等含有一些糖分及牛奶。这些营养成分含量较低，不能作为主食来提供营养。夏天，家长应该让孩子多喝白开水，多吃天然新鲜的水果，如西瓜、番茄、苹果等，既能降温解渴，又能补充一些维生素及微量元素。对食用冷饮要适可而止，不可大量饮用。

78. 爱上洋快餐，成肯德基、麦当劳常客

快餐店在大小城市几乎随处可见，并且很受孩子们的欢迎。很多孩子都习惯性走进如肯德基、麦当劳等快餐店“一饱口福”，然而不得不引起人们注意的是，这种做法对健康是有着非常大的负面影响的。

情景案例 QINGJINGANLI

“妈妈，我要吃肯德基嘛！”已经18岁的小吴还是像小时候一样拉着妈妈的手撒娇。

母女俩逛街逛了一上午了，她们准备找个地方吃饭，一提到吃饭，小吴眼里就看着肯德基的店面放出了异常兴奋的光芒。她特别喜欢吃肯德基，尤其是那鸡腿汉堡，咬上一口别提多香了。

“我们还是吃点面去吧，那东西吃了容易胖。”妈妈看着小吴本就很“魁梧”的身材，不由得说出了这样的话。

“不嘛，我就是想吃肯德基！”小吴一脸不高兴地说道。

没办法，母亲只好带着小吴进了肯德基。

小时候，小吴就特别喜欢吃肯德基，因为年龄小的缘故，妈妈也

没有强迫地制止过。虽然总听电视上讲快餐对身体健康是有影响的，但是妈妈总抱着这样一个想法：胖点就胖点吧，谁让孩子喜欢吃呢！再说我也没有天天带她吃，应该没什么大问题。

其实，妈妈不知道的是，自从小吴高中住校后，几乎是天天都断不了这个“喜好”。距离小吴的学校不到两站地的距离就有一家肯德基餐厅，这可真是让小吴心里乐开了花，自然小吴就成了这里的常客了。

高中毕业那年，小吴的体育怎么也无法达标，就是因为太胖的缘故，她已经不能像同学们一样灵活地控制自己的身体了。她苦恼地回到家，哭着对妈妈说：“妈妈，我以后再也不吃肯德基了，你看我现在胖的，以前就顾着好吃就使劲吃，结果现在连毕业证书都快拿不到了，这可怎么办啊？”

妈妈这才知道，原来自己的纵容已经把女儿给害了。所幸的是，小吴通过积极地减肥，已经逐渐摆脱了肥胖症的困扰。如今，她还是偶尔会去吃肯德基，但是不会再像从前那样“上瘾”了。

专家解析 ZHUANJIAJIEXI

中国预防医学科学院营养与食品卫生研究所曾经在广州、上海、济南和哈尔滨 4 城市抽取 3~16 岁少年儿童 10216 名，进行了我国首次少年儿童食用快餐情况的调查。结果表明，90% 的城市少年儿童知道快餐，其中 92.3% 食用过快餐。在食用快餐的少年儿童中，平均每月食用快餐 1~3 次的占 18.8%，每月食用 4 次以上的占 2.9%。零点公司的一项调查也显示，青少年偏爱吃汉堡包、炸薯条、比萨饼等，而且多选择在午餐和晚餐时吃快餐。

殊不知，孩子长期进食高蛋白、高脂肪、高热量的洋快餐，容易对身体产生负面影响：

一是影响食欲。一个汉堡包热量近 1000 千卡，相当于孩子 1 天摄入能量的总和。高脂肪饮食在胃内滞留的时间过长，会直接影响其他食品如豆制品、蔬菜和水果的摄入量，长此以往便会造成机体缺乏多种维生素和矿物质，从而影响正常的食欲。

二是影响钙剂吸收。钙吸收有赖于合理的肠道钙、磷比值，所以适当的磷摄入对钙的吸收非常重要。但是当健康的成人摄入磷量超过 1 克时，磷会与钙离子形成不溶性磷酸钙，阻止钙离子在肠道的吸收。而碳酸饮料、可乐、咖啡、汉堡包、比萨饼、炸薯条等食物中均含有大量的磷，大量摄入磷就会使人体内钙磷比例失调，食物中过量的磷会把体内的钙赶出体外，影响人体对钙的吸收。

三是引起肥胖症。由于洋快餐含热量高、脂肪高，经常吃洋快餐的人，能量的摄入会超过身体的需要，多余的能量会转化为脂肪在体内储存起来，从而引起肥胖。研究发现，在我国城市，平均每个月吃 3~4 次洋快餐的儿童中患肥胖的比例要高于平均每个月吃 1~2 次的儿童。肥胖的儿童往往发展为成年肥胖。肥胖会增加心血管疾病、糖尿病和癌症等慢性疾病发生的危险性。

四是降低免疫力。许多洋快餐都含盐过高，由于盐的渗透作用，可杀死上呼吸道的正常菌群，造成菌群失调；高盐饮食还能抑制黏膜上皮细胞的繁殖，使其丧失抗病能力导致感染性疾病，降低机体对疾病的抵抗力。此外，还对血压、肾脏产生不良影响。

五是冰镇饮料刺激性大。一般的洋快餐中，饮料都是冰镇的，而进食这种饮料，咽喉就会猛然受到过冷的刺激，导致局部血管收缩，抵抗力下降，极易患上呼吸道感染。而胃肠黏膜柔嫩的孩子，若受到冰镇冷饮的刺激，黏膜下血管就会急剧收缩，血液供应骤然减少，可伤害消化系统的免疫力，引起急性胃肠炎。儿童时期不仅是体格和智力发育的关键时期，也是饮食行为形成的重要时期。儿童时期形成的饮食行为，往往保持到成年甚至一生。如果不及时进行指导和引导，儿童对食物的偏好很容易形成不健康的行为和生活方式，为各种慢性病的发生埋下隐患。

在美国，麦当劳、肯德基是地道的“蓝领”快餐，功能是让人们能迅速果腹，在我国却成为许多父母给孩子开“洋荤”的奢侈品。家长都知道洋快餐是垃圾食品，正在长身体的孩子吃多了肯定有害无益。那么，家长应该如何做呢？

1．不要把洋快餐作为奖励

作为父母，要教会孩子理性对待洋快餐，不要把吃洋快餐当成是对孩子学习成绩好或别的方面的奖励和安抚，以免孩子对洋快餐产生渴求心理。

2．要把握好一个“度”

经常吃洋快餐会对健康带来负面的影响，但这并不意味着洋快餐不可以吃，而是要把握一定的度。营养最重要的是要讲究均衡，在吃洋快餐时也要注意均衡营养，做到以下几点：选择有益健康的饮品如牛奶、鲜果汁；油炸的食物如薯条、苹果派等含能量高，不宜多吃；选择有蔬菜的品种如蔬菜沙拉，以补充维生素、矿物质和膳食纤维；中午吃过快餐后，晚饭就尽量少吃肉，而要多吃些蔬菜、水果。

此外，还要注意以下几点：不要赶在正餐点带孩子去吃洋快餐；进门落座，先声明：妈妈今天带了这么多钱，咱们只能选两样啊；不要让孩子随便挑快餐，他们不懂得哪些食物营养相对高些。

79. 太贪吃，管不住自己的嘴

孩子意志力薄弱，往往拒绝不了美食的诱惑，冰淇淋、汽水、薯片等吃起来没够。孩子正值发育时期，应该多吃些有营养的食物，但若在正餐以外，不停进食高热量、高糖分的食物，时间长了，孩子难免会长胖，影响身体健康。

情景案例 QINGJINGANLI

周末，爽爽和妈妈一起逛超市，这是让爽爽最高兴的事了，因为他可以买到自己喜欢的食物。

“冰淇淋、汽水、薯片、虾条、巧克力、棉花糖……我最喜欢跟妈妈逛超市，因为可以把这些好吃的统统买回去。噢！待会儿还可以到附近的快餐店吃汉堡包、炸鸡翅、脆薯圈，还有冰淇淋新地！”爽爽一边说，一边从货架上取下他心爱的美食，逐一放进手推车里。而妈妈则没好气地把食品逐件放回原位。

然后，妈妈对爽爽说：“这几个月来，你已长胖了10多斤，再不节制一下，我怕你连大门也过不去。”

不一会儿，妈妈到收银处付款。

收银员：太太，总共499.5元。

妈妈：我只买了些日用品，怎么这么贵？

收银员：你身旁那个可爱的小弟弟，手里拿着一大篮零食，他说你是他妈妈，你会替他结账的。

妈妈转身盯住爽爽，他立即使出看家本领，展示一个甜甜的微笑，还露出让人一见就喜欢的兔仔牙，妈妈唯有把钱交上。

专家解析 ZHUANJIAJIEXI

“贪食”的孩子往往是“吃着碗里的，看着锅里的”，手里拿着苹果正在津津有味地吃着，看到别人吃橘子，又要吃橘子；橘子刚到手，发现别人在吃生萝卜，口水又忍不住流下来，又想吃生萝卜了。

“贪食”不是因为食欲好或食量大，往往就是因为一个“贪”的心理作祟。

其实“贪食”的孩子胃口不都是很好，不一定吃得多。很多资料表明，多数“贪食”的孩子长得都比较瘦，营养不良的情况比较多，就像没有吃饱的孩子那样。原因在于："贪食"的孩子往往并不都选择营养丰富或者味道好的东西吃，而是"贪食"一些少有的稀奇古怪的，有时甚至是质量低劣的食物。例如各种花花绿绿袋装食品，专家早就指出其营养价值往往是不高的，然而它们正是贪吃孩子的"最爱"。

有一个孩子在乡下的时候长得既白又胖，到城里之后，按理饮食条件改善了，他应该更胖才对，可是没几个星期他却"吃瘦了"。原因就在于"贪食"反而对健康不利。

孩子"贪食"多数吃的是零食，不是营养充分的主食。各种零食不离口，必然败坏口味，使孩子对贪吃的食物感到津津有味，而这些食物是不能满足身体的需要的；相反，这些孩子吃正餐的时候，往往会感到乏味，甚至吃不下去。这样身体得不到应该供给的营养，因而导致全面缺乏营养素，妨碍了身体的生长发育和健康成长。

教子指南 JIAOZIZHINAN

各位父母可以采取以下办法，让孩子改掉贪食、嘴馋的坏习惯。

1．父母要让孩子养成定时进餐的习惯

"贪食"习惯形成的原因之一就是进餐不定时。如果能够定时进餐，而且吃饭的时候吃饱吃好，他们平时就不会想吃其他东西了，贪吃的习惯就可能会慢慢地得到克服。

2．巧手安排饮食

要解决孩子嘴馋的问题，父母大可从正餐安排方面着手。餐点一般是由父母安排的，所以父母在餐单中，减少碳水化合物和脂肪含量高的食物，并改以蛋白质、纤维素和矿物质丰富的食品做主食。这样可有效地减少高热量食物的摄取量。

3．让孩子少吃零食

父母要让孩子少吃零食，即使吃零食也应该有一定的时间和规律。一般的情况是把零食放在两顿正餐之间进食，或者放在饭后进食。严格地按一定的时间给孩子零食，对于防止儿童“贪食”的习惯也是有一定的作用的。

4．父母要教育孩子正确对待吃零食的问题

吃东西是为了让身体得到充足的营养，而不是为了“快乐”和“享受”。饿了应适当吃东西，并且要吃好吃饱，肚子不饿的时候，就不要吃东西，这样就能防止“贪食”的习惯了。

80. 吃糖没够，对甜食情有独钟

糖是孩子们普遍喜爱的一种食品，商家也将糖的种类不断推陈出新，吸引孩子们的眼球。世界卫生组织（WHO）曾调查了23个国家人口的死亡原因，得出结论：嗜糖之害，甚于吸烟。长期食用含糖量高的食物会使人的寿命明显缩短，并提出了戒糖的口号。

情景案例 QINGJINGANLI

小丽今年8岁，在家里是独生女，父母对于她的要求向来是百依百顺。小丽从小就非常喜欢吃糖，父母和家中的老人都喜欢给她买各式各样的糖。虽然爸爸妈妈清楚地知道吃糖过多对牙齿很不好，可是对宝贝女儿的要求却不忍拒绝，尤其是一看到小丽因为不能吃糖而嘟起的小嘴时，爸爸妈妈也就不再坚持了。如此一来，小丽便养成了随时吃糖的习惯。有时候亲友们来看望时也带上各种高级糖果，大家觉得小孩子吃点糖没什么坏处，有助于长身体。

可是小丽因为长期吃糖，形成了龋齿，并且随着年龄的增长，她的身体出现了亚健康状态，不但缺乏多种维生素，体重也成了问题，总是减不下来，家里人很发愁。对于小丽的近视，医生也说跟她长期进食甜品有一定的关系。

专家解析 ZHUANJIAJIEXI

像小丽这样从小就爱吃糖的孩子很多。糖不仅是一种佐餐的调味品，更是人体的三大营养源之一。糖在人体内经过消化分解为葡萄糖和果糖并被吸收利用，能够产生热量，维护生理机能，恢复体力，解除疲劳，给大脑提供动力，但是吃糖过多会对孩子的健康造成不良影响。

第一，吃糖过多会导致龋齿的发生。吃糖过多，给口腔细菌提供了良好的繁殖条件，逐渐使牙齿表面的珐琅质溶化，而且糖属于酸性食物，对牙齿有腐蚀作用，因此容易形成龋齿。

第二，吃糖过多会引起多种维生素的缺乏或营养性疾病。大量吃糖后，血糖升高，可产生饱腹感，使食欲减退，影响消化和吸收，引起多种维生素的缺乏。久而久之就会出现厌食、呕吐、消化不良以及烦躁不安等神经系统症状，严重时还会出现面色苍白、肌肉松弛、抵抗力下降等营养不良的表现，降低神经和肌肉的活动能力。

第三，吃糖过多会影响视力。吃糖过多，由于血糖增高，可从两方面对眼睛造成损害：一方面，糖是产酸食物，能中和体内的钙、铬等碱性元素。而钙和铬能够保持眼球的弹性，营养平衡时，体内的钙、铬元素亦处于平衡状态，保持眼压正常；钙、铬不足时，眼球壁弹性降低，不能保持正常眼压，这时候长时间紧张用眼即可使眼轴拉长，造成近视。另一方面，血糖增高会加速眼晶状体变性，引起眼晶状体和房水渗透压的改变，屈光度增加，导致近视。

由此可见，偏食甜性食品无益于身体的健康。

教子指南 JIAOZIZHINAN

作为家长，现在知道了，吃糖有利也有弊，那么对于爱吃糖的孩子应该怎么办呢？孩子如何吃糖才能最大限度地发挥其长处，并且减少它对孩子身体带来的损害呢？

1．以新鲜水果代替甜食

平常生活中，父母不妨以新鲜水果代替甜食，让孩子少吃含糖量高的食品。总之，适量的、有营养的、低热量的饮食，加上适当的运动，无论对大人还是小孩，都是避免肥胖的定律。

2．不以甜食作为奖励

在平时生活中，父母要注意的是，不管孩子多喜爱吃零食，也不应该以零食作为奖励孩子的方式，以免养成孩子爱吃零食的习惯。

此外，让孩子餐前 1 小时不要进食任何甜食；餐后不宜马上进食甜品，空腹时不要吃甜品、糖果。

81．渴了用饮料代水，喝饮料成瘾

人渴了应该饮水，这是每一个人的自然生理反应，可是时下，有许多孩子在口渴时，想到的是喝饮料。用饮料代替水，这是不正确的。

情景案例 QINGJINGANLI

现象一：

今年刚读小学五年级的小童是一个喜欢喝饮料的孩子。他对雪碧的钟爱已到了如痴如迷的地步。平时，除了饮用饮料之外，连水都很少喝。在他的眼中雪碧就等于水。

突然有一天，他感到有些不舒服，觉得胃里面好像一阵阵地向外冒酸水，食欲非常差。开始家里人都没在意，然而，一连几天过去了，小童依然是那种状态，家里人不由得感到慌了，就带着小童前往医院检查。

医生对小童作了全身检查，得出的结论是：小童胃中冒酸水是由于体内的酸碱不平衡所致。他向小童的父母询问了一下小童的日常饮食，终于寻找到了答案。

现象二：

四年级男生小葛就是饮料发烧友，这个暑假他除了参加过一个四天的夏令营外，天天窝在家里看电视打游戏。父母怕他出门不安全，就买来小葛最喜欢的几种饮料和零食。两个月下来，原本就白白胖胖的小葛又长了五六斤，一出门就汗如雨下，没走几步就叫累。华东医院主任营养师陈霞飞接诊小葛时了解到，小葛喜欢尝试各种广告最新推出的饮料，一有新的就缠着父母买来尝鲜，而在年轻的父母看来，只要能换来小葛甜蜜欢乐的笑脸，价格再高，也可以承受。

现象三：

5岁的媛媛是幼儿园同班同学里最瘦小的一个，感冒受传染她多半是第一个，原本想借暑假好好补充营养，可是一个暑假下来，体重还是没有达到5岁女孩的标准36斤。原因是媛媛的父母每天都为她的一日三餐巧花心思，可对这张小嘴巴喝什么却听之任之。媛媛口渴专喝各种饮料而不喝白开水，甜甜的饮料下肚，吃饭就没了胃口。

专家解析 ZHUANJIAJIEXI

不管怎么说，饮料都要比淡而无味的水好喝，以至于许多孩子在日常或口渴时，喜欢用饮料代替饮用水，认为这样既清爽可口，又可以解渴，可谓是一举两得。

有的父母说："孩子不肯喝白开水，非要喝饮料不可。"其实，孩子爱喝饮料不是天生的，而是父母后天培养出来的。现在很少看到孩子出门背水壶，甜滋滋的饮料对孩子来说，的确是挡不住的诱惑。殊不知，这样做是错误的，如果长期用饮料代替水，会对身体健康造成损害。

我们都知道，水是人类的重要环境因素之一，也是人体的重要组成成分，成年人体内含水量约占体重的65%，每人每日生理需水量约为2~3升。人体内一切生理活动，如体温调节、营养物质的输送、废物排泄等，都需要水来成全。因此，如果饮用水中化学物质含量不当，不仅会使水的感官性状恶化，而且会直接危害人体健康。饮用水的酸碱度有一定要求，pH值应在6.5~8.5之间；水的硬度应适当，所含钙、镁元素应符合平时饮食习惯。过酸、过碱、过软、过硬的水，对人体都是不利的。

饮料中含有大量有机化学成分和人工合成添加剂，同时其制作过程早已将纯水中的成分作了很大改变，对人体的重要生理功能也相应减弱。因此，各种合成饮料不是不能饮用，而是不可过量饮用，尤其是当人体急需补充水分时，最好饮用天然的不含其他添加元素的水，而不能用饮料代替，这对儿童来说显得尤为重要。

饮料的包装也是各显神通，从包装的材料到色彩到形状，各式各样。这里只提易拉罐包装的饮料，常喝易拉罐包装的饮料对儿童的生长发育不利。易拉罐是铝合金制作的，内层涂一层有机涂料，使铝合金与饮料隔离，但由于加工过程中，部分易拉罐保护性涂料不完全，导致铝合金与饮料接触，铝逐渐溶于饮料中。若常饮这种饮料，就会摄入铝过多，对身体产生副作用。

教子指南 JIAOZIZHINAN

目前各种饮料非常多，商店货架上陈放着各种色彩、各种包装的饮料，琳琅满目，让人目不暇接。在电视节目中各种食品、饮料广告在各个频道穿插，影星、歌星、球星作为代言人，竭力推销各种饮料。家长要引导孩子正确对待饮料：

1．引导孩子喝白开水

白开水具有促进新陈代谢、调节体温、输送营养、清洁内脏、增强机体免疫力、美容护肤等作用。从健康的角度出发，家长最好给孩子喝白开水。引导孩子喝白开水，首先应为孩子创造饮用白开水的条件和氛围，养成良好的饮水习惯，家里要常备有新鲜的凉白开，而可乐、果汁等饮料不应成为冰箱里的常备饮品，以免孩子可以随时得到。

如果孩子实在拒绝无味的白开水，可以给孩子喝全乳纯牛奶或酸奶

（而不是花式奶或乳酸饮料），也可以适当给孩子喝点新鲜的100%纯果汁，天气较热时，还可以给孩子喝点决明子茶、大麦茶以及菊花茶等，既有消暑作用，又清爽解渴。

2. 饮用饮料要适量

在饮用饮料时，一定要做到适量，千万不要用饮料代替饮用水。

3. 少带孩子去超市

在琳琅满目的超市里，孩子自然会被包装时尚的饮料吸引，因此少带孩子去超市。

此外，不应该在感到干渴难忍时才去饮水，一旦出现口渴，则表明身体已经轻度脱水。此时的饮水过程就犹如田地已经龟裂后才去浇水一样，虽然可补救旱情，但终归不如事先浇水效果好。

82. 吃饭如风卷残云，从不细嚼慢咽

孩子看到自己心爱的食物就会忘形，心里只想着：“这是多么美味的东西啊！我要赶快把它吃掉。”然后他们就会连嚼也不嚼，干脆大口大口地全吞进肚子里去。一旦养成这样的习惯，对身体只有害处没有好处。

情景案例 QINGJINGANLI

一天，小伟感到胃部有些不舒服，妈妈带他到医院去检查。让人不解的是，平时注意饮食，并按时进餐的小伟被诊断为慢性胃病。

小伟好奇地问医生，自己按时进食为什么还会得胃病呢？医生向他解释：除了无规律饮食外，进食时速度过快，对食物还未完全咀嚼就咽下去也是患胃病的主要原因之一。于是，小伟想起了自己平时吃东西的情景：

爸爸：孩子们，你们知道爸爸买了些什么东西回来吗？

妈妈：你这个长不大的孩子，又买了些什么没营养的东西回来给孩子吃？

爸爸：怎么没营养？是美味可口、营养价值高的……冰淇淋。

小伟：什么？冰淇淋？好呀！今天有冰淇淋吃。

爸爸：我们有好长一段时间没有吃冰淇淋了。今天超市促销，这是我们全家都爱吃的牌子，还有你最爱吃的芒果味，除了有折扣外，还买四送一，真的十分便宜。

小伟：买四送一，也就是说现在有五杯……

爸爸：小伟，你在想什么？快过来吃冰淇淋，这是你喜欢吃的巧克力味的。

（小伟接过冰淇淋，二话不说，一大匙一大匙地放进嘴里，把嘴巴塞得满满的，还差点儿漏出来了。）

小伟：爸爸，我吃完了，可以再来一杯吗？

爸爸：这么快？我只吃了两口……

专家解析 ZHUANJIAJIEXI

在日常生活中，很多孩子吃饭时有狼吞虎咽的习惯。孩子狼吞虎咽，除了食物美味外，也有部分原因是想多吃一点。眼见每人各取一份后，还有剩余的，于是就想快快地吞下去，然后再多要一份。

狼吞虎咽的饮食习惯对人体健康是无益的。这是因为：

首先，许多食物尚未切碎即入腹中，无形中增加了肠胃的负担。

其次，未经认真咀嚼，口腔中的淀粉酶与食物不能够充分搅拌，食物中的淀粉没有达到初步水解就被送入胃中。而人的胃里面缺乏淀粉酶，不能使其水解，从而又加重了十二指肠和小肠的负担。

第三，未经仔细咀嚼的食物，由于没有得到初步水解成为麦芽糖和葡萄糖，风味欠佳。

第四，狼吞虎咽时，顾不得餐桌上各种饭菜的合理搭配，在匆匆吃罢之后，往往会有“食不甘味”之感。

所以，如果孩子想远离胃炎和胃溃疡等疾病，就要勤动上下颌，把食物在嘴里多嚼几下，吞咽不能太快。如果一口饭能嚼50下，嚼到没东西可吞咽的地步，胃肠道疾病就不会光顾你。

一般来说,孩子的进餐时间每顿饭最好不要少于20分钟。进餐过快，会使食物得不到充分咀嚼，不仅加重胃肠的消化负担，降低食物营养消化吸收的比例，而且也无法激起孩子们对饮食的兴趣。进餐过快，还容易导致饮食过量，造成肥胖。

另外，父母在进餐时间批评和指责孩子，往往会使孩子精神紧张，已经兴奋起来的消化腺也会受到抑制，使味觉神经系统的敏感度降低，消化液分泌大大减少，食欲降低，食物难以充分消化、吸收，造成消化不良，甚至会出现恶心、呕吐等一系列消化功能紊乱的症状。久而久之，很容易患上胃病或使原有的胃病加重。

教子指南 JIAOZIZHINAN

孩子吃东西的时候一定要细嚼慢咽，让食物经过初步的消化后再进入食道、肠胃。作为父母，如何帮孩子养成细嚼慢咽的习惯呢？

1．给孩子安排出合理充足的进食时间

父母在平时生活中，要合理安排进食时间，让孩子有充裕的时间来进餐。比如准备早餐时间要尽量提前，不要等孩子快出门上学时才安排他进餐，否则，孩子肯定匆忙吃完以免迟到。

2．父母示范慢慢咀嚼

如果孩子是因为觉得食物美味而狼吞虎咽的话，父母应先告诉他这是十分没有礼貌的，其次就是教导孩子享受食物的真趣在于细细品尝。父母可向孩子示范，要孩子慢慢品尝美食，再和刚才狼吞虎咽地吃比较一下。这样，孩子就会慢慢领略个中道理，体会出还是细嚼慢咽更能品出食物的美味。

3. 要教会孩子合理安排时间

为了进餐时间科学，要教会孩子合理安排时间，尤其是早晨起床后要学会统筹安排，或者在晚上入睡前准备好第二天上学的物品，这样可以争取时间，使吃饭时间更充裕。晚饭时间要尽可能安排合理，不要让孩子吃得太急太快。

4. 预先定好可享用的分量

如果孩子狼吞虎咽是出于贪心，只是希望尽快吃完自己的那份，可以再多吃一份的话，父母可以在预备食物时，平均分配每人的分量，让孩子明白吃得快也不可以吃得更多。另外，如果食物预备多了，那么父母也可跟孩子约法三章，说明每人所得的分量均等，即使早早吃完，也不会再多给他。

83. 正餐懒得吃，零食不离口

许多孩子都有吃零食的习惯，几乎到了“零食不离口”的地步，并且认为吃零食可以补充营养。虽然零食总是让无数孩子“爱你在心口难开”，可是“零食生活”却正在悄悄侵蚀孩子们的健康。

情景案例 QINGJINGANLI

今年刚读初一的小梅是一个喜欢吃零食的女孩子，再加上生活条件比较优越，父母给的零花钱她几乎都用来买零食。因此，在她的书包里、书桌上，随处都可以见到各式各样的零食，例如巧克力、薯片、饼干、话梅等应有尽有。不仅如此，只要她没有睡觉或者不在上课，她都会在漫不经心地享用零食。

表面上看来，小梅那么喜欢吃零食，胃口肯定很好，食欲很棒。其实不然，每当到吃饭时，她总是摇摇头，对同学说：“没食欲，吃不下。”

长此以往，小梅吃饭时的饭量越来越少，体质也越来越差。妈妈带她到医院检查，原来小梅由于长期食用零食，已经导致她严重营养不良，身体内缺乏多种维生素，还患上了低血糖。

专家解析 ZHUANJIAJIEXI

零食对小朋友来说，有着无穷的吸引力。不可否认，偶尔吃些零食的确能够为身体补充一些营养物质，如糖块、巧克力可补充碳水化合物，水果可补充维生素 C，南瓜子含有丰富的蛋白质和磷，吃花生仁可补充不饱和脂肪酸，吃莲子可以补充钙、磷、钾等矿物质。缺少某种营养素的人进行有针对性的补充，对健康有一定的益处。但孩子过分偏爱零食的话，一旦吃零食成瘾，整天的花生仁、瓜子、糖块、口香糖不离口，会直接影响他们进食正餐的胃口，容易造成营养不均衡。主要表现在以下三个方面：

一是影响正常食欲。经常吃零食的人，肚子里不饥不饱，在吃正餐时不想进食，影响正餐食物的摄入量，减少了人体对食物中必需营养素的吸收，造成营养缺乏。

二是营养单调。常吃零食的人，大多只吃一两种食品，如瓜子、糖果之类，所含营养成分的品种有限，加之正餐不好好吃，很容易使机体缺乏某些营养素，久而久之，就会出现营养不良。所以，经常吃零食的人会因进食单调而出现营养不良的疾病。

三是造成胃肠疲劳。如果养成吃零食的习惯，不停地含着、嚼着各种零食，食物就会不规则地进入胃肠，使胃肠得不到休息，导致疲劳，胃肠分泌的消化液也得不到充分的调节，消化液在不断地分泌，到了吃正餐时，消化液反而不足，容易造成消化不良和其他胃肠疾病，影响身体健康。

此外，孩子喜爱的零食，大多是既没营养，又会给他们带来额外的油、盐、糖及热量的，如薯片、巧克力等。这些食物，多吃无益，而且还容易使孩子发胖，因此可免则免。

教子指南 JIAOZIZHINAN

常吃零食会造成营养摄入的不足，使蛋白质、维生素、微量元素的缺乏，机体抵抗力的下降。经常吃零食的孩子，饮食缺乏规律，消化系统不能形成定时进食的条件反射，肠胃对饥饿也无太明显感受，于是造成食欲不振。

在生活中，其实父母不用禁止孩子吃零食，在不影响正餐的情况下，适可而止，吃点零食还是无妨的。

1. 与孩子订个协定

若父母担心孩子在不适当的时候吃零食，可以跟孩子商量，协定在饭前绝对不可吃零食，要等到饭后才可品尝。若父母担心孩子胡乱进食一些没有营养价值的零食，那父母不妨做主导，亲自为孩子搭配餐盒内的食物，如半份三明治配少许巧克力，中间不妨给孩子吃点冰淇淋。

2. 控制零食分量

父母也经历过孩提时代，应该明白美味可口的零食对小孩子真的有着无穷的吸引力。假若强硬地不准孩子吃零食，似乎过于严厉。其实只要控制孩子吃零食的时间，并把零食分量减少，让孩子有机会吃又不致过量，也不失为一个好办法。

3. 注意时间的安排

一般来说，孩子吃零食的最佳零食时间应该安排在两餐之间，如上午 9~10 点和下午 3~4 点。上午的零食应该以高能量为主，如饼干、蛋糕等，但量不宜过大；而下午的零食大多安排在午睡后，可以先喝一杯白开水，零食以水果为主。晚饭后不宜再吃零食，如果想给孩子补充营养，可以在睡前喝一杯牛奶，不仅能补充营养，还能帮助孩子睡眠。

需要提醒家长注意的是，孩子在看电视时不宜吃零食。看电视时吃会让孩子在不知不觉中吃完面前的一大堆零食。过多的零食会直接导致摄入的能量过多，引起小儿肥胖。

84. 这也不吃那也不吃，吃饭挑三拣四

“我不要吃胡萝卜，太难吃了！”“怎么又是青菜，我不吃了！”如今，孩子挑食已成为一种普遍现象。能够每顿饭都乖乖地吃，不挑三拣四的孩子很少。大部分孩子平时看着挺可爱的，可一到吃饭的时候，什么毛病都来了。青菜不吃，鱼不吃，这个咸的不吃，那个辣的不吃。

情景案例 QINGJINGANLI

现象一：

佳佳是一个4岁的小女孩儿，很乖巧，也很聪明。但是吃饭却很挑剔，蔬菜不吃，鱼肉不吃，偏偏喜欢吃米饭泡水加咸菜。不管全家人怎样教育和开导，佳佳就是不听，全家人对此也无计可施。

佳佳是家里的独生女，与姑姑和舅舅家的几个孩子相比，佳佳显得又黑又瘦小。医生说她的血色素太低了，主要是偏食的原因，如果这个习惯不改正的话，很难有一个健康的身体。一家人都很着急，奶奶说：“这孩子，我是因为小时候家里穷，吃不起鱼肉，所以才吃水泡饭就点咸菜凑合凑合，这么多年来已经习惯了。佳佳这么小，正是长身体的时候，不多吃些蔬菜和鱼肉怎么能行呢？”

现象二：

妈妈经常指责亮亮：“你这孩子也太馋了，每次做你爱吃的鱼呀、肉呀，你就会不停地吃，甚至比大人吃得都多。可是每次做青菜，你一口都不吃，再这样下去，你会越来越不健康，你现在这么胖就是不健康的表现。”但不管妈妈怎么说，亮亮照样还是我行我素，喜欢吃的东西

就尽情地吃，而不喜欢吃的东西看都不看一眼。

专家解析 ZHUANJIAJIEXI

营养学家研究表明，处于生长发育期的孩子需要蛋白质、维生素等多种营养素，然而，自然界中没有任何一种天然食物含有人体所需的所有营养素。每种食物总是或多或少缺乏一种或几种营养素，如瘦肉、奶、蛋、禽、鱼都含有丰富的优质蛋白质，但它们缺乏维生素C；蔬菜和水果中含有丰富的维生素，却几乎不含蛋白质。因此，孩子的膳食必须多种多样，才能满足生长发育的需要。

可见，挑食与偏食是一种不良的饮食习惯。对于孩子的挑食，不少父母都焦急万分，一筹莫展。为什么有的孩子会形成怪僻的饮食习惯，只吃某几种食物，而拒食许多公认的营养丰富的食物呢？是这些食物不好吃，还是孩子天生就要偏食与挑食呢？

其实，除了个别孩子对某种食品有过敏或不耐受以外，孩子挑食与偏食的主要原因在家长。

家长忽视了对孩子正常饮食习惯的培养，或对孩子过于迁就与放任，助长了孩子挑食的坏习惯。有的家长过于娇惯和迁就孩子，他爱吃什么就给什么，允许孩子挑挑拣拣，实际上强化了孩子挑食的习惯。有的家长虽然没有公开地叫孩子不吃这个或那个，但是自己在饭桌上对饭菜挑拣的态度就直接影响了孩子。比如说鱼太腥呀，豆腐淡呀，肉太肥呀，等等。这种言行容易对孩子产生潜移默化的影响。有的家长对孩子的身体过于关注，经常强迫孩子进食某些营养食品，从而引起孩子对这些食物的反感。有的家庭食谱单调，孩子根本没有机会尝尝其他食物，当他碰到从未吃过的食物时，就会产生偏见而拒绝进食。

挑食与偏食不利于身体发育，必须加以纠正。习惯不是一朝一夕养成的，要改变孩子的坏习惯需要时间与耐心，需要成人的帮助和培养，而不是简单命令所能奏效的。

父母当然希望孩子每顿饭都会乖乖地吃，不挑三拣四，吸收均衡的营养。可是大部分的情况是，孩子喜欢的就多吃一点，不喜欢的就半点不沾。其实大多数孩子在成长期间都会有一些正常的“挑食”行为，如果你的孩子也挑食，父母需要做的是，将合适的饭菜在合适的时间提供给孩子，并采取一定的办法，让孩子把这些饭菜高兴地吃下去。

1．改善食物味道

如果孩子不吃鱼肉，父母要细问孩子为什么不爱吃鱼肉。如果只是因为怕鱼的腥味或怕鱼刺，那么父母在烹调时，不妨先用姜或其他方法将腥味去除，并细心将鱼刺剔除，然后鼓励孩子试试。这样，可渐渐减轻孩子对鱼肉的厌恶。

2．改善食物形态

有时候，孩子会因为食物的外观而拒绝进食某些食物。例如鸡块，孩子觉得切成一块块的鸡块较难进食，所以不喜欢吃。父母不妨花点心思，将鸡块切小，让孩子易于进食。

3．家长也不能强制孩子进食

为了孩子能摄入合理均衡的营养，家长往往使尽浑身解数，可孩子依然我行我素，弄得又累又急的妈妈火冒三丈，两个巴掌上去，眼泪汪汪的孩子只好把饭吃下去了。其实，家长用强制或粗暴的手段逼孩子吃饭，只会使他产生逆反心理。因为不愉快情绪不仅会降低食欲、影响消化，而且会让孩子对吃饭产生对立情绪或恐惧心理。从而，这种强制进食更加重了孩子挑食的可能性。

4．用其他食物补充营养

若孩子是因身体不适而不吃某些食物，那么父母就不应勉强他，而改以其他食物补充营养。例如孩子不爱吃肉类的话，可改以豆腐、豆干或其他豆类食物来补充所缺乏的铁质和蛋白质。

5．激发孩子的进食兴趣

吃饭之前，父母要积极地向孩子逐一介绍饭菜的营养、口味等，激发孩子对进餐的兴趣和好感，引发食欲，并与孩子一起品尝不同饭菜的味道，观察食物的颜色，然后一起发表对这顿饭菜的评论。

6．让孩子参与到做饭的过程中来

鼓励孩子接受各色食物的最佳方法之一就是让他参与其中。妈妈平常做饭的时候，不应该怕麻烦、怕孩子越帮越忙，应该让他们参与进来。这样不仅能够培养孩子热爱劳动的好习惯，培养孩子的责任感，从更直接的角度来说，它还会挑起孩子的食欲，一点点改变孩子挑食的坏毛病。

85. 习惯性不吃早饭，空腹上学

早晨，很多家长都要面临一个挑战——孩子不肯吃早餐。早餐对人的身体是至关重要的，如果孩子经常不吃早餐，会对身体健康造成非常严重的影响。因此，孩子可以偶尔饿着肚子上学，但不要让不吃早餐成为一种习惯。

情景案例 QINGJINGANLI

高宫是一个10岁的小男孩，正在读小学五年级。以前学校离家很近，每天起床后，乖乖吃完早餐再去上学，即使偶尔睡个懒觉也迟到不了。

后来搬了家，由于家离学校比较远，每天早上都要提前40分钟骑车去学校，再加上他喜欢睡懒觉，所以早餐自然是省下了。有时候妈妈做好早餐催着他吃完再走，他就是不听。慢慢地，不吃早餐，饿着肚子上学就成了高宫的生活习惯。

为了保证营养的摄入，每天中午他都要大吃一顿，久而久之，一日两餐的习惯便养成了。而奇怪的是，每天少吃了一顿饭却使得他的体重直线上升，这也使全家人苦恼不已。

专家解析 ZHUANJIAJIEXI

不吃早餐是很多孩子的通病，大多数人对此不以为然，认为早饭吃不吃无关紧要。其实，早餐对人的身体至关重要。

人体经过一夜的睡眠，身体中的热量所剩无几，热能不够，血糖的浓度就低，大脑细胞得不到充足的血糖供应，短时间会造成人注意力不集中，影响学习的效率，长时间还会使大脑记忆和反应能力下降。

不吃早餐的孩子，如果中、晚餐吃得过多，就容易造成饥一顿饱一顿的现象，这样更加打乱了消化系统的生理活动规律，特别容易诱发肠炎等胃肠疾病。

另外，早餐损失的营养不能从午餐或晚餐中得到补充。因为早餐提供全天营养摄入量的1/3，如果早餐营养不足，长期下去，会出现营养缺乏症、缺铁性贫血，会严重影响孩子的生长发育。

因此，孩子不但要吃早餐，而且还要保证营养。

教子指南 JIAOZIZHINAN

“早餐吃好，午餐吃饱”是每一个人都再也熟悉不过的健康谚语，家长应该知道不吃早餐给身体带来的危害。因此专家提醒家长一定要注重孩子的早餐问题，并从以下几个方面做起，让孩子能通过早餐获取所需的营养。

1．提高孩子晨起后的食欲

早晨起来后食欲不佳，其原因是经一夜睡眠后，人体由于交感神经的作用，胃肠与胆囊的活动受到抑制，从而使消化道括约肌收缩、消化液分泌减少，导致食欲缺乏。另外，若起床较早，大脑皮层的活动尤其是食欲中枢的活动尚处在抑制状态，也造成食欲减退。

因此，早起时不要马上匆匆忙忙勉强进餐，最好先适当活动一下，如慢跑、打拳等，过后稍事休息，再吃东西食欲就会好些。

2．早餐要有营养

早餐所吃的食物应注意选择体积小而热量高、营养丰富的食品，例如，吃面包就要比吃同样大小的馒头的营养效果好。此外，早餐食物宜尽量提高标准，其中包括食物的色、香、味、形和营养素的搭配等各方面，如主食面包、面条、稀饭、包子、馒头，再加上豆奶、牛奶、鸡蛋，使其具有足够的碳水化合物和动、植物蛋白，这对提高晨起后的食欲有不小的作用。

86. 吃饭不专一，吃吃玩玩

很多孩子在进食过程中，要么玩玩具，要么看电视，要么跑来跑去，总之不能坐好专心进食。边吃边玩一旦形成习惯，对孩子健康极为有害。因此家长要培养孩子动眼看食物，动手学吃饭，动嘴慢慢嚼的习惯，使其达到全身心参与进食。

情景案例 QINGJINGANLI

现象一：

阿勇今年5岁，他勇敢而聪明，十分招人喜欢，可阿勇有一个吃饭拖拉的毛病。他吃饭时喜欢吃一口就玩好一阵子，才再吃下一口。妈妈不得不每次守在他身边，训斥他，要求他把剩下的饭吃完。阿勇对于妈妈的训斥似乎不以为然，依然慢腾腾的。

妈妈为此伤透了脑筋，不明白阿勇为何干别的事情风风火火，而吃饭却慢腾腾的。

现象二：

一位妈妈烦恼地说：我家孩子，从她第一天开始吃就养成了边吃边玩的习惯。直到现在虽然自己会动手吃饭了，但她不吃自己碗里的饭，总惦记妈妈碗里的饭。吃饭时弄得哪都是饭，有时一顿饭要吃一个多小时，大人在后面追着哄着她吃，有时含在嘴里不往下咽，而且她还不太爱吃肉。看见别人的孩子又能吃肉又能吃鱼，我真愁啊，这样营养能跟得上吗？

专家解析 ZHUANJIAJIEXI

孩子的天性是爱玩，在玩的时候，他能体验乐趣，也能发展智力。如果孩子偶尔会一边吃饭一边玩耍，也算正常；如果孩子每一顿饭都是这样，那就肯定有原因，需要家长去正确处理了，因为孩子吃饭时边吃边玩会带来很多隐患。

第一，会造成消化系统和神经系统的混乱，甚至病变。小孩吃饭时玩玩具，走走跑跑，看电视，做游戏，会刺激神经兴奋，而大脑神经的视觉、听觉、触觉的活动也需要供给很多血液。这样就会造成消化系统供血不足，久而久之就会引起胃肠道疾病，而大脑也会因血液供应不足，出现缺氧，引起疲劳。

第二，影响心理发育。若是孩子从小养成一心两用，注意力不能集中在一件事情上的习惯，在心理发展的过程中，孩子从无意注意转向有意注意过程就要延缓，甚至到了小学读书时，还不能集中注意力，专心地听教师讲课。

第三，不利于良好的行为习惯的养成，影响小孩社会化的进程。在家庭中建立良好的进餐家规，有利于小孩良好的饮食习惯的养成，也有助于往后进入托儿所、幼儿园适应集体生活，否则不仅影响小孩的身体健康，还会使他适应社会化的集体生活发生困难。

孩子吃饭时不专心，喜欢边吃边玩是有原因的：

孩子边吃饭边玩耍，往往起因于孩子生病或食物不合口味以及成人引导不当，或在刚开始学习独自吃饭之际，大人为了让孩子多吃一点饭，就采用玩具吸引或做游戏的方式使孩子增加饮食量，当孩子高兴时就塞进几勺饭菜。

孩子边吃饭边玩耍也可能受家长的影响，有些大人在家里吃饭时边聊天边吃饭，一顿饭吃半天。孩子自然也就学会了边吃边玩，并且认为：妈妈总是唠叨快点、快点。她就知道一个劲儿地催我，爸爸不也是边聊天边吃饭吗？大人可以，为什么我就不可以呢？

总之，孩子的进食过程是一个复杂的行为，受到生理、心理和社会各种因素的影响，并与家长自身的素质、观点、行为有着特别密切的关系。因而，对待孩子的进食问题和培养良好的饮食习惯，不能怕麻烦，草率从事，也不能因为孩子小，听之任之。不良习惯养成后，要纠正比培养好习惯更困难。

教子指南 JIAOZIZHINAN

小孩子的自制能力差，玩起来很容易失控，尤其玩得兴高采烈时，很难让他们一下子平静下来。若是让孩子在玩耍后马上坐下来吃饭，就更难了。孩子会觉得玩耍时间还未完毕，只是玩耍的场地移师到饭桌上去罢了。

1．了解清楚原因

家长要了解孩子是喜欢吃饭慢一点还是因为不想吃。如果是前者，家长们吃饭的速度要与孩子一起调整，其实吃饭太快也不利于消化。如是后者，家长也要找找原因，是零食吃多了还是口味不对？

2．玩耍后要有充足的时间安定下来

在饭前的空闲时间跟孩子玩耍，这的确可以增进亲子关系，但成年人一定要做主导，知分寸。记住饭前的玩耍不能过火！最理想的是，玩耍后让孩子休息半小时至45分钟，让他们去洗手间梳洗一下，喝点水。

同时，也让他们有充足的时间平静下来。当身体及心理状态都准备好了，自然可以专心品尝妈妈的美食了。

3．订立家庭规则

规则内容可以有：吃饭的时间是多长，时间到了，碗筷要收；吃饭以外的时间不能吃其他主食；什么时候不允许吃零食。把家庭规则告诉孩子。家长和孩子都需要遵守规则。时间到了，孩子没有吃完，也不要管他，让他承担行为的后果。

4．不要过多责备

在责备中，孩子对自己的印象和认识就固定下来了，他会认为“我是一个吃饭拖拉的孩子”。家长可以把责备换成鼓励，比如说：“宝宝是个男子汉了，妈妈相信你是遵守规则的好孩子，是可以对自己身体负责的。”

5．要孩子学习餐桌礼仪

父母有责任跟孩子讲解吃饭时应有的规矩和礼仪，让他们明白这是吃饭的地方，不可以在这里玩，而且要他们明白“吃饭时吃饭，游戏时游戏”的道理。若孩子没好好地遵守规矩，父母便应作出处罚，让他们知道你们是不喜欢这些行为的。

87. 追求苗条身材，过度节食

现在，肥胖的孩子越来越多，有的孩子为了减肥而节食。殊不知，孩子处于发育期，节制饮食，就得不到充足的营养素，不仅影响到身体内部各组织、器官的发育，还影响到各器官的功能。家长应该在孩子有节食倾向的时候，及时制止。

情景案例 QINGJINGANLI

瞿然是学校舞蹈队的，她有着修长的身段和姣好的面容，大家给她取了一个外号“白天鹅”。可是瞿然的苗条身材可不是这么容易保持的，为了不让自己发胖，她严格控制自己的饮食，不顾父母的劝告甚至是哀求，平时从来不吃一点肉，连女孩子们最喜欢的零食都忍住不吃。

她每餐吃得很少，有时甚至不吃。瞿然身高163厘米，体重只有42公斤，拿妈妈的话来说，一阵大一点的风都可以把她吹走。但瞿然还是依然故我，每天都在节食。只要哪天称体重的时候，发现自己长了一斤肉，那么就会很懊恼，在以后的几天里，只以水果蔬菜果腹。

这样长期下来，瞿然的健康完全垮掉了，每天都是一副无精打采的样子，连上楼都喘气，坐着看书学习都觉得很累，每月的例假也都不正常。另外，她病态似的对脂肪有一种恐惧感，不仅食欲大大减退，甚至对食物产生厌恶。

更严重的是，瞿然开始对身体形象产生扭曲的幻觉，明明是瘦得不能再瘦的身材，可是她还是觉得自己比过去胖了。无论妈妈怎么劝说，她都不肯吃饭。当然，她也没有什么胃口吃饭，每每端起饭碗，她便有种想吐的感觉，直嚷着恶心，吃不下去。

最近几天，瞿然已经到了粒米不沾的地步。这天，瞿然在上学途中突然昏倒，当大家把她送到医院的时候，医生诊断出，她已经严重脱水，而且患上了神经性厌食症，再这样下去的话，对生命也会造成危险！“白天鹅”就这样变成了一只奄奄一息的“病天鹅”。

专家解析 ZHUANJIAJIEXI

儿童肥胖症一般是指体内脂肪积聚过多，体重超过按身长计算的平均标准体重20%以上，是常见的营养性疾病之一，严重影响着儿童的健康成长。该病是由多种因素造成的综合征，是能量摄入超过消耗，能量以脂肪的形式在体内储存的结果。

现在很多孩子都成小胖子了，如果真的很胖，才有减肥的需要，因为小孩子太胖会对心脏造成负担，很容易得心脏病和高血压。对于体重严重超标的肥胖人群来说，适当节食减肥是有必要的。但有些孩子尤其是女孩子，随着年龄的增长，在爱美心理的趋使下，即使不胖，也常常认为自己长得好胖，经常都节食减肥。

如果一味地过度节食，就会导致唾液分泌异常、口干加剧、头痛、胃肠胀气、腹部胀满等症状。此外过度节食的人群患低血压和心肌梗塞的几率也较正常人群偏高。因此，过度节食减肥不可取。

保加利亚知名饮食专家巴拉邦斯基曾指出，过度节食将会给自身健康带来诸多不良影响。巴拉邦斯基在对100名各年龄段的志愿者进行长时间的跟踪调查后总结出，正常人群最合理的膳食结构应该是在一日三餐的基础上，配合两次上下午茶。其中，午餐摄入的能量应占到全天摄取总能量的45%，早餐应被高度重视，而晚餐则宜遵循清淡的原则。因为人体即使在完全放松的状态下也需消耗大约1500千卡的能量，相当于150克碳水化合物、40克脂肪和40克蛋白质所提供的能量之和，而运动之后的能量消耗则是放松时的数十倍，因此正常人用刻意节食挨饿来减肥的做法是完全不可取的。

再说，小孩是长身体的时候，在这个时期非常需要吸收营养，如果节食很容易造成长不高，营养不良。所以，如果孩子不是特别胖就不要减肥了，长大了减也不迟。不然，你减肥了，长不高，后天是不能补救的，这对孩子的前途也会有影响。

教子指南 JIAOZIZHINAN

那么，对于身体超重的孩子，家长应该如何指导其减肥呢？

1．建立目标

和成人减肥一样，孩子的减肥目标也应该是能够实现的目标，并且要考虑到孩子们成长的正常需要。一开始最好将目标制订得小一些，这样才能够避免孩子们因为目标太难达成而丧失信心或者不知所措。减掉5~10公斤是较为合理的初始目标，即大约每个月减1~4公斤左右。

2．饮食日记

和孩子一起坚持写饮食日记，内容包括进食食物的种类和数量、在什么地方吃的以及和谁一起吃等等。记饮食日记，不仅仅意味着帮助计算孩子所吃掉的卡路里，而且，对于帮助确定孩子的进餐模式和明确哪些是不利于减肥的问题食品等都是很有用的。

3．运动锻炼

锻炼对于任何一个打算长期减肥的人来说都是必不可少的项目。刚开始，活动量可以小一点，这样可以避免孩子轻易放弃。除学校的运动内容以外，每天应做20~30分钟中等运动量的锻炼。

4．调整行为

帮助你的孩子学会调整自己引发肥胖的行为是十分重要的。可以考虑为孩子找一个专门的营养顾问。

5．帮助孩子合理节食

父母必须控制孩子进食有增肥作用的食品的数量，并且只在三餐时间在餐桌进食而不鼓励另外加餐。

88. 好嫉妒，容不得别人比自己强

嫉妒是孩子成长过程中一个正常的现象，也是家长不容回避的问题。嫉妒心太强会对孩子以后的成长产生不利的影响，容易使孩子产生偏见，产生怨天尤人的思想，影响孩子与他人的正常交往，最终抑制孩子社会性的发展。

情景案例 QINGJINGANLI

现象一：

“六一”儿童节那天，苗苗的妈妈给女儿和侄子各准备了一个小礼包。

苗苗看了看手上的黄色礼包，又看了看小弟弟手中的紫色礼包，突然大哭起来，扑上去就抢小弟弟的礼包，还把手上的礼包摔到了地上。妈妈告诉苗苗她和弟弟的礼物是一样的，妈妈把两包礼物当着苗苗的面拆开，原来这一黄一紫的两包礼物，里面是一模一样的两盒瑞士糖。苗苗这才破涕为笑。

还有一次，苗苗明明有一套童话丛书，她的同学罗明没买到向她借，她马上说，自己也没买到。苗苗的妈妈问她为何要说谎。苗苗毫无愧色地说：“他们什么都比我强。罗明的爸爸比我爸爸的钱多，她家比咱家大，教唱歌、体操和数学的老师都更喜欢她。我不想让她赶上我！”

其实，苗苗的嫉妒情绪存在已不是一两天了。三岁时，小堂姐有了一架钢琴，而苗苗只有一架电子琴，苗苗为此生了许多天的闷气。和父母一起到伯伯家做客，她竟发泄般地乱弹一气，还说要发明一种小机器虫，让它钻到钢琴的肚子里去，把小姐姐的钢琴咬坏。当时所有的大人都没有当回事，父母也忽略了苗苗心理上的扭曲情绪。

现象二：

蓓蓓现在上幼儿园中班，她是一个漂亮活泼、聪明伶俐的女孩，深受老师的喜爱。老师见她聪明，做什么事都爱请她帮忙，她也能做得很好，因此老师常表扬她。可最近蓓蓓情绪有些低落，妈妈发现她有时回家小嘴嘟得高高，也不像平常一样有说有笑。在妈妈的追问下才知道，原来是因为前几天幼儿园老师表扬别的孩子，没有表扬到她，所以她才生闷气。

妈妈还发现每次去表弟家，如果妈妈抱抱表弟或亲亲表弟，蓓蓓就又哭又喊：“不要！不要！”并且对表弟表现出很强的敌意，甚至要打表弟，她这种过激的行为，使妈妈很难堪。

专家解析 ZHUANJIAJIEXI

科学证明，嫉妒作为一种心理活动产生，它的是很早的。有人做过实验，15个月的孩子，如果妈妈当着他的面抱别的孩子，他就会有所反应，非要让妈妈放下别人抱自己，并紧紧搂住妈妈，好像在说："这是我的妈妈，不是你的。"

生活中，很多种情况都能使孩子产生嫉妒。比如：家里来了别的小朋友，妈妈夸赞几句或表示亲昵些，自家的孩子就会嫉妒，对外来的小朋友采取不友好的态度；如果别的小朋友有什么好玩的玩具，自己没有，心里就会不好受；两个孩子玩游戏本来好好的，一个孩子看别人搭积木搭得又快又好，自己却怎么也搭不好，他很着急，索性把两个人的积木全都推了，"我搭不好，你也别想搭成"。这样的例子很多，可见嫉妒在每个孩子身上，都有程度不同的反映。

嫉妒是一种破坏性因素，它对孩子各方面的健康成长都会产生消极的影响。如果儿童长期处于嫉妒这种消极不良的心理体验之中，情绪上便会产生压抑感，久而久之，就会导致器官功能减弱，机体协调出现障碍。而这种障碍又会加剧不良的心理体验，使儿童产生诸如忧愁、怀疑、自卑等不良情绪，从而形成恶性循环，造成不同程度的身心损伤。

此外，嫉妒还会影响孩子对事物进行正确客观的认识，容易使孩子产生偏见，产生怨天尤人的思想，影响孩子与他人的正常交往，最终抑制孩子社会性的发展。

教子指南 JIAOZIZHINAN

嫉妒也不完全是件坏事，只要加以适当引导，把这种心理以正当的方式表现出来，就可以使之成为孩子向上、进步的动力。那么，家长应该怎么做呢？

1．家长态度要正确

有嫉妒心是孩子心理发育过程中的正常现象，家长要处之泰然，不要大惊小怪，也不要觉得好玩而忽视了引导。有的家长在最初发现孩子有嫉妒他人的行为时，第一反应往往是开心，觉得自己的孩子长心眼了，甚至觉得值得炫耀。其实这是一种误区，虽然孩子的确是长了心眼，明白别人跟自己的爸爸妈妈亲近可能会对自己造成威胁，但实际上这种反应方式却是消极的，需要家长加以引导。

2．弄清原因对症下药

孩子的嫉妒行为可能出于不同的原因，这就需要我们做家长的根据当时的情景分析孩子嫉妒的原因，然后给予针对性的安抚、引导甚至教育。如果孩子担心父母会把自己的爱转移到别人身上而嫉妒其他跟父母亲近的小朋友，父母就可以一边安抚他一边告诉他无论什么时候父母都爱他，但爱他不等于不能对其他小朋友好。

3．要防止孩子嫉妒心理的产生

要防止孩子嫉妒心理的产生，家长平时要多关心孩子，注意发现他身上的闪光点，及时进行表扬和鼓励。

需要注意的是，家长对孩子的表扬、称赞要恰当，不能过分夸大，应该客观，实事求是。要表扬和批评相结合，既表扬孩子已经取得的成绩，又要指出还存在的不足，以免由于孩子盲目自满而产生“不允许别人超过自己”的心理。

4．鼓励孩子把妒意说出来

假如发现孩子有妒意，父母斥之为“可耻的想法”予以打压，只会加深孩子内心的矛盾与扭曲。而鼓励他说出来，则是舒解孩子内心压力的最佳途径。如果孩子的嫉妒对象是小伙伴，父母应当鼓励他当着对方的面说出自己的羡慕和不甘心，比如说：“我很羡慕你有钢琴，我觉得我在电子琴上练习，永远也赶不上你了。”说出自己的真实想法后，孩子很可能会得到呼应和帮助，对方可能会说：“弹琴一点儿意思也没有，我才羡慕你可以在楼下跳皮筋呢。”无论是哪一种答案，都能极大地缓解孩子的妒意和压力，不会令孩子自责“我有问题”，从而心理健康地长大。

5．注意进行感情引导

一般的孩子见别的小朋友获奖，往往心里会不太好受，家长此时应

注意进行感情引导，也就是转移孩子的注意力，用另一种积极情感来冲淡和代替伤害性的情感。比如，家长陪孩子聊聊天，用温柔的话语，鼓励的目光，给孩子以暗示，表示自己的希望。

89. 边看电视边吃饭，企图一举两得

很多孩子在吃饭时，喜欢看电视，或者看书，认为这样吃饭、看电视或书两不误，有“一举两得”之效，其实不然，这种做法是“一举两伤”。

情景案例 QINGJINGANLI

乐乐今年读小学四年级，是个爱学习的孩子，也是一个漫画迷，特别喜欢看漫画书，只要一有时间就捧着漫画书看。因此，几乎每次看到他，都会发现他手中拿着一本漫画书，尤其是在得到一本好的漫画书时，他总喜欢一口气看完。很多时候，即使是吃饭，旁边也放着漫画书，边吃边看，还经常说“真是吃饭、看书两不误”。

乐乐的妈妈每次看到他边吃饭边看书的情景，就会劝他吃完饭再看书，并告诉他边吃饭边看书影响消化。但乐乐总是不以为然，认为边吃饭边看书没什么，把妈妈的话当做耳旁风。

时间长了，乐乐边吃饭边看书的做法，不但使他的近视眼镜镜片不断加厚，而且还经常闹肚子。

专家解析 ZHUANJIAJIEXI

像乐乐这样一边看书或看电视，一边吃饭，从营养学角度来讲，是一种不科学的饮食习惯。食物的色、香、味、形，能够通过人的感觉器官使人产生条件反射，从而增进食欲，使人体获得足够的营养素。吃饭

的同时看书，或者观看电视，其主要注意力肯定不在饭菜上，因而再好的饭菜也品不出味道来，必定会影响孩子的胃口和身体健康。同时，也容易培养出孩子做事不专心的坏习惯来。

另外，眼睛不断地通过书籍或电视屏幕往大脑里输送信号，大脑就会被迫付出一定的精力来对输入的各种信号进行整理、分析、综合、判断和加工，并消耗一定的能量作为保证，这就要求更多的血液来为大脑服务。这样一来，流经肠胃的血液就会减少。这种做法，偶尔为之当然没有什么，可是时间长了，必然诱发肠胃系统的疾病。

教子指南 JIAOZIZHINAN

现在不少家庭都是客厅和餐厅合二为一的，不少人都有一边看电视一边吃饭的习惯。但当自己有了小孩子以后，作为父母当然不希望孩子也养成这个习惯。父母应在孩子年幼时便开始教导他们，不能一边吃饭一边看电视。

1．把节目录下来

为了孩子，父母应跟孩子订下规矩，无论如何，也不允许吃饭时收看电视。如果孩子坚持要收看自己喜爱的电视节目，父母不妨作出一定的让步，例如答应孩子先将节目录下来，等吃过饭后再让孩子收看。

2．以音乐代替电视节目

纠正孩子边看电视边吃饭的坏习惯，关键还在于大人，因为当父母的本身也从小养成了这个坏习惯，要纠正也很困难。虽然早已跟孩子订下了规矩，但到头来，可能自己又会心痒痒地想打开电视机。因此，父母自己一定要坚持到底。其实，一家人在吃饭期间，不妨播放一点柔和的轻音乐，这比吃饭时看电视更有利于身体健康。

90. 不讲究卫生，吃饭之前不愿洗手

病从口入的道理人人皆知，病从口入的媒介是手。饭前便后洗手是保证手卫生的基本条件。然而很多孩子并没有养成饭前便后洗手的习惯。往往是随手拿起东西就吃。他们觉得这并没有什么，然而在很多时候，引起我们身体不适的直接原因就在于此。

情景案例 QINGJINGANLI

甜心是个可爱的小女孩，很招人喜欢，她最让爸妈头疼的就是没有讲卫生的习惯。比如饭前不喜欢洗手，每次都要爸妈提醒才磨磨蹭蹭地去洗，即使洗也是在水龙头下冲一冲而已。

吃饭时间又到了，爸爸让她先洗手，她不肯。

甜心：呜……呜……

妈妈：你别再哭了，你再怎么哭，我也不会心软的。

爸爸：算了吧，还是让她跟我们一起吃饭吧。

妈妈：不可以的。甜心，妈妈给你说过吃饭前一定要先洗手，因为双手有很多细菌，万一吃进肚子里，很容易生病的。你怎么就是不听话，不肯洗手，那你就得搬到别处去吃饭，因为我们都不喜欢肮脏的小孩子。

爸爸：听到了没有？甜心去洗洗手，然后跟我们一起吃饭。

甜心：呜……呜……但是……

妈妈：但是什么？这次我绝不再纵容你了。

甜心：但是，今天爸爸也没有洗手就吃饭了。

爸爸：……好像……好像真的忘记了。那……小甜心，爸爸跟你一起洗手，然后跟妈妈一起开开心心地吃饭，好吗？

甜心这才肯去洗手。

专家解析 ZHUANJIAJIEXI

人的双手经常裸露在外面，并且所接触的东西，绝大多数都是没经过消毒的物品。这些物品上会有各种各样的细菌和病毒，如大肠杆菌、伤寒杆菌、肝炎病毒等，或有蛔虫、蚁虫等多种寄生虫虫卵。

细菌和病菌用肉眼根本看不到。如果将一双没洗干净的手放在显微镜下观察，数一数上面的细菌，结果会让你大吃一惊：细菌的数量有4万~40万个。没洗干净的手上尚且有如此多的细菌，那么没洗的手上的细菌岂不是更多？如果吃饭前不把手洗干净，用脏手抓起馒头或其他可以抓着吃的东西，就会把细菌、病毒、寄生虫卵带入体内而传染上肠炎、痢疾、伤寒、肝炎、蛔虫病等肠道传染病。因此，我们吃饭前一定要把手洗干净。

另外，肠道中有许多细菌，会随粪便排出体外，那些患有各种肠道传染病或寄生虫病的人则会有更多的病菌或寄生虫卵排出体外。大小便后，手难免不被污染，如果不及时洗手，手就会成为传播疾病的媒介。

尤其对小孩子来说，小孩子在擦大便时往往粗心大意，会将粪便沾到手指上，极少量的接触肉眼是看不到的，但这极少量的接触会使手指带有大量细菌、病毒或寄生虫卵。如果不洗手就去吃东西，这些细菌就会和食物一起被吃进肚子里。

教子指南 JIAOZIZHINAN

饭前洗手的习惯是要慢慢培养出来的，因为孩子是很健忘的，不是父母说一两次便会牢记于心。若遇上一顿美味丰富的佳肴，孩子就会得意忘形，脑子里只记得吃，更容易忘记饭前要洗手了。

1．不厌其烦地提醒

要想让孩子记住先洗手再吃饭，父母必须不厌其烦地提醒孩子，让孩子明白这个程序是十分重要的，就有如我们每天必须刷牙一样，没有一天可以例外。

2. 灌输卫生知识

父母需要耐心地向孩子解释，我们的双手经常接触不同的东西，很容易沾上细菌，如果不洗手便吃饭，很容易将细菌吃进肚子里去，说不定会生起病来。

3. 制订规则

父母应尝试制订一些规则，例如不先洗手便不让孩子吃饭，告诉孩子全家都必须遵守这个规则，因为大家不喜欢不整洁的孩子；或者父母可故意让孩子到别处去吃饭，因为大家都不愿意跟不卫生的孩子同桌吃饭等，让孩子明白饭前洗手才是正确的做法。

4. 教孩子正确洗手

洗手并不是用水冲一下就完事，这样洗手起不到杀死全部细菌的作用。只有正确的洗手方法，才能为你的健康保驾护航。

首先，先把手弄湿，然后把香皂均匀涂抹在手上，反复搓洗，尤其要注意手指缝，最后用清水冲洗干净。其次，值得注意的是，洗干净的手要用清洁毛巾擦干，千万不能用抹布擦刚刚洗完的手。因为抹布上的细菌会沾到手上，结果和没洗手一样。最后，自来水是洗手的首选，在没有自来水的地方，用淘米水洗手也有很好的杀菌作用。

91. 抽烟扮酷，染上烟瘾

吸烟危害健康已是众所周知的，但不可忽视的是目前孩子吸烟的人数在逐年增加，而且开始吸烟的年龄越来越下降，6~8 岁的孩子就开始吸烟已屡见不鲜。开始吸烟年龄越小，吸烟的时间越长，无疑对健康影响越大，而且吸烟的孩子往往伴随其他的异常行为，有的甚至厌学、逃学、打架、斗殴，走向犯罪的道路。

情景案例 QINGJINGANLI

小军今年读初中一年级，从小学到现在，他一直是个听话的孩子，优秀的学生。小军的爸爸是生意人，妈妈开了一家服装店，平时他们很忙，很少照顾到小军的生活。尤其是小军上初中后，更是很少和父母在一起吃饭、聊天。

不知不觉中，小军的生活发生了变化，开始和社会上的一些朋友来往，并且在他们的怂恿下开始学习抽烟。时间长了，抽烟成瘾，爸妈给的零花钱根本不够他买烟抽，有时候，小军宁可不吃饭也要买烟抽。随着烟瘾的增强，小军向父母所要的生活费也越来越多，越来越频繁，有时候还骗父母说要交这费那费的。

上周，学校分管学生德育工作的校领导发现小军在校内偷偷抽烟，当场制止，并决定按学校校规给予小军停课两天的处罚。班主任和小军的爸爸取得了联系，这时，爸妈才明白为什么儿子的生活费越来越高。

为了让小军戒烟，爸妈每个月只给小军有限的生活费，这对小军来说根本不够花。于是，小军竟然想到了偷窃，一次他偷了宿舍同学的钱，没几天就被传唤到了派出所。

专家解析 ZHUANJIAJIEXI

吸烟对人体有害是不言而喻的，烟草中含有数百种复杂的化学成分，大部分对人体有害，其中焦油、尼古丁、酚类、醇类、酸类、醛类都是有毒和有致癌作用的物质，吸烟容易得咽炎、气管炎、肺气肿、肺癌和冠心病。

吸烟行为在我国青少年中十分常见，虽然《中华人民共和国未成年人保护法》和《中学生守则》都规定未成年人和中学生不许吸烟，但青少年中吸烟的人数还是相当多，而且有上升趋势。据估计，我国高中学生和初中学生中的男生吸烟率分别为68%和51%。

青少年吸烟的危害比成年人要大。因为青少年正处在身体迅速成长发育的阶段，身体的各器官系统还没有发育成熟，比较稚嫩和敏感，抵抗力不强，而且对各种有毒物质的吸收比成年人要容易，所以中毒更深。

第一，影响体质。吸烟孩子个头、体重甚至肺活量都会明显低于不吸烟的同学；得病几率大大增高，他会变得很容易感冒，很容易得支气管炎；体力与耐受力降低，每天吸一支烟会使普通人 16 公里跑的速度减慢 40 秒；记忆力、灵敏度降低，在课堂上，他的注意力不能持久，理解力变差，学习成绩变差。

第二，视力下降。吸烟会导致烟毒性弱视，这是吸烟对眼睛最常见的危害。由于吸烟时人体吸入的氧气被消耗，致使血中氧的含量下降，而眼视网膜对缺氧格外敏感，长期下去，视神经纤维会发生变性，视网膜乳头黄斑区也会发生萎缩；另一方面，烟草燃烧时产生的烟焦油会导致体内维生素 B_{12} 的含量下降，而维生素 B_{12} 是维持视神经正常功能所必需的营养物质。两者的共同影响，使得吸烟者视力下降而发生弱视，严重者可致失明。

孩子吸烟成瘾，还可能引起思维过程的严重退化和智力功能的损伤，严重的会导致思维中断和记忆障碍。吸烟对青少年的智力、个性、心理品质、学业等都有危害。

孩子也许会想当然地认为："很多人吸烟多年，并没有中毒。"家长应该将吸烟的危害向孩子说清楚，以免他们陷入误区之中。其实烟对人体的危害是缓慢的，许多调查表明：吸烟者比不吸烟者死于肺癌的危险大 10~15 倍，引发冠心病的机会大 3.6 倍，冠心病者的死亡率吸烟者比不吸烟者高 5 倍。

但是，由于青少年处在一个心智和自制力都半成熟的过渡时期，往往容易被香烟诱惑，认为吸烟很"酷"，也愿意模仿着成年人吸烟。家长和老师应该及时向孩子说明香烟给身体带来的危害，教会孩子如何自己爱护自己。

吸烟会对一个正处在生长发育期的孩子身心造成伤害。法国健康教育委员会经过调查研究发现，要预防青少年吸烟，最佳的方法是动员家长严加管教子女，禁止其吸烟。

1．让孩子树立正确的审美

不少少年儿童没有树立正确的审美意识和形象，认为抽烟非常潇洒、有气派，是成熟和成功的表现，因此模仿和效法。家长要明确地告诉孩子吸烟是一种不良嗜好和行为，让孩子树立正确的审美意识和观念。

2．让孩子认识自己行为的错误

孩子可能会把同龄人中间形成的风气作为自己抽烟的借口。家长既要重视这个理由，也要帮助孩子认识到，他们要为他们自己的行为负责。家长要告诉孩子，如果他继续抽烟，你会感到非常痛苦和失望，这比同他谈论吸烟对健康的危害也许更为有效。

3．教孩子学会拒绝

有的孩子由于在别的孩子的影响和邀请下开始吸烟，所以要让孩子掌握如何拒绝他人的不正当邀请，告诉孩子如何说“不”，如何阐明自己的态度来拒绝对方的要求，以免被动地接受吸烟的邀请，最后养成吸烟的习惯。

4．家长应该做好的榜样

父母要以身作则，为孩子做好的榜样，吸烟者最好戒烟，不能戒烟者最好不要在家吸烟，不要把香烟到处放。

92．运动后不适当休息，立即吃饭

很多孩子都有这样的习惯：运动后，立即进餐，认为在锻炼之后体内的能量大部分被消耗，应当及时补充营养，确保身体能量的均衡。这种做法听起来似乎有道理，但运动后马上进餐，会引起消化不良症和消化道疾病。

情景案例 QINGJINGANLI

今年刚上高中一年级的小李，是一个运动爱好者。自上初中起，他便坚持每天进行晨练，因为他酷爱运动并且持之以恒，所以他看起来身体十分结实，很少患有伤风感冒之类的小疾病。

可是，就是这个表面上看起来非常健康的小伙子，意想不到的事情却在他身上发生了。在一天清晨锻炼回来后，如同往常一样迅速吃完了母亲准备的早餐，就离开家往学校赶去。半路上，他突然感觉到腹部一阵绞痛，脑袋变得昏沉沉的。于是，在母亲的陪同下他来到医院。让人吃惊的是，小李检查出来患有胃病，而引起胃病的原因就在于他在运动后立刻进食。

专家解析 ZHUANJIAJIEXI

很多人都知道饭后运动不利于身体健康，而很少有人知道在运动后立刻进食也会对身体健康造成一定的损害。并且，还有许多人像小李一样，认为经过运动后，身体能量消耗得差不多了，在这时补充必要的营养是理所当然的。其实，这是没有任何科学根据的。

在运动中，大脑皮层的运动中枢处于高度兴奋状态，运动后这种兴奋还要延续一段时间，而食物中枢却处于抑制状态。如果此时进餐，不仅没有食欲，且消化腺的分泌和胃肠蠕动也处于低弱状态，胃肠道血液供不应求，加重了其负担，久之会引起消化不良症和消化道疾病。这也正是小李患上胃病的主要原因之一。

再者说，运动后马上进餐，吃不香，吃不多，同时，为满足消化吸收的需要，血液从运动时的肌肉供应转向大量的内脏供应，脑的血流量减少，人易犯困，这时，工作、学习的质量很低。

为了确保锻炼达到预期的效果，做到真正的通过锻炼促进身体健康，专家提醒我们应当注意在运动结束后，要在适当的休息和放松后再进食；对运动后的进食，应当做到营养平衡，不可偏重于某一类食物。

教子指南 JIAOZIZHINAN

孩子运动后不宜立即进餐，家长要注意以下几方面：

1．运动量和运动强度不大，如一般的课外锻炼，大约休息20分钟左右，等到呼吸和心率等平复下来后，就可以去进餐了。你减肥的话在食物的选择上要有讲究，运动后可以吃一些含糖和蛋白质的小吃，如脱脂酸奶、全麦饼干等，还要补充水分。

2．锻炼前后的最佳安排是：早晨起床，喝杯水，走出户外进行活动。活动完后梳洗、整理床铺、吃早餐、整理学习用品，稍事休息去上学。这样安排较好，只是需要比平时早起床半小时。

93．游泳前忽视安全，不作任何准备贸然下水

盛夏，身着五彩缤纷的游泳衣，追逐嬉戏在碧波绿水之间，该是何等惬意！然而，不是任何人在任何时候都适合下水的。很多孩子在炎热的夏季，忽视安全贸然下水，由此发生的事故也屡见不鲜。

情景案例 QINGJINGANLI

某地方晚报曾经报道过这样一则新闻：

在盛夏的一个午后，由于天气过于炎热。几个中学生趁着中午休息的时间，偷偷溜出学校，跑到附近的人工湖游泳。他们一到人工湖，便

纵身跳入清凉的湖水中。没过多久，意外发生了。一个姓顾的小男孩，脸色发白，捂着腹部爬上了岸，并且不停地呕吐。

顾某的同伴见此情景都围了上来，问发生了什么事情。顾某说不知道怎么回事，突然间感到头晕、心慌、憋气，肚子特别不舒服。

小伙伴们以为是顾某中午吃了什么东西而引起的，便让顾某坐到岸边休息一会儿。没料到顾某的情况变得越来越严重，一个劲儿地叫喊肚子疼痛。

小伙伴们在无奈的情况下，将顾某送到了附近的医院。经过一番检查，发现顾某的不适并不是因为食用了不当的食物引起的。当医生询问了当时情况之后，便找到了引起顾某腹部疼痛的元凶，原来是顾某没有作任何的准备就贸然入水。

专家解析 ZHUANJIAJIEXI

很多人肯定觉得奇怪，为什么同顾某一同游泳的其他人并没有什么异常，而只有顾某一人出现了问题呢？或许有人会认为可能是顾某体质较弱，如果顾某和其他的同伴一样强健，就不可能发生这种情况。

事情真的是这样吗？其实，每一个在游泳前不做任何准备活动的人，大多都会有与顾某相同的感觉，只不过是因为表现出来的轻重程度不同，或者是程度太轻而没有在意罢了。为什么会这样说呢？

首先，从陆地和水中两个不同的环境来说。陆地和水中的环境是绝对不同的，空气与水对人体产生的压力是不可同日而语的。一般来说，人体在水中所承受的压力要比在空气中大得多。当我们不做任何准备活动骤然入水，人体承受的压力猛然间增大，胃肠受到水的压迫后，蠕动受到限制，容易引起机能障碍，产生胃痉挛、腹痛或呕吐现象。

其次，从陆地和水中的不同温度来说。炎炎夏日，陆地上的温度远比水中要高，而人体对于不同的外界温度需要一个适应过程。如果贸然入水，从高温环境到低温环境中，本来因散发体热而扩张的毛细血管会因冷水刺激而骤然收缩，迫使血流减慢，这样，身体抵抗力降低，病菌、病毒会乘虚而入，使人生病。

由此可见，在我们游泳时，事先不做任何的准备活动便贸然入水，是有百害而无一利的。即使当时不会影响我们的身体，长此以往必定会给我们带来难以弥补的损伤。

教子指南 JIAOZIZHINAN

孩子及早学会游泳是有益的，家长教孩子游泳要注意以下几点：

1．教孩子不要用鼻子吸气

游泳时用鼻子吸气，最容易引起呛水。孩子下水前，家长要向孩子讲清楚这一问题，以引起孩子的警觉。如果呛了水，首先要张大嘴，做深呼吸，哪怕喝上几口水，也一定要张大嘴，而不能用鼻子喘气。孩子往往对喝水有恐惧感。其实，对于初学者来说，宁可多喝几口水，也不能呛一口水，世界游泳冠军有时也难免在池中喝口水。某教练指着在游泳池中初学游泳的孩子们对记者说，你看，初学游泳很容易闭着嘴游泳，尽管教练三番五次地强调要张着嘴游，孩子们还是不习惯。

2．不要在游泳池四周打闹

游泳池的四周大多是马赛克地面，游泳的人在上面来回走动，留下了许多水，因此地面很滑。孩子们好动，常在上面跑着追逐打闹，一旦摔倒，就会出现危险。

3．防止孩子腿抽筋

孩子初学游泳，心存恐慌，加上水凉，泡在水里时间一长，就有可能腿抽筋。这个时候家长与孩子都不要太过紧张，要立即让孩子停止游泳，仰面浮在水面上。有效地防止抽筋的方法之一，是在游泳前做好准备工作，准备活动包括头、颈、双肩、双臂、腰、腿、手、脚的关节都要活动开。有时家长还可以先在孩子的四肢泼点水，让孩子逐渐适应水温，然后再下水游泳。还可以预先喝点淡盐水。

4. 切勿倒着身子跳水

有的孩子喜欢在池边倒着身子跳水，认为很刺激，殊不知这里面却隐藏着险情。据某教练讲，孩子倒着身子跳水，身体稍微一斜，下嘴巴很容易碰到池边磕破下巴。还有的孩子转着身子跳水，若不注意，也会出现险情。有的孩子则头朝下扎猛子，认为很好玩，可有的泳池水不深，有的孩子用力又猛，为此头触池底碰破头者时有发生，严重的会有生命危险。

5. 防孩子耳痛耳鸣

孩子游泳时如果耳朵灌进水去，则将头歪向耳朵进水的一侧，用力拉住耳垂，用同侧腿单脚跳；用手心对准进水的耳道，用手把耳朵堵严压紧，左耳进水就把头歪向左边，右耳进水就把头歪向右边，然后迅速将手挪开，水就会被吸出来。此后再将消毒棉签伸入耳道内将水吸出即可。

6. 不让孩子离开家长的视线

孩子年龄过小，对安全少有概念。尽管家长讲了一些这方面的知识，他们还是因水而玩，忘记了家长的忠告。所以孩子游泳时，家长必须随时留意，以确保孩子的安全。即使孩子学会了游泳，或者所在的区域看起来比较安全，家长还是最好时时将视线放在孩子身上，这样，才能在察觉到情况不妙时立即采取行动。

94. 运动之前不热身，立即投入其中

很多人孩子在体育课上不做热身运动，一到操场上拿起篮球就打，跑步前不作任何准备。这些小事看上去无所谓，其实运动前不做热身运动会使肌肉和肌腱组织严重拉伤。如游泳前不作热身，一不小心就会将大腿肌肉拉伤；跑步时不作热身，就会将脚踝或膝关节扭伤。

情景案例 QINGJINGANLI

现象一：

李飞是上初中一年级的学生，星期二上午，李飞和同学到操场内上体育课。因为有事迟到了，所以当来到操场上时，同学们已经开始了1500米测试，这时刚好叫到李飞的名字，李飞没有做热身运动，就直接跑1500米。一开始并未发现李飞有异常状况，可是跑了大约三圈的时候,李飞突然一个跟头摔在地上。一位同学说：他身上擦破一点皮，后来没见他爬起来，当时以为他只是摔晕了。没有想到随后传来李飞猝死的消息，到现在也不敢相信，平时活泼爱动的李飞竟会离开同学们而去。

现象二：

赵帅是一位即将毕业的小学生，所以学习任务比较重。为了提高学习效率，他尝试了很多学习方法，发现不能一味地埋头在书堆里，要劳逸结合。因此，在刻苦复习功课的同时，他还适当地参加一些体育运动。

考试越来越近了，对赵帅来说，最宝贵的就是时间，他抓紧每一秒钟，甚至连吃饭的时候都不肯放下书本。但是，他依旧坚持运动。为了节省时间，他把运动前的热身准备省掉了，没想到时间不长就出问题了。

一天下午，他觉得头脑昏沉，无法看书，他想可能是累了，决定去游泳。到了目的地，他二话没说就一头扎进游泳池，感觉很舒服，然后就使劲游，突然他感觉大腿有些疼，随着游泳时间的加长，越来越疼。所以，在游泳池呆了不到15分钟，他就上来了。他以为休息一会就会好，可是在回家的路上，他感到大腿疼得利害，走路都很困难。快考试了，可不能出现意外，他有些担心，便去医院作了检查。

检查结果是大腿肌肉拉伤。赵帅心里很清楚，都是因为自己为了节省时间，不做热身运动惹的祸。

专家解析 ZHUANJIAJIEXI

像赵帅一样在运动前不作热身准备的健身者大有人在，他们平时一进健身房就开始训练，或者出门就开始跑步，完全没有热身的意识。有的人即使有这种意识。也很少去做，因为他们认为，运动前做不做热身运动无关紧要。其实，这是错误的。

锻炼前，身体各部位、各系统的有关区域都处于安静和抑制状态，热身运动就是使人体各部位、各系统，从静止、抑制状态逐步过渡到兴奋、紧张状态，从而为身体承受锻炼时的最大负荷作好准备。并且，在锻炼之前不做热身运动，一上来就做一些剧烈运动，往往会发生肌肉拉伤、关节扭伤等损伤事故。

在锻炼开始之前先做几分钟的热身运动对身体和注意力都是很好的准备过程。热身给大脑以刺激，让你的身体为更强的运动作好准备。热身运动还能拉伸肌肉、肌腱和关节，加快血液循环，为训练作好身体准备，使你在训练时不会因突然用力而受伤。此外，热身运动还有助于提高训练效率和效果。所以锻炼时要做好充分的热身活动，通过慢跑、徒手操和轻器械的力量练习，使身体发热微微出汗后，再投身到大运动量的健身锻炼中去。

教子指南 JIAOZIZHINAN

体育课上有很多不安全因素，比如运动前不进行热身运动，可能发生意外情况。因此，家长要提醒孩子，运动前进行热身运动。

1．把握好热身运动的时间

热身应占运动总时间的10%~20%。例如进行1小时的有氧运动，热身时间应该在6~12分钟范围内。同时依据年龄、竞技或非竞技、运动项目、个人体质差异、季节及气温不同，热身运动所需的时间也会不同。一般来说，身体微微出汗，便可以结束热身运动，也可用心跳次数作为热身运动结束的标准。热身运动时的心率达到最大运动心率的60%~70%即可。

2．教孩子几个简单的热身动作

热身运动最好从系统的拉伸活动开始。拉伸时要缓慢，避免突然用力，被拉伸的那部分肌肉一定不要用力。拉伸之后，应该做一些一般性的准备活动，如轻微的原地跑跳等。此外，还有拉小腿肌肉，将右腿弯曲再将左腿往后打直成弓箭步，注意后脚脚掌仍须完全平贴于地面才可；换腿并重复同样动作。活动踝关节，两脚打开比肩稍宽，右脚不动，左脚脚跟着地，脚尖翘起后再放下；重复同样动作，换脚再做一次。活动颈部关节，两脚平行放好，身体放松，颈部左右转动。

第七章　在花钱方面最易犯的错误

在中国传统的教育里，孩子是不能接触钱的。但今天的社会进入了商品社会，孩子不可避免地要与金钱打交道。现实中处处充满了消费诱惑，孩子的自我控制能力本来就弱，于是在对待金钱问题上孩子不知不觉犯了错，例如大手大脚花钱，盲目攀比、摆阔，甚至认为金钱就是一切。对此，家长要正确引导，让孩子树立正确的金钱观、消费观，以免孩子成为金钱的奴隶。

95. 随意挥霍压岁钱，认为理所应当

压岁钱应该怎么花？恐怕所有孩子都会肯定地答道："家长送的压岁钱，应该自己花！"的确，大部分孩子认为压岁钱是自己的私有财产，爱怎么花就怎么花。于是买高档玩具，打通宵游戏，泡网吧，和哥们儿姐们儿上高档餐馆大吃大喝，互相摆阔、攀比。

情景案例 QINGJINGANLI

小婷正在读小学六年级，今年春节时收到了1000多元的压岁钱，在妈妈的引导下，女儿主动用部分压岁钱到书城买了很多自己喜欢看的书。看到女儿正确消费，爱书、买书，妈妈心里就特别高兴。

而刚上小学四年级的弟弟强强则不然。他刚刚拿到压岁钱，就约了

几位同学在一家肯德基集合，然后自豪地说：“这餐我请客！”说着强强从口袋中拿出三个红包，各自抽出一张崭新的百元大钞，交给收银员，换来大堆美味食物。

吃饱以后，他们又开始逛街。在某名牌商店，强强为自己买了一身600多元的衣服。然后，强强又到一家网吧上网玩游戏。

晚上很晚，强强才心满意足地回到了家。爸爸屈指一算，强强这天竟然花费1000多元，差不多等于自己一个月的工资。

于是，爸爸很生气地对强强说：“压岁钱怎么可以随便浪费，你看你今天花了多少钱！应该向姐姐学习，买些有助于学习的东西。”强强则不以为然，对爸爸说：“压岁钱是他们给我的，我自己的钱想怎么花就怎么花，不是吗？”

爸爸被强强气得说不出话来。

专家解析 ZHUANJIAJIEXI

过年时节给孩子压岁钱，是中华民族的一种源远流长的传统。过去，压岁钱只是长辈们发给孩子们的一种象征性的礼物，少则数元多则数十元，主要是图个热闹、吉祥。但是近年来，随着经济的发展，很多地方特别是城市，压岁钱也水涨船高，有的孩子春节期间从长辈和亲戚那里得到的压岁钱达到数千元甚至上万元。

但是，有些孩子轻而易举地得到了一笔钱，不知道珍惜，大手大脚地消费压岁钱，玩游戏、逛街、上高档餐馆等，这实在有违大人们向他们发压岁钱的初衷。

面对种种不良现象，也许很多家长会认为，压岁钱也就一年一次，所以就算孩子胡乱花光，也没什么大不了的，只要孩子开心，这点压岁钱就随他们去花吧；也许有的家长会异常愤怒，并强行没收孩子所有的压岁钱，从此不让他们与金钱打交道。

但其实，这两种做法都是不对的——过度的消费行为，会令孩子养成好逸恶劳、胡乱消费的习惯；“没收”这种因噎废食的做法不仅使压岁钱失去意义，触发孩子的逆反心理，更重要的是家长失去了一次引导孩子树立正确的金钱观念与消费观念、培养优良品德和自立精神的大好机会。

总之，身为父母不能“占有”和“没收”孩子们的压岁钱，但也不能过于放任，任由孩子很快地将压岁钱胡乱挥霍。只要父母正确地予以引导，他们就会主动地将压岁钱花到有意义的地方。

教子指南 JIAOZIZHINAN

孩子的压岁钱，如果家长一律没收，孩子容易产生反感情绪，对家长不满；而如果把压岁钱完全交由孩子管理，不闻不问，孩子则会认为钱来得容易，就大手大脚地去消费，买高档玩具、玩电子游戏、偷偷去网吧……

那么，家长应该怎样引导孩子把压岁钱用在有意义的地方呢？

1．借机发展孩子的社会性交往

孩子收到压岁钱时，父母应尽量让孩子明白，大人不是无缘无故地给他钱，而是对他的成长怀着希望，用压岁钱对他健康快乐、长高长大表示祝福的心意。所以接到压岁红包，一定要谢谢亲戚朋友，一定要对亲戚朋友有所回馈。

比如，父母可以鼓励孩子用压岁钱给自己的爷爷、奶奶等长辈购买生日礼物或节日礼物等。

2．交学费

每年孩子的学费，都是一笔不小的开支。因此，父母可以鼓励孩子把压岁钱储蓄起来，或是为新学期作准备，或是为自己日后上大学作教育储备。

3．购置学习用品及益智玩具

实用便捷的学习用品能促使孩子提高学习效率，帮助孩子学好功课；而益智玩具有助于启迪思维，增长智慧。当然，要避免盲目购买高档玩具。

4．用于献爱心活动

父母还可以利用压岁钱培养孩子的爱心，让孩子适当地捐助“希望工程”，为贫困落后地区的同龄人奉献爱心，帮助失学少年儿童上学，开展“一帮一”活动等，这种行为有助于培养孩子助人为乐的精神和博爱之心。

给长辈或孤寡老人买礼物也是孩子爱心的体现。在长辈或孤寡老人生日或一些有意义的节日，让孩子用压岁钱买点经济而有意义的礼物，能很好地培养孩子敬老的美德。

5．投资理财

其实压岁钱的作用，除可给孩子购买一些喜欢的东西外，还有一个很重要的功能，就是作为理财训练的工具。家长绝对有必要让孩子到银行以自己的姓名开户，参加储蓄或购买国库券，支持国家建设，同时培养孩子理财、节俭和计划开支的良好习惯。

总之，无论如何处置压岁钱，家长只能在一旁提供一些建议，给孩子讲清楚道理，至于到底把钱花在哪方面，最后得按照孩子的意愿，由他们自己说了算。父母采取命令的方式是不适当的，也是抹杀孩子“财商”自由发展的一种做法。

96. 零花钱，来得容易花得快

现在父母似乎越来越喜欢用零用钱来表达自己对孩子的爱，于是孩子的零用钱越来越多。这些钱来得容易，孩子花得也就容易，轻轻松松几十、几百就甩了出去。这样，容易使孩子养成不懂节俭的坏习惯。

情景案例 QINGJINGANLI

请看一个小学四年级孩子的消费：

在一个星期天的生活记录：早上9：20起床，匆匆吃过早餐后，就约了三个同学一起去网吧玩，中午的午餐是在麦当劳里解决的，这个孩子点了128元的食品和伙伴们一同享受。午饭过后，几个孩子又去逛了逛体育用品商店，他又给自己买了一个125元的篮球，而事实上他已经有了两个篮球，同时又买了两双58元一双的运动袜。下午3点钟，他们又在网吧里玩了会儿游戏，然后几个孩子各自打车回家了。

一个小学四年级的孩子，一天的花费竟然高达300多元。

专家解析 ZHUANJIAJIEXI

现在父母似乎越来越喜欢用零用钱来表达自己对孩子的爱，于是孩子的零用钱越来越多。这些钱来得容易，孩子花得也就容易，轻轻松松几十、几百就甩了出去。教育学家的疑问是，孩子现在养成了大手大脚花钱的习惯，等将来他们长大后发现挣钱并不像想象中的那么容易怎么办？做“月光族”吗？做“啃老族”吗？因此，父母们应该从现在开始就培养孩子勤俭的美德，这样孩子长大后才能更好地照顾自己。

教育学家不停地在向社会呼吁：再富也不能富孩子！然而我们面对的现实却是，孩子手里大都拿着来自父母和亲朋给的零用钱，衣袋里装着几十元、几百元，甚至上千元！而且家长又不教孩子怎样使用零用钱，于是孩子们就开始任意挥霍：去歌舞厅、游戏厅，甚至抽烟，这些学生虽属少数，但金钱的影响已经严重地腐蚀了他们的灵魂。

其实，在一些发达国家，父母给孩子零用钱也是一件极其普遍的事，因为零用钱是承认和满足孩子的合理经济需求，对于每个小孩的生活和教育有着重要影响。但他们同时强调要培养孩子的节俭意识，教孩子合理使用零用钱，利用零用钱来培养孩子的责任心和自理能力。

所以，在家庭教育中，家长如何给孩子零用钱，如何指导孩子使用零用钱，也就不能看作是一件无足轻重的小事。因为这不仅关系到培养孩子文明、科学、健康的消费观念，同时也是让孩子学会对自己的行为负责，这是培养其责任心和自立能力的一个途径。

家长怎样给孩子零用钱，孩子怎样使用零用钱，这对孩子的成长绝不是一件小事。

1．零花钱的数额应当把握在孩子有能力支配的范围之内

无论孩子年龄多大，家庭经济条件多好，为孩子花钱都要有节制，并且心中有数。零花钱的多少并没有一个定值，主要依据孩子的年龄及其一周的消费预算来确定。这些开支包括：买零食，孩子日常必需的开销，如车费、午餐和学习必需品的费用，再增加一些额外的钱，以便为存钱创造可能性。对于过生日时的钱、过年的压岁钱等，大多超出了孩子平时零用的数额，父母应建议孩子把钱存入银行，千万不能任其无节制地使用。

2．家长要走出误区

一些家长在给孩子零用钱时往往存在着误区，把零用钱与对孩子的奖惩挂钩，在孩子学习得到好成绩时就给奖金，如考试成绩好奖给10元，作业写得好奖给5元，等等。这就把鼓励的方向搞错了。因为把学习搞好是学生的责任，没有必要额外再给奖金。更不应该把分数与钱数规定出比例，得100分给100元，得60分给60元，等等，这样就误导了孩子的学习目的，成了为钱而学习。

3．培养孩子养成有计划消费的习惯

可按月给一定数额的零花钱，目的是让孩子总体上有一个大致安排，知道每个月应花多少钱，如何用这些钱，从而养成一个不乱花钱的习惯。同时，在给孩子零花钱的时，明确限定这些钱的使用范围，并作一个支配零花钱的初步打算，养成精打细算的习惯。家长要定期检查花钱情况和花钱去向，发现有使用不当的地方，及时指出来，晓以利害。

平时，家长还要告诉自己的孩子，还有许多贫困地区的小朋友不能像我们一样正常读书、生活，需要我们的帮助。我们应该节约零花钱，寄给贫困地区的小朋友，帮助他们完成学业，为弱势群体奉献一份爱心。

作为父母，要对孩子的零用钱进行管理，培养孩子的节约意识，锻

炼孩子的理财能力，让孩子从小养成勤俭的品质，这样孩子将会受益终生。

97. 花钱不算计，想花就花

总会听到一些家长在抱怨："我家的孩子花钱随着自己的性子来，所以每个月的零用钱不断上涨"、"我家的孩子花钱一点都没有计划，总买一些没用的东西"……其实，孩子这种乱花钱的习惯与家长的引导和教育息息相关。

情景案例 QINGJINGANLI

现象一：

朗朗今年上小学四年级了，他动不动就向别的同学借钱，还在学校门口的小卖部里赊账消费。到了实在赊不到的时候，他就回家以各种理由找妈妈要钱还账。当妈妈问起朗朗的老师为什么学校总是乱收一些费用时，才知道那些所谓的学校收取的费用，都被儿子拿去胡乱消费了。

现象二：

东东是一个大气的小男孩，他常常会对同学说："走，今天我请客，我们去吃肯德基！"过不了多久又会和爸爸说："唉，上次妈妈给我的钱不知道怎么就花完了？"为了这事，妈妈也曾和东东谈过多次，可效果不是很明显，他还是大手大脚地花钱，也没有一个计划。

现象三：

一位10岁的女孩拉着父母走进一家服装专卖店，看到一身高档运动衣便让父母给她买。当母亲说她穿的运动衣几乎还是新的的时候，她却说那身运动衣再穿就会落伍。如果母亲不买就不肯走，站在旁边的父亲无奈地一边掏银行卡一边说："她想要就给她买吧。"

专家解析 ZHUANJIAJIEXI

在这个独生子女时代、物质充裕的时代，面对需要自己更多呵护、关爱的儿女，很多父母都会倾其所有，努力满足着孩子的一切物质需求。于是孩子习惯了一没钱就向父母要，从来不计划怎么消费。其实，如果家长们从小就培养孩子的理财观念，孩子长大后不仅不会没计划地花钱，还将特别会花钱。因此，从孩子小时候起，家长就应该培养孩子的理财能力。

据研究，孩子各种能力的培养，都有一个关键期。2~4 岁是训练孩子语言能力的关键期。若是希望培养儿童数理能力，那么 4~6 岁便是关键期。对于稍具难度的理财能力而言，培养的关键期则为 5~14 岁。

不过，随着社会的发展，很多国家对于下一代的理财能力的培养早已逐渐提前。例如法国，早在儿童 3~4 岁阶段，家长们便开展家庭理财课程，教育基本的货币观念。约莫 10 岁左右，法国家长就开始为小孩设立独立的银行账户，积极培养孩子的理财观。美国也是如此，对于儿童理财教育的要求，是 3 岁能辨认硬币和纸币，6 岁具有“自己的钱”的意识，13 岁开始打工赚钱，学习如何运用基金与股票等投资工具理财。

小理财高手是从小培养出来的，因此，家长们要注意从小培养孩子的理财观念。《富爸爸,穷爸爸》作者罗伯特·清崎曾表述过这样一个观点：“如果你不教孩子金钱的知识，将会有其他人取代你。如果要让银行、债主、警方，甚至骗子来进行这项教育，这恐怕不会是项愉快的经验。”因此，家长们不要把给孩子零用钱当例行公事，教导孩子们如何管理手上的金钱，并赋予他们理财的责任才是重点。

教子指南 JIAOZIZHINAN

孩子有计划地花钱是家长培养出来的，家长在日常生活中要帮助孩子做好以下几方面：

1. 培养储蓄习惯

父母不妨带孩子到银行开设联名或个人储蓄账户，将孩子的钱存入银行，让孩子从小养成储蓄的习惯。同时，父母也可鼓励孩子将储蓄得来的金钱好好地运用，例如用在学习、捐献、旅游或购买必需品上。

2. 给零用钱要适度

给孩子过多零用钱对他的成长不利，零用钱的发放应该有一定的制度，即多长时间发一次，每次给多少，应该和孩子交代清楚，并且严格执行。一般来说，对于小学阶段的孩子，发放零用钱的周期不宜过长，以一周左右为宜。不能对孩子的零用钱不闻不问，要培养孩子计划消费的好习惯，让孩子准备一个记账本，随时记下自己的消费情况，到周末时和孩子一起讨论总结，消费合理要表扬和奖励，消费不合理要批评和惩罚。

3. 帮助孩子制订消费计划

比如说一个月总的给多少钱（够用就好），吃的、穿的、坐车等各项费用都包括在内，让孩子对自己的总体开支有个计划。同时，家长还可以有意无意让孩子参与到家庭理财计划中，家庭开支的一些大概情况让孩子知道，让孩子体会赚钱的不易，学会理财。此外，家长还要注意，父母是孩子最好的老师，给孩子零花钱，保证孩子不随便花钱，自己在这方面要做好榜样。

4. 让孩子养成记账的习惯

孩子的钱都花在哪里了呢？不仅孩子说不出来，有时，就连父母自己都弄不明白。这时，父母就要鼓励孩子记账了。

也许，刚开始孩子不知道如何下手，这时，父母可以帮助孩子。领到零用钱后，父母就可以给孩子作一个分析，接下来的这个周期，有多少必须购买的东西，如生活用品等；除去必需的花费，孩子还剩下多少钱可以自由支配；在这些可以自己支配的钱中，每天最多花多少才不至于超支。父母帮孩子把这些分析好了，孩子花起钱来就会小心多了。

5. 控制孩子的欲望

现在孩子们大多有这样的毛病：父母给多少就花多少，花完了就跟父母要，花钱没有节制。父母要教会孩子有计划地花钱，就要适时地控制孩子的欲望，如若不然，孩子的欲望是永远不能够满足的。

6. 教给孩子一些理智消费的观念

一位妈妈带着6岁的孩子逛了3家商店，目的是为了买一辆物美价廉的自行车，最后妈妈把省下来的20元钱买了一副孩子向往已久的乒乓球拍。

这位妈妈的做法很聪明，她的行为给孩子做了很好的示范，使孩子了解了什么是价格差，什么是理智消费。这样，孩子在自己支配钱的时候，不但会精打细算，而且还会有很强的计划性。

98. 没有节俭意识，花钱毫不手软

一个人如果在花钱上过分小气会被人称作是“守财奴”，但是如果一个孩子不懂得节俭，花钱大手大脚，什么贵买什么，什么好吃买什么，那就值得家长关注和调整了。

情景案例 QINGJINGANLI

现象一：

一次，一个朋友和一位6岁的小男孩及他的父母一块去逛商店。在玩具柜台前，小男孩一眼就看中了一款很高档的玩具，但价钱出奇的贵，居然要600多元。可是没想到，妈妈看到儿子喜欢，想都不想就给儿子买下了。这个朋友有点惊讶地说：“这么贵的玩具你们也舍得给他买，这可抵得上我半个月的工资了。”万万没想到的是，小男孩的妈妈说：“只

要儿子喜欢，想要什么就给他买，反正家里就这么一个孩子，花点钱不算什么。”

在父母的影响下，这个小男孩根本不懂得什么是节俭，也不知道钱来得不易，反正想要什么就让父母买给他，稍有不从，就哭个不停。之后，这个朋友就故意试着问他：“告诉叔叔，你买的这个玩具的钱是从哪儿来的？”没想到，小男孩不假思索地说：“从银行的提款机上来的。”小男孩的回答令这位朋友感到愕然。

现象二：

彤彤生于一个幸福的家庭，爷爷奶奶有劳保，爸爸妈妈有公司，一家人的小日子过得幸福而充裕。可能是因为家境好，彤彤养成了花钱大手大脚的坏习惯，什么好买什么，什么是名牌买什么，花钱从不算计，更别谈节约了。彤彤在好朋友单单的生日时，一下子就送了200多块钱的礼物，吓得单单收也不是，不收也不是。今年彤彤的父母做了亏本生意，一下子把钱都赔进去了。彤彤没有了以前的零花钱，每天磨着妈妈要，可是妈妈兜里也没钱了，急得团团转。

专家解析 ZHUANJIAJIEXI

随着生活水平的提高，很多家长认为，自已小的时候，过的是穷苦的日子，不能让孩子再受穷，于是无限度地溺爱孩子，满足孩子的一切要求，对孩子百依百顺。孩子小的时候，还没有建立起劳动和金钱的关系，自制力和计划性又比较差，时间一长就不把钱当回事了，于是开始大手大脚地花钱。

孩子从小花钱没有节制，慢慢地就会习惯于花钱之后的满足感。其实在孩子的概念中，钱不过就是可以兑换物品的东西，孩子并不了解钱的真正意义和劳动的辛苦，也不容易养成勤俭节约的好习惯。禁止并不能改变孩子的习惯，只有慢慢地引导教育，才能使孩子建立正确的消费观。

大部分的父母常常只懂得给孩子零花钱，却不大注意培养孩子的节俭意识，最终出现了一大批花钱大手大脚的孩子。这些孩子根本就体会不到父母挣钱的不易，自然也就不会懂得节约，只知道自己什么时候没钱花了就伸手向父母要，好像父母就是摇钱树。

美国的一些父母在孩子很小的时候就培养孩子的节俭意识，让孩子养成节约的好习惯。他们会让孩子自己去打工赚钱，让孩子自己体会到赚钱是多么难，从而培养孩子的节俭意识和理财观念，让他们懂得钱应该花在那些该花的地方，不能随便乱花。

教子指南 JIAOZIZHINAN

如果你的孩子对金钱没有正确的认识，有花钱大手大脚的毛病，妈妈千万不要一味地批评、指责孩子，孩子正确的理财观念是在日常生活中一点点地培养出来的。

1．与孩子签订零花钱合同

并不是给孩子的零花钱越多，就是越疼爱孩子。在这种观念的指引下，父母可与孩子签订零花钱使用合同。如对于已经上小学的孩子，可以在合同中规定，每周只给孩子两元钱零用钱，每周一早晨发放，并且规定不论遇到什么情况，都要严格按照合同约定的内容发放零用钱。

当然，为了培养孩子的理财能力，发放零用钱的时间周期可以慢慢地延长，如孩子已经能够掌握了以“周”为单位的理财能力之后，可以把发放零用钱的时间拉长为“月”。

2．让孩子知道自己挣钱不易

孩子没有节俭的意识，很大程度上与他从未有过挣钱的经历、不知道挣钱的艰难有关。因此，父母应放开手脚，鼓励孩子多去尝试、多去体验。

很多时候，父母苦口婆心地教育孩子不要乱花钱、不要攀比，远不如给孩子一次靠自己劳动赚钱的机会。当孩子知道金钱来之不易，他自然就会养成勤俭节约的好习惯。

3. 购买物品要分轻重

父母不妨鼓励孩子将金钱花在有价值和最需要的东西上。例如孩子正需要购买一部电子辞典来帮助学习，但同时又想多买一个玩具，这时父母便可借这个机会教导孩子，让他学会将自己的需要安排一个先后次序，适当地运用金钱。电子辞典较玩具更为重要，所以应鼓励孩子先购买电子辞典。

4. 让孩子学会自我节制

有时候孩子终会抵挡不住诱惑，将金钱花费在物质的享乐或玩具上。这时父母先别太失望，反而可趁这个机会教导孩子学习节制和理财之道，以免其日后肆意挥霍。父母还可以给孩子讲一些因胡乱挥霍，最后得不到好结果的故事给孩子听，好让孩子有所警惕。

5. 让孩子体验一下“贫穷”

生活条件的优越，往往会让我们的小公主体验不到“贫穷”的滋味，不知道勤俭节约的重大意义。因此，父母不妨来点“苦肉计”，让孩子身临其境地感受“贫穷”的味道。

比如把孩子带到了乡下的亲友家，让孩子和农家孩子一起放牛、耕种，吃油花并不多的饭菜……这样，不仅可以增长不少农家知识，学会很多农活，还可以把农村孩子勤俭节约的好习惯带回家。

99. 追逐名牌，虚荣心强烈

今天的孩子几乎成为社会消费的主流群体，他们追逐名牌，吃“肯德基”、“麦当劳”、喝“星巴克”、“上岛”，穿“阿迪”、“耐克”，玩“史努比”、“米奇”。名牌代表时尚，年轻人追求时尚并不是一件坏事，但如果过分地追逐名牌、追逐高消费就不能提倡了，这是一种不良的行为。

情景案例 QINGJINGANLI

据报载，某市曾发生过一起重大的盗窃案，作案者是两个学生。他们为了追求物质享受，与别的同学攀比，在虚荣心的驱使下，盗窃了自己家中的5万元钱，然后乘船去上海，在短短的3天之内，挥霍掉了所有的钱。他们购买最贵的衣服，到最高级的饭店吃饭，住最豪华的旅店，并且专门租了一辆车带他们四处享乐，真是奢侈至极。

晓彬是浙江人，他生活在一个经济条件并不富裕的家庭，爸爸下岗后做点小生意，妈妈的身体一直不好，所以晓彬几乎从小就没有得到过母爱。虽然家庭条件不好，但爸爸从来不让晓彬在吃穿上受委屈，凡是别的孩子有的，晓彬都会有。他觉得孩子已经缺少了母爱，如果在物质上再比别人差，那就太可怜了。所以爸爸平时总是省吃俭用，而对晓彬提出的要求也从不拒绝。晓彬在小伙伴中间算是很气派的一个，他感到很满足。在学校，晓彬的学习成绩一直很好，在爸爸和老师的眼里，晓彬始终是一个好孩子。

但是自从上了市里的初中，情况发生了很大的变化。初中的同学和他以前的同学家庭条件不一样。现在同学的父母都是高收入者，花钱如流水，穿的都是名牌，用的都是精品。相比之下，晓彬显得非常寒酸，以前的优越感再也没有了。由此，晓彬产生了严重的失衡心理，他不甘心落于人后，于是他每次回家都向爸爸要很多钱，和同学们比吃比穿来满足他的虚荣心。起初爸爸总是大方地给他，但后来爸爸实在承受不了，好几次都拒绝了他。晓彬见爸爸这个经济来源断了之后，就动了邪念："别人有的我为什么不能有，这不公平。"

在这种想法的驱使下，晓彬开始偷同学的钱，几次偷盗都没被发现，这更增加了他的侥幸心理。在金钱的诱惑之下，他越陷越深，最后伙同另一同学作案，被公安机关抓获，受到了法律的制裁。

名牌，应该说它是时代的产物，标榜着质量、科技、时尚，而对这一切，青少年是最敏感的群体，他们以时尚为荣并非坏事。但是，如果不顾家庭的收入水平和消费能力，过分地追逐名牌，追逐高消费，就不能提倡了，而这也恰恰是让父母们头痛不已的。

然而，客观地讲，爱慕虚荣的高消费的情形反映在孩子身上只是表象，根子却来自社会风气、家庭生活和同伴群体等环境的影响。

舆论误导，对孩子的负面影响不可小视。现在拜金主义的潮流席卷全社会，媒体、广告中不断标榜的富豪生活，自然会影响人们的价值观，使人崇尚金钱和地位，认为有钱就是英雄，并把名牌当做一种财富、地位的符号，争相追捧、炫耀。

由于现代的家庭孩子少，父母怕孩子受委屈，于是对孩子总是有求必应。不管是孩子穿的，还是戴的，都不能比别人差，别人的孩子有什么咱家的孩子也得有，绝不能比别人家的低。于是在家长这种无意识的纵容之下，孩子的物质欲望无限地膨胀。

父母的行为对孩子的影响最直接最频繁，孩子在体验中长大，他体验多了节俭就学会了节俭，体验多了奢侈就学会了奢侈。很多父母尽力去满足孩子不断膨胀的消费需求，即使下岗了也要给孩子买各种名牌。这种超出家庭经济能力去迎合孩子物质要求的做法，结果是很负面的。它不仅不会让孩子感恩，而且不会让孩子体会到钱的来之不易，不理解父母赚钱的艰辛，相反还会让孩子的欲望像无底洞一样，永远难以填平。他们会变本加厉，贪婪地向父母伸手，变得冷漠而自私。

孩子随着年龄的增长，越来越多地受到同伴的影响。当他们看到同学们花钱大手大脚、穿着名牌时，往往不自觉地就会攀比，加入到过度消费的群体中。

当家长发现自己的孩子爱慕虚荣，总要买名牌货时，千万不要急躁、空口说教或以命令的形式禁止。这些都无法从根本上解决孩子的问题。家长应该采取必要的方法加以纠正。

1．教会孩子明智消费

父母在引导孩子明智消费的过程中，最有效的方法莫过于实践，实践出真知！一位父亲曾带着6岁的孩子逛了3家商店，目的是买一辆物美价廉的自行车。最后，父亲用省下来的10元钱给孩子买了一副向往已久的乒乓球拍。这位父亲的做法很聪明，他用行动明示给孩子：买东西是有价格差别的，省下的钱是可以买更多东西的。潜移默化中孩子学会了节俭，学会了明智消费。

2．父母要在消费上给孩子做出榜样

学会合理与适度消费是每个人一生的必修课，也是家庭教育的基本内容之一。做好这件事并不需要什么深奥的理论，关键在于父母事事处处要在消费上给孩子做出榜样。首先要端正自己的态度，不要为了追求物质享受，而盲目地同别人攀比，从思想观念到具体行为，都要以有利于孩子健康成长为标准。

3．平时多给孩子讲不爱慕虚荣的道理

平时，家长要注意孩子心态的变化，多给孩子讲不爱慕虚荣的道理。告诉孩子，拥有名牌并不等于拥有了较高的地位，只有靠自己的力量取得的成功，才能获得别人的尊重和认可。教育孩子根据自己的需要来购买东西，而不要为了同他人攀比，买自己不需要的东西。

4．对孩子的过度消费敢说“不”

现在有一些父母在超越自己经济能力的情况下过度满足孩子的消费要求，这种做法不是爱孩子，而是害孩子。父母要学会对孩子的某些消费要求说“不”。如对孩子过于频繁的要求，采用延缓兑现的方法，让孩子心理上感觉到，每一件东西都是来之不易的，符合家庭财力的可以买，相反就不能买。孩子如果提出过分的物质要求，一定要坚决拒绝，并耐心说明拒绝的理由。

100. 好与人攀比，太过关注外在的东西

由于孩子的辨别能力不强，易受周围环境的影响，很容易产生攀比心理。而虚荣攀比带给孩子最直接的影响，就是让他更关注自己的穿衣打扮、使用文具的档次……而当孩子太过关注自己外在的一些东西时，问题就开始变得严重了。

情景案例 QINGJINGANLI

现象一：

佳佳在一所私立小学就读，她们班上有许多同学家境不错。不知从什么时候开始，佳佳穿鞋要穿“耐克”，穿衣也要穿名牌。生日一定要请同学去唱卡拉OK。她还振振有词地对父母说，其他同学都这样，自己如果不这样，就是“掉价”、丢面子。

这不暑假即将结束，她便急着让妈妈带她去逛商场。妈妈问她为什么，她歪着小脑袋告诉妈妈：“上学期，楼上的桐桐成了她们班的‘班花’，因为她戴着新头花、穿着新衣服去上学，而且她的文具和书包都是新的。这一学期，我也要做‘班花’。”

现象二：

翔翔的学习成绩很好，翔翔的父母也常常引以为荣。但是，这段时间翔翔的成绩明显地下滑，学习也不如以前那么专心了，总是缠着妈妈买这个买那个的。

星期二，翔翔从学校回来后，就要求妈妈给自己买一个新文具盒，

说原来的旧了不好看，妈妈应允了。可是没过几天，翔翔又缠着要换一个，说其他同学都带很漂亮、很高档的文具盒，他的不够靓。妈妈不同意，他就又哭又闹，最后妈妈被闹得没有办法，只好无奈同意。

但是，从此以后，只要翔翔看到其他同学穿的衣服、用的文具比自己的高档，他都会缠着妈妈去给自己买。

可想而知，翔翔把心思都放在与同学的攀比上了，学习成绩自然会不断下滑。

专家解析 ZHUANJIAJIEXI

生活中，我们经常会听到孩子这样的对话：

“我爸比你爸官大，我爸是科长，管着你爸。”

“我爸比你爸有钱，我爸是大老板。”

“我爸是学校校长，管着很多老师。”

单纯幼稚的几句话，却把孩子的攀比之心跃然纸上。很多孩子都有攀比的心理，比如一个孩子有了高档文具，就会在心理上产生一种高于其他孩子的优越感。而当别人有了更高档的文具时，他们就会产生虚荣心、嫉妒心，就会产生超过别人的欲望，这样孩子的攀比心理越来越强烈。

有时，家长也会对孩子的无理要求表现出明确的拒绝态度。但是，当面对孩子又哭又闹，甚至不吃饭、不上学时，家长束手无策，只好依着孩子的要求去做。其实，这种孩子一哭闹家长就妥协的做法危害性很大，会助长孩子奢侈的消费观念和攀比心理。长期如此，孩子们的攀比就不仅仅局限于穿戴、文具，他们甚至会比父母的职位，家里的房子、车子……

除此以外，过度的攀比还会使孩子养成对物质方面过分追求的坏习惯，从而影响他们的正常学习。如此一来，孩子也就距离成为优秀人才的成长目标越来越远了。而这，显然背离了父母们“望子成龙、望女成凤”的热切期望。

如果孩子出现了攀比的心态，妈妈也不要着急。孩子攀比心理的形成不能全怪孩子，他们毕竟年龄尚小，生活经历不深，不可能建立起评价事物的正确标准。这就需要妈妈在教育孩子时，讲究一下技巧，选取适当的方法，引导孩子改掉这种坏习惯。

1．对孩子的过分要求采取冷处理

当孩子要求购买某奢侈品时，父母切不可轻易满足他们。父母可以先了解孩子想购买该物品的动机，如果孩子只是想显示自己或与别的同学攀比，这时，父母可以对孩子的要求采取冷处理。即对他的要求不作任何回答，给他几天冷静期，等他确定这个物品是否真的需要后，再和他一起讨论是否需要购买。

2．订立规则

在帅帅上小学之前，妈妈就与他订立了一个购买规则，其内容如下：

每学期开始，可以购买一身新衣服，但价格不得超过200元。

每个月购买一次书本、玩具等，但课外读物仅限一本，玩具只限一个。

如学期末学习成绩有进步，可奖励他××元。

在订立规则的同时，父母还可以对孩子进行理财方面的教育，让他知道任何东西都来之不易，要学会节约和珍惜。

3．将攀比转为动力

孩子与别人攀比，说明孩子的心理有竞争倾向，想要在某方面超越别人。这时，如果我们能抓住孩子的这种心理，让他们在学习、才能、意志力等方面进行攀比，正确引导孩子向正确的方向努力，将有助于孩子的健康发展。

此外，家长还可以引导孩子了解、认识更多东西，培养孩子对于文学、历史、自然、地理等多方面的兴趣，和孩子共同选择他真正喜爱的项目，如钢琴、舞蹈、绘画等，增强他在这些方面的造诣。孩子的关注点转移了，就不会局限于与其他伙伴攀比了。

4. 巧妙利用故事诱导

正确对待孩子的攀比心理，要特别注重榜样的引导作用。

几岁到十几岁的孩子普遍爱听故事，家长可以为孩子买一些儿童励志类的故事书；另外，家长还可以利用故事引伸的道理，较早地让孩子明确什么是好的行为、什么是不好的行为。这样就会在孩子心中形成一种正确的价值天平，进而使孩子远离盲目攀比等坏习惯。

101. 金钱至上，认为钱是万能的

缺乏正确的金钱观，再完善的理财计划，也无法让孩子累积财富。缺乏正确的金钱观，还会影响孩子将来的事业与人格发展，甚至会走上歧途，陷入作奸犯科的罪恶深渊里，影响不可谓不大。

情景案例 QINGJINGANLI

小云现在上初中，家庭富裕，爸爸是一位拥有上千万资产的企业家，妈妈是医生。从小到大，小云过的都是“钱来伸手”的生活，经常有花不完的零用钱。她的衣服和学习用具都是最好的。因此，在她的意识里，钱是万能的，有了钱就有了一切。于是她有时候看不起班里家境一般的同学。

而和她关系不错的小菲家境也不错，但她在班里是最节俭的一个，她向父亲要1元钱比其他人向父母要几十元都难。小云问小菲：“你家很有钱，你爸妈为什么那么小气？”谁知小菲说：“我理解他们，他们不是小气，而是有责任。要让我从小对金钱有正确的认识，养成节俭的习惯，大了才能有所作为。”

小云听了小菲的话，不以为然。

专家解析 ZHUANJIAJIEXI

青少年时期是决定人一生发展的重要阶段，也是价值观确立的重要时期。每天,我们都能从各种报刊杂志或电视上,获得青少年犯罪的消息。面对这样的社会新闻，你作何感受呢？是替这些青少年感到惋惜？还是庆幸自己的孩子不是其中之一？或是担心有一天，自己的宝贝孩子也会受到影响?

不管是惋惜、庆幸还是担心，都不得不承认，青少年的价值观是成年人给予的。社会上经常灌输给大家：开什么样的车子，住什么样的房子，才是成功的男人；穿什么样的名牌服饰，拥有什么样的脸孔与身材，才是成功的女人。

既然评价一个人是以外在的包装为标准，青少年怎么能不受影响呢？怎么能不会以此为羡慕与追求的目标呢?

拜金主义盛行，严重地影响了青少年的价值观。有些女孩居然振振有词地说：“这都是为了要提早成功。”她把非法得来的钱存起来，以后投资赚更多的钱，或者早点儿拥有车子、房子，以便生活可以升级。为了满足高涨的消费欲望，得到同伴的虚幻的赞赏，许多青少年还来不及等到确立好价值观，就已经在花花世界中沉沦迷失了。

为了不让孩子迷失在金钱里，你必须进一步加强孩子的金钱教育，引领他去认识真正的财富，去追求真正的财富，进而成为一个真正富有的人!

教育专家们纷纷指出：早在儿童（6~12 岁）这个阶段，就应该着重在观念上建立理财计划。想想现在的情况，父母、老师们都倾其所能地传授给孩子种种知识，惟独疏忽了金钱教育。因此，很多孩子到了青年，甚至到了成年时，还搞不清楚钱的真正意义与用途、怎么样买东西才算是合理的消费，吃了亏也不知道该怎么办，毫无支配与管理金钱的能力，不是寅吃卯粮，就是成为一毛不拔的铁公鸡。

家长们应该警醒，对青少年的金钱教育，家长所应负的责任非常大，因为家庭生活正是金钱教育的现成教材。你为了家庭生计而努力工作，以及为了维持收支平衡、量入为出的消费方式，都能传达给孩子很好的价值观念。只不过家长们对这些事习以为常，忽略了孩子有明白的必要，白白丧失了一个又一个很好的学习机会。

所以，家长必须及早为孩子建立起一套正确的金钱观。如果再迟疑下去，或想把责任推给学校，那么，当孩子成年走入社会之后，所有的坏习惯和错误的观念一旦定型，到时候想纠正就困难了。

教子指南 JIAOZIZHINAN

对于父母而言，培养孩子正确的金钱观是非常必要的，家长应从以下几点做起。

1．教育孩子正确认识钱

要让孩子从小懂得钱是什么，钱是怎么来的，应如何正确地对待钱财，不义之财绝不可取。对于一些年龄很小的孩子，父母应联系实际生活给孩子讲解，多引用一些事例；年龄大的孩子，可以跟他们专门讨论钱方面的问题。

2．教育孩子怎样去花钱

其实，孩子的消费行为是由被动慢慢升为主动的，从小学低年级开始，就应教孩子买东西，如何用钱，如何找钱，如何选择物有所值的物品。教孩子把钱保管好，防止丢失、被窃。随着年级升高，要让孩子学会先认真思考再花钱，而且逐渐养成习惯，避免盲目消费。让孩子当一日家、当一周家、记收支账，显然，这是培养孩子学会理财和培养节俭品质的好方法。

3．“物质刺激法”不是好办法

有些父母常常以物质刺激来调动孩子干家务的所谓积极性。这种做法的负面影响是孩子会选择性地劳动，给钱干，没钱不干！同时向孩子传递一种信息——任何事情都应该得到物质上的回报，极可能让孩子只注重物质索取，而淡化孩子的责任意识，玷污孩子纯洁的心灵。明智的父母会激发孩子的责任心，让他们像小主人一样自觉自愿做好家务活儿，在健康之路上成长。

4．教育孩子金钱不是万能的

家长要让孩子懂得，人生在世，有许多东西是金钱买不来的。例如：知识、健康、友谊、幸福、情感、名誉、事业、贡献等，聪明勤劳的人是金钱的主宰者，只有智慧与劳动才能创造一切。

5．告诉孩子不劳而获是不可能的

如果在亲朋好友中有令人羡慕的“大款”，也可以让孩子与这些人接触，了解他们创业的艰辛，了解他们的自信心和发展事业的创造精神，而不应只看到他们“财大气粗”。当孩子有机会步入高消费场所时，应借机教育孩子，是因为父母、亲朋敢于创造，努力拼搏，开拓事业，才有了自己的社会地位和经济实力，才有资格去消费。而这一切是需要付出智力和体力的巨大代价的，想不劳而获是不可能的。这样，就可以启发孩子考虑自己的理想和个人发展方向，不局限在浅层的物质享受和追求上。